健康寿命が
長くなる
住まいの秘訣

人生100年の家づくり

建築知識 編

PPK
I ♡ PPK
I ♡ PPK
地域

JN081452

X-Knowledge

ネコマタ先生の 健康長寿住宅のススメ

マンガ：タタン（ゆうたん）

都内某アパート
マサオ29歳
遅咲建築研究所所属
建築士7年目　独身
動かざ
山のご
バタム
ようし、図面のコピー係から
ようやく模型づくりを
任されるようになったぞ〜！
有名建築家の夢にまた一歩前進だ！

う〜ん君はね〜
あと50年くらい
頑張れば
もしかしたら
独立できる
可能性がある
かもね……少しはつくそ
とりあえず
模型
みようか
ハイ
よいしょ
ふふふ

所長もああ言ってくれたし
僕の建築家人生は
80歳からが本番だ〜！
ひよっこ建築士マサオが
80歳で大成するまでの記録
このブログの読者0
タイトル　昇進しました
パコ
パコ

？？

なかなか面白いことを
書いておるにゃ
はっ!!
猫が部屋に？
しかも喋ってる
今年で
222歳にゃ
吾輩は
猫ではにゃい！
長寿妖怪の
ネコマタ様である
この部屋が
気に入ったので
遊びに来て
やったのにゃ
なんと！

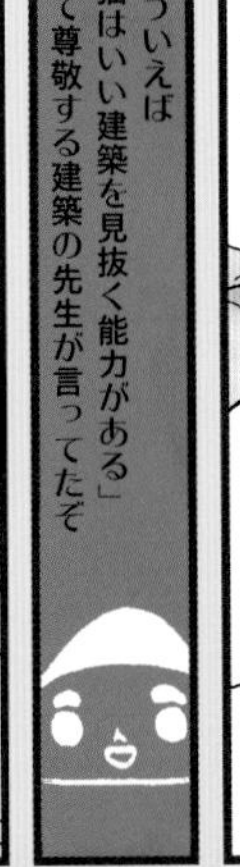

そういえば
「猫はいい建築を見抜く能力がある」
って尊敬する建築の先生が言ってたぞ

僕の部屋が
気に入ったと
いうことは……
僕には建築的な
才能がある
ということ
ですね
違う！
物件選びとか
この内装とか
吾輩は
劣悪な環境下で
みじめな人間が
不健康に
生きているのを
見物するのが
趣味なのにゃ

嫌な趣味ですね
やかましい
でもあいにく僕は健康ですよ

妙に健康に自信をもっておるなでは聞くが健康に長生きするための4本の柱が何か知っておるか？
やる気！勇気！根気！元気！
はい残念！
むぐむぐ

答えは「環境要素」「メンタル」「運動」「食事」にゃ
へぇ〜〜
健康長寿
食事
運動
メンタル
環境要素
住環境
ではこの4本の柱を根本的に支えているのは何かにゃ？
努力！
たわけ！よく考えてから答えんかい！
答えは「住環境」つまり、お前が仕事でつくっている家だ
なるほど！そうなんですね

住環境が整っていないと健康を支える4本の柱は成り立たないにゃ
そしてお前の家はかなりヤバイ
80歳どころか今すぐ体を壊してもおかしくないぞ
ガーン
何ですって〜!?具体的にはどこが悪いんですか！教えてください先生!!

先生か…う〜んいい響き
ではちょっと付き合ってやろうかの
ビシビシいくにゃ

まず、この部屋は
異常に寒いにゃ
こたつがあるから
大丈夫ですよ？

温熱環境は
家全体で考えるべき
なのにゃ
ひんやり
ぬくぬく
高断熱化すれば
さまざまな病気の
リスクが軽減され
睡眠の質も
改善されるなど
いいことずくめにゃ

高断熱住宅が
普及している地域では
冬の住宅内死亡件数が
少ないという
データもあるにゃ
中はポカポカ
うっすら寒い
ほかにも
考慮すべき環境要素は
たくさんあるにゃ

それにこの部屋は
風通し、日当たり、
見晴らし
すべて悪いうえに
うるさいにゃ
もう慣れました～
近所の騒音は
いつもヘッドホン
してるので
大丈夫です
そんなことでは
メンタルに
よくにゃい！
ガガガガ
ピポー
ピポー
ゴゴ

住宅への満足度も健康に影響するにゃ
自分の家に満足している人ほど
リラックスして生活をしているから健康なんだにゃ
住宅満足度
↓
リラックス効果
↓
健康

う～ん、まぁ自分で
変えられないところは
ともかく、家事で
ストレスをためないように
工夫はしていますよ
シュートできる位置に洗濯機
キャスター付き収納BOX
見てください
この部屋は
ほとんどのことが
こたつから動かずに
こなせるように
なっているんです
ひも
キャスター付き本棚
飲み物
柄の長い掃除グッズ
複合機
コピー用紙
滑車付き洗濯物干し

イテテテ
家事による運動も
馬鹿にできん
ほどよい運動は
健康に不可欠
にゃ!

ぐぬぬ…
し、しかし
食事だけは
僕も気をつけ
てます!
Nepal
ビタミン
手間をかけて
体によくて
おいしい料理を
つくっています

たしかに…
キッチン・ダイニングは
丁寧に使い込まれておる
しかし!
健康的な食生活には
栄養面だけでなく
環境面を整えることも
重要だにゃ

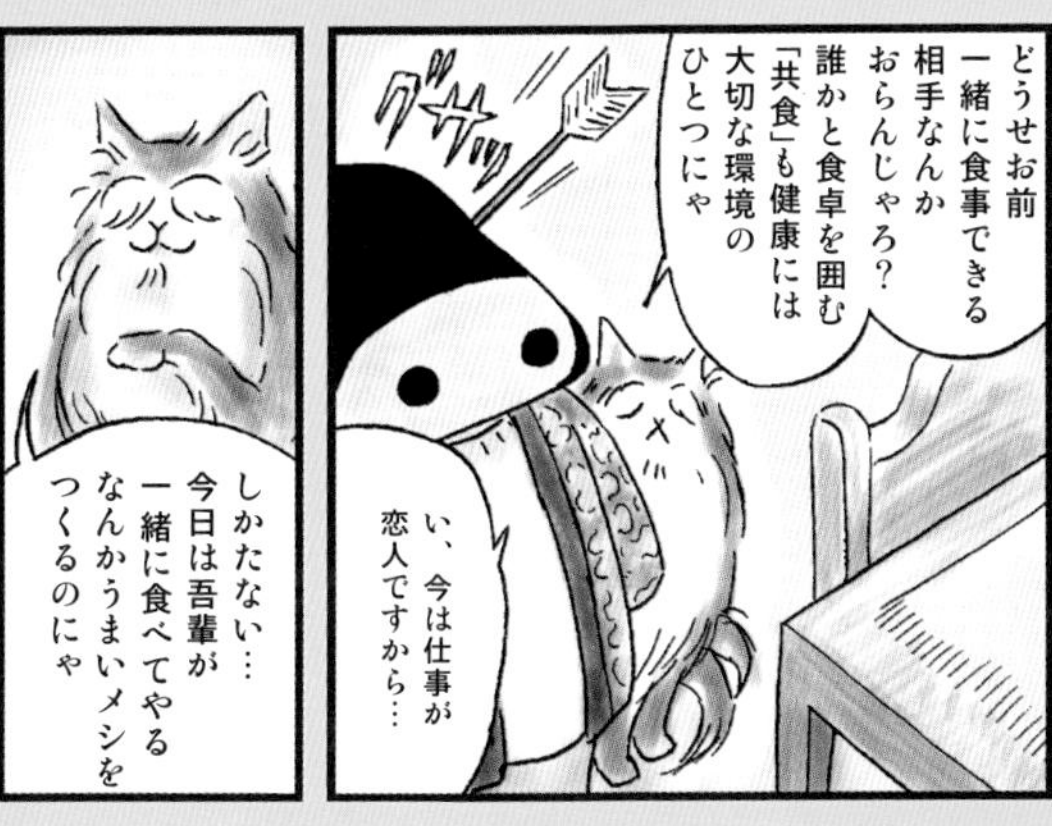

どうせお前
一緒に食事できる
相手なんか
おらんじゃろ?
誰かと食卓を囲む
「共食」も健康には
大切な環境の
ひとつにゃ
グサッ
い、今は仕事が
恋人ですから…
しかたない…
今日は吾輩が
一緒に食べてやる
なんかうまいメシを
つくるのにゃ

食べたらさっさと
寝てしまった
こうしてみると
普通の猫だな…
ニャムニャム
でも今日の話は
確かに重要だ……
まてよ! すると
今つくっている模型は
デザインを根本的に
見直す必要があるぞ

後日…
なんじゃこりゃ!?
プレゼン
明日だよ!?
どーすんの
無駄に階段
だらけ
家中
草ぼうぼう
所長、
怒ると
健康に
よくない
ですよ~
ムキャー!!!
プレゼン用の模型を
勝手に改造して
所長に大目玉を食らう
マサオであった……

意外と見落とされがちな「住宅と健康」の深い関わり

日本人は長寿命！　でも、健康寿命は……

2017年、日本人の平均寿命は、男性で約80歳、女性で約87歳と過去最長を更新しました［※1］。統計を取り始めた1947年に比べると、30年以上も長く生きられるようになったのです。しかし、健康的な日常生活を営める期間である「平均健康寿命」は、男性が約72歳、女性が約75歳と平均寿命に比べて10年前後も短いのです［※2］。これは、多くの日本人が健康寿命を過ぎて亡くなるまでのおよそ10年もの間、健康的ではない状態で生活していることを意味しており、医療の分野でも深刻な問題となっています。

「住環境」が健康長寿の鍵を握っている

近年、アンチエイジング医学［※3］の分野を中心に、健康寿命を延伸させる要因として「住環境」が注目されています。アンチエイジング医学では、「病気になってから治療を行う」という二次予

※1 参考文献：厚生労働省「平成28年簡易生命表」。男性は80.2歳、女性は86.6歳｜※2 参考文献：厚生労働省（平成22年時点）「健康日本21（第二次）」目標項目一覧 別表第一｜※3 生活習慣や加齢に伴う病気のリスクを積極的に解消して、健康長寿を目指す予防医学の分野。メタボリックシンドロームや、禁煙、サプリメントなどは、アンチエイジング医学の分野から広まった概念

防、三次予防的な対処ではなく、「人の健康状態をより長く維持・増進させて、病気の発症を未然に防ぐ」という一次予防的な発想を重視します。住環境の役割が期待されているのは、この一次予防の観点からなのです。

これまで、健康に大きな影響を与えると考えられてきたのは「運動」「食事」「メンタル（精神）」の3本柱でした。今、これらに加えて「環境要素」が、新たな柱として着目され始めています。環境要素とは温度、湿度、光など、環境を構成するさまざまな要素を指します。近年、多くの研究や調査により、この環境要素をコントロールすることが、長期的な健康の維持・増進に役立つことがわかってきました。そして、これらを支える基盤として、住環境が重要視されているのです。生涯を通じて人が長い時間を過ごす住環境は、健康長寿に必要な要素の大元であり、人の健康に深く関わっているのです［※4］。

監修：近畿大学アンチエイジングセンター副センター長
山田秀和

※4 オフィスビルの利用者の健康に焦点を当てた認証制度「WELL（WELL Building Standard）認証」などが、世界的に注目を集めている。日本でも健康に関わる住宅の機能性表示システムの実現に向けて準備が進んでいる

目次

2章

運動

3章 食事

4章 メンタル

メインイラスト　村田エリー —— 1章
シライケン —— 2章
平井さくら —— 3章
安井彩 —— 4章・カバー

装丁・デザイン　米倉英弘、鈴木あづさ(細山田デザイン事務所)

印刷　シナノ書籍印刷

※本書は「建築知識2018年1月号」特集の内容を加筆修正のうえ、再編集したものです。

1章

環境要素

SUN

「環境要素」の改善は健康長寿への第一歩！

環境要素は温度、空気、光、風など、さまざまなもので構成されています。私たちは室内環境の影響を常に受けながら生活しているので、これらが生命活動にとって不適切な状態だと、心身の不調や病気のリスクを高めることに直結しかねません。まさに健康長寿を目指すうえで一番に考えておきたいポイントなのです。今生活している空間やこれから住む家のことを考えながら読んでみてください。

CASE 01

断熱性能が高い住宅ほど住まい手の健康状態が向上する

住宅内の不慮の事故は冬季に増大する

交通事故で亡くなる人の数は年間約 5,000 人。かつては 12,000 人ほどであったが、飲酒運転に対する罰則が強化されてからは減少の傾向にある。これに対し住宅内の不慮の事故による死者は約 13,000 人。実に交通事故の約 2.6 倍もの人が住宅内の事故で亡くなっている

＊
12%
10%
8%
6%
住宅内の
不慮の事故
(13,000人)
交通事故
(5,000人)
1月
7月
12月

＊ 死亡率全体に対する割合

住宅内で起こる事故を月別の推移で見ると、ほぼすべての事故に季節変動が見られ、いずれも冬に増加している。調査年の冬の死亡事故は循環器系の不調に起因したものが多く、ヒートショック［※1］が要因と考えられる

※1 急激な温度の変化により血圧の乱高下や脈拍の変動が起こること
出典：厚生労働省（2004）「月別死亡数・事故による死亡」人口動態統計

住宅の断熱性能はQ値を1.9以下にする

住宅の断熱性能は高ければ高いほど、健康へのよい効果が期待できる。断熱性能の基準となる「Q値」は、数値が小さいほどその住宅が断熱性に優れていることを表すが、可能であればこの数値を1.9程度まで抑えられるとよい。これは温暖地域で北海道の仕様と同程度の住宅を建てた場合の断熱性能であり、断熱グレードは「G5」レベルに相当する

【表1】省エネグレード別比較表（6地域［※2］の場合）

項目		← 低			断熱性能	高 →	
断熱材	部位	G3	G4	ZEH	G5	Q1	パッシブハウス
グラスウール換算（mm）	屋根	85	180	200	300	300	400
	壁	55	100	100	120	200	300
	床・基礎	55	100	100	100	押出法ポリスチレンフォーム100	押出法ポリスチレンフォーム150
	基礎下	—	—	—	—	押出法ポリスチレンフォーム100	—
開口部		アルミサッシ	アルミペアサッシ	アルミ樹脂複合サッシ	木・樹脂サッシ	木・樹脂サッシ	木・樹脂サッシ
ガラス		単板	ペアガラス LOW-E	ペアガラス LOW-E	ペアガラス LOW-E	トリプルガラス LOW-E	トリプルガラス LOW-E
UA値［*1］		1.42	0.87［*2］	0.6	0.56	0.24	0.13
Q値		4.2	2.7	2.0	1.9	1.0	0.7
備考		断熱等級3 新省エネ基準	断熱等級4 次世代省エネ基準	ゼロエネルギーハウス（ZEH）基準	温暖地で北海道仕様の断熱性能	日本のトップレベル	ドイツのエコハウス基準

＊1：≒ 0.37Q−0.13
＊2：H25年基準（建築物省エネ基準）と同等。H25年基準ではη A値 2.80 以下
※2 東京都23区、横浜市、千葉市、名古屋市、大阪市、神戸市、岡山市、福岡市など
※3 住宅の高断熱化と高効率設備により大幅な省エネを実現するとともに、太陽光発電などによってエネルギーをつくり、年間の「1次エネルギー消費量」を正味でおおむねゼロ以下にする住宅のこと
出典：『建築知識2016年7月号』エクスナレッジ（23頁表3改変）

断熱グレードG5はZEH（ゼッチ）（ネット・ゼロ・エネルギー・ハウス）［※3］の基準値2.0よりも高いレベル。健康を考慮すると、ZEHよりも優れた断熱性能が必要ということになる

Point!

- 断熱性能が上がれば疾患のリスクは下がる
- 浴室だけでなくトイレ、廊下、寝室などの室温低下にも注意

高断熱化で改善されるのは「冷え」だけではない

2003～2008年を中心に、新築の戸建住宅に転居した約24,000人を調査。このなかで、転居後に身体不調の諸症状が改善した人の割合を住宅の断熱ランクごとに調べると、転居後の暮らしで症状が出なくなった人の割合は、断熱のグレードが向上するほど高くなることが分かった

【図1】 断熱グレードと各症状の改善率

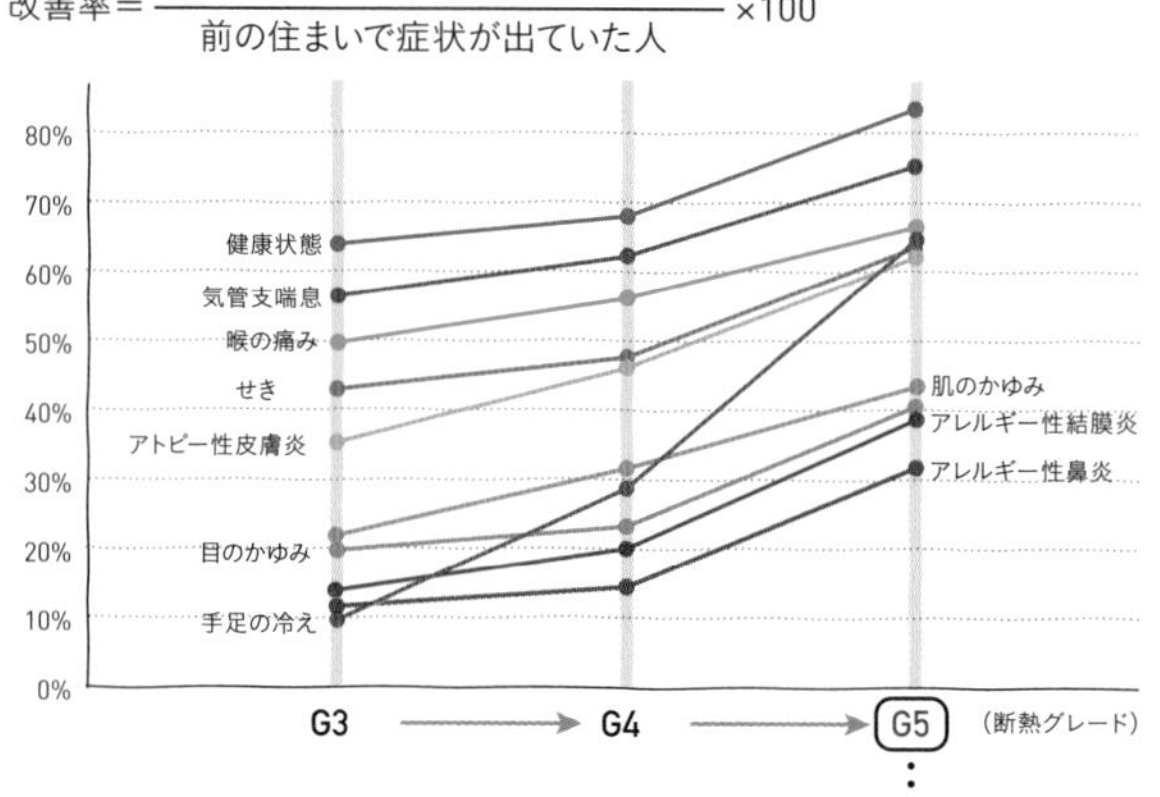
改善率＝新しい住まいで症状が出なくなった人／前の住まいで症状が出ていた人×100
80%
70%
60%
50%
40%
30%
20%
10%
0%
健康状態
気管支喘息
喉の痛み
せき
アトピー性皮膚炎
目のかゆみ
手足の冷え
肌のかゆみ
アレルギー性結膜炎
アレルギー性鼻炎
G3
G4
G5
（断熱グレード）

出典：岩前篤「住宅断熱性の健康改善に関する大規模アンケート調査」（2013年10月）AIJ環境工学委員会熱環境運営委員会 第43回熱シンポジウム、87-90頁

G5レベルの住宅に転居した人の8割以上が、健康状態がよくなったと答えている。G5（断熱グレード）はQ値が1.9を切る高断熱性能の住宅

住宅内の事故死は冬に増加する

厚生労働省が発表した2004年の人口動態統計によると、住宅内の事故による死亡率は12月～2月の冬場が9％で、7月～9月の夏場の7％強を上回っています。事故の種類ごとに分けた場合でも同様の季節変動がみられ、やはり冬に死亡率が増加するという結果がでました。冷えは、心臓や血管だけでなく、そのほかの体の不調に影響するという調査もあります。冬の寒さ対策をしっかり行うことで、事故を防止することが必要なのです。

冬の温暖地域の室内は寒冷地の室内よりも寒い

北海道のような寒冷地では断熱不足は冬の死亡事故に直結するため十分な断熱施工を行うが、温暖地では断熱が不十分でも、がまんすれば過ごせてしまう。そのため、主要都市ごとの平均室内温度を比べると、温暖地域の方が寒冷地よりも低くなってしまう傾向にある

【図2】主要都市における屋内温度実態調査

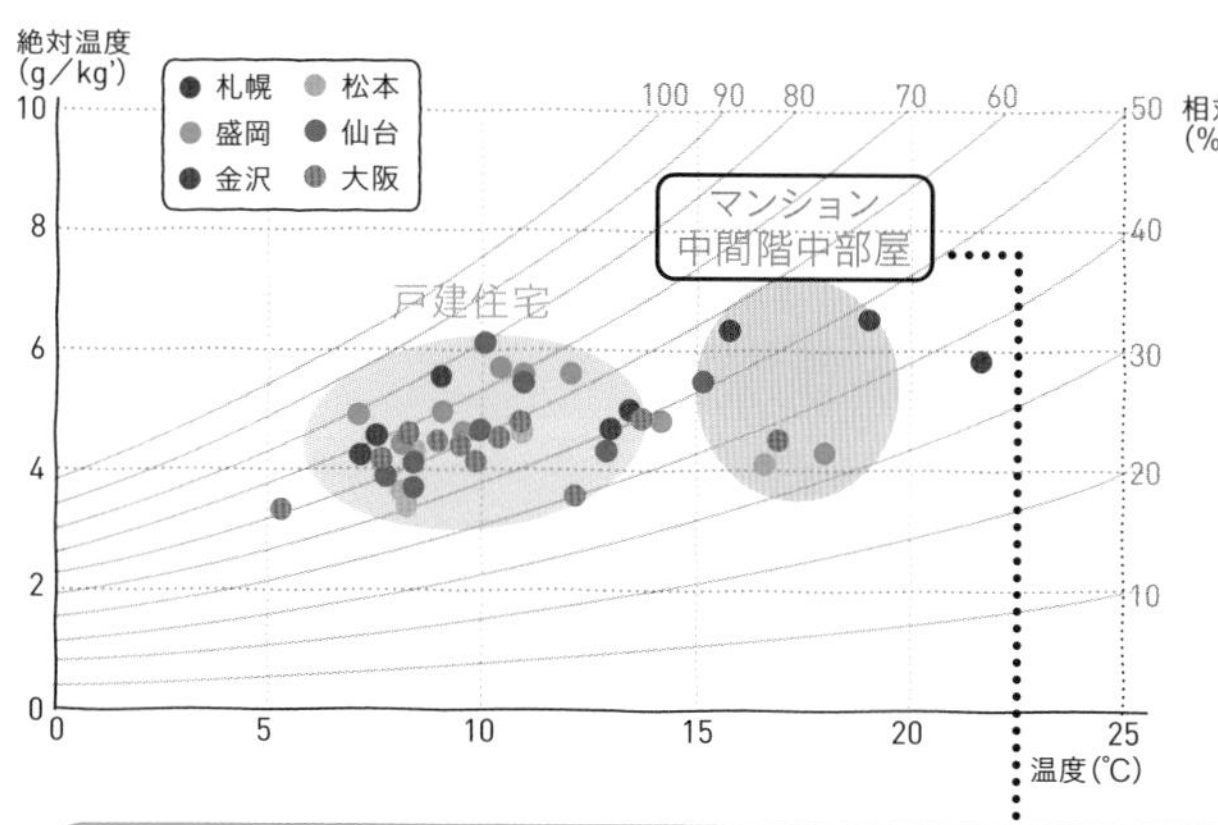
絶対温度
(g/kg')
札幌
松本
盛岡
仙台
金沢
大阪
100 90 80 70 60
50 相対湿度
(%)
40
30
20
10
マンション
中間階中部屋
戸建住宅
0 2 4 6 8 10
0 5 10 15 20 25
温度(℃)

出典：岩前篤他「居住環境における温湿度変動実態調査：その1.調査概要および初年度結果」(1991年8月)日本建築学会学術講演梗概集 環境工学、899-900頁

マンションの中間階の中部屋は外壁に接しないので、戸建住宅よりも室温が高めになる。マンションから戸建住宅に転居した人が寒く感じるのはこのため

健康のために断熱性能を高める

図1は、戸建住宅における断熱性能ランクに応じて、それぞれの症状がどの程度改善されたのかを示したグラフです。協力者の自己申告によって転居前と転居後の状態を比較した結果なので、医学的なエビデンスには相当しませんが、かなり明確な実感を伴っていることが統計から分かります。一般的に、断熱の主な目的は「暖冷房負荷の削減による省エネルギー」と「室内の温度分布を均一化して快適性を高めること」とされていますが、健康増進の面でも効

冬の就寝時間帯のトイレは ヒートショックのリスクが高い

冬の深夜は暖房を切って寝ていることが多いため室温が下がり、布団の中の温度との差が20℃近くになることもある。夜中に起きてトイレに行くときに、洗面室から浴室内に入るとき以上の大きな温度差に体をさらすことになり、ヒートショックのリスクが高まってしまう

【図3】冬季の就寝時における各室温と寝具内の温度差

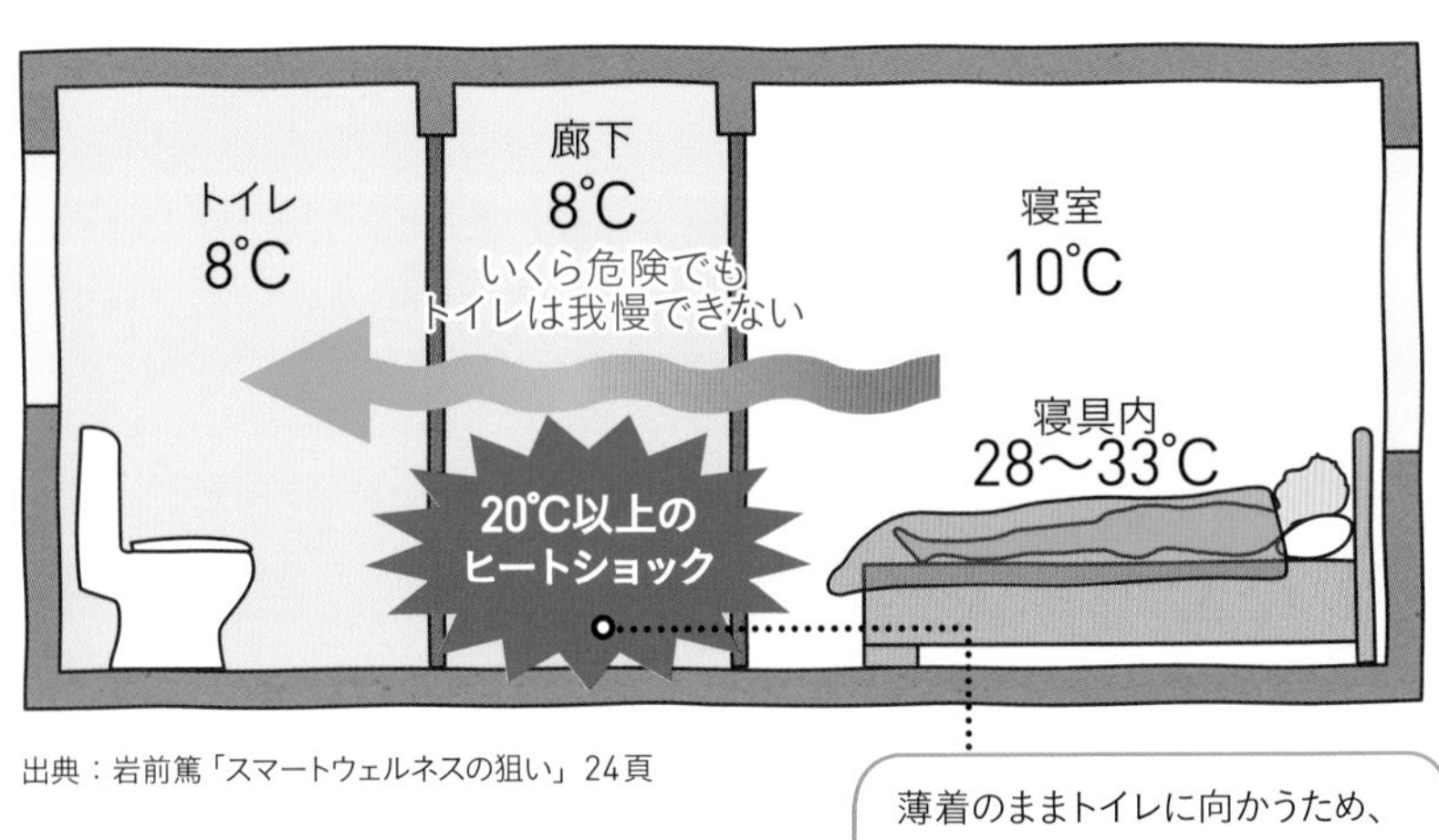
トイレ
8℃
廊下
8℃
いくら危険でも
トイレは我慢できない
寝室
10℃
寝具内
28〜33℃
20℃以上の
ヒートショック

出典：岩前篤「スマートウェルネスの狙い」24頁

薄着のままトイレに向かうため、体内の熱が放出されやすい

果を期待できることが分かったのです。ちなみに、寒冷期の住宅内事故では浴室や洗面室で起こるヒートショックのリスクがしばしば指摘されていますが、冷えきった廊下やトイレ、寝室などでも、ヒートショックのリスクが高まることを認識しておきましょう【図3・4】。

室温の最低値を法律で規定している国もある

余談になりますが、イギリスでは健康的な室温が21℃【20頁図5】とされていて、アメリカのニューヨーク州の賃貸住宅でも、最低室温を16・7℃以上に維持する

高断熱住宅にすればトイレの室温もおのずと上がる

住宅そのものの断熱性能が高ければトイレの自然温度も上がる。温暖地で断熱レベルが省エネ基準(G2)の住宅と、さらに高性能なG5の住宅を比較すると後者は自然室温が約5℃も高くなる。これだけ自然室温が高ければ、ヒートショックの発生リスクはかなり軽減できるだろう

【図4】断熱性能別の自然室温の変化

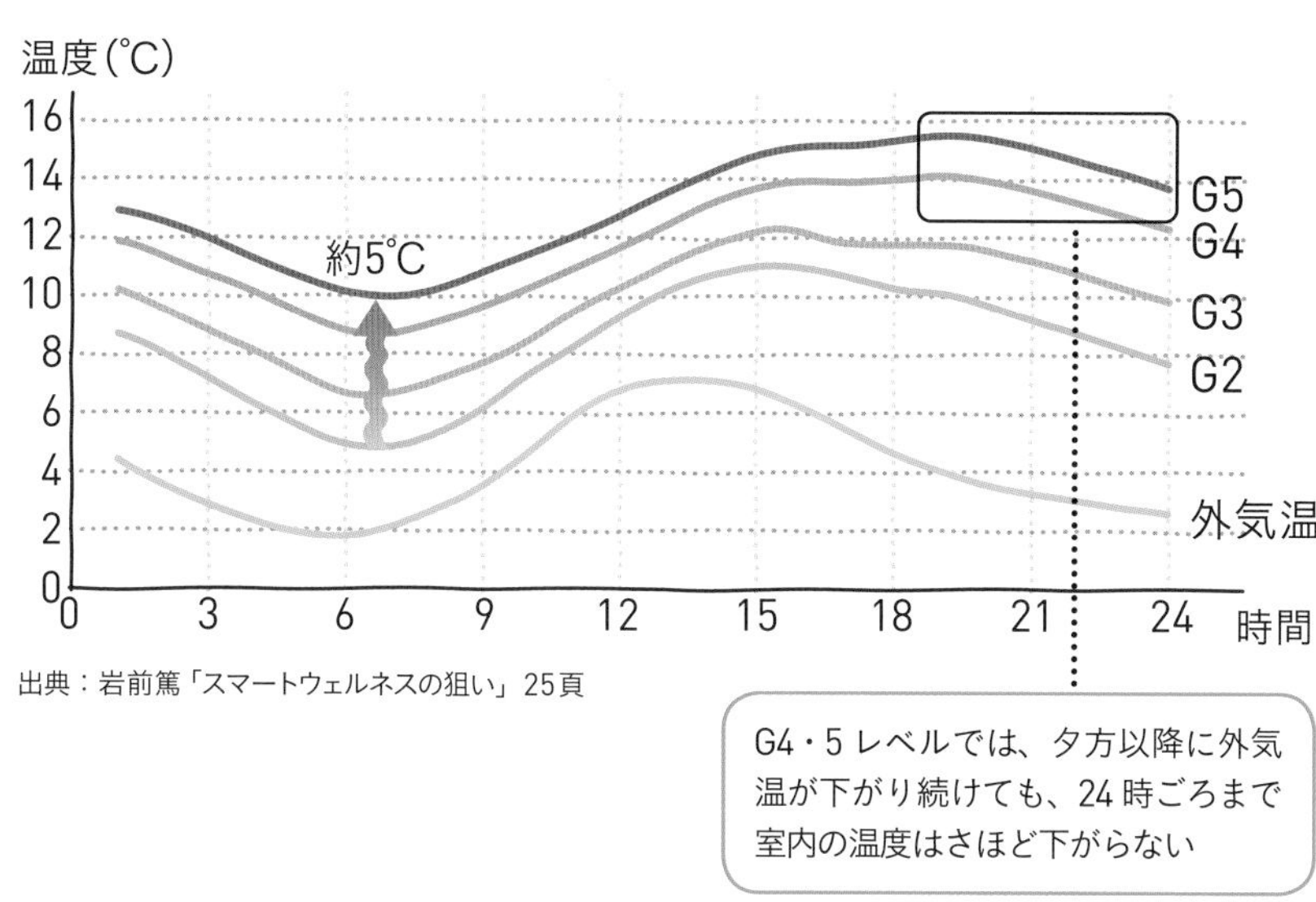
温度(℃)
16
14
12
10
8
6
4
2
0
約5℃
G5
G4
G3
G2
外気温
0
3
6
9
12
15
18
21
24
時間
G4・5レベルでは、夕方以降に外気温が下がり続けても、24時ごろまで室内の温度はさほど下がらない

出典:岩前篤「スマートウェルネスの狙い」25頁

ことが法律で定められています[21頁図6]。日本では10℃以下の室温で夜を過ごし朝を迎えることがおおむね一般的ですが、健康の下支えには、断熱性能の強化による自然室温[※4]の上昇がきわめて重要ですから、家づくりの際の検討項目として意識することが大切です。

執筆:近畿大学建築学部長・教授
岩前篤

※4 暖冷房を使用せず、窓を閉め切った状態での室温

HHSRSに基づくイギリスの規定

イギリスではHHSRS［※5］の評価に基づいて、健康へのリスクが高いとみなされた建物には、改修・閉鎖・解体の強制命令といった、罰則が与えられる。これにより高品質で安全な住宅の供給、住民の健康の維持が図られている。評価項目は「生理学的要件」「心理的要件」「感染症防止」「事故防止」の4クラスに分かれ、合計29項目で構成されている［表2］

【表2】イギリスが定めるHHSRSの評価項目

生理学的要件	心理的要件	事故に対する予防	感染に対する保護
湿気	空間、安全、照明、騒音	落下	衛生、公衆衛生、給水
・湿気・カビの繁殖 ・過剰な寒さ ・過剰な暑さ	・混雑と空間 ・人などの侵入 ・照明 ・騒音	・風呂などにおける転倒 ・転倒 ・階段における転落 ・段差における転落	・家庭での衛生、害虫、ゴミ ・食物の安全 ・個人的な衛生（入浴、排泄）、公衆衛生、排水 ・給水
汚染物質（非微生物）		感電、火災、燃焼、やけど	
・アスベスト（とMMF） ・殺虫剤 ・一酸化炭素、燃料燃焼生成物 ・鉛 ・放射線 ・不燃性ガス ・揮発性有機化合物		・電気に関する災害 ・火災 ・炎、熱面接触	
		衝突、切断、損傷	
		・衝突、閉じ込め ・爆発 ・設備の位置と操作性 ・構造の倒壊と落下物	

出典：伊香賀俊治その他「英国における住宅の健康施策調査出張報告」Safe & Healthy Housing Research Unit, Warwick Law School, Housing Healthand Safety RatingSystemGuidance (Version 2), Office of the Deputy Prime Minister, London,Nov.2004.

【図5】「浴室の過度な寒さ」は健康へのリスクとなる

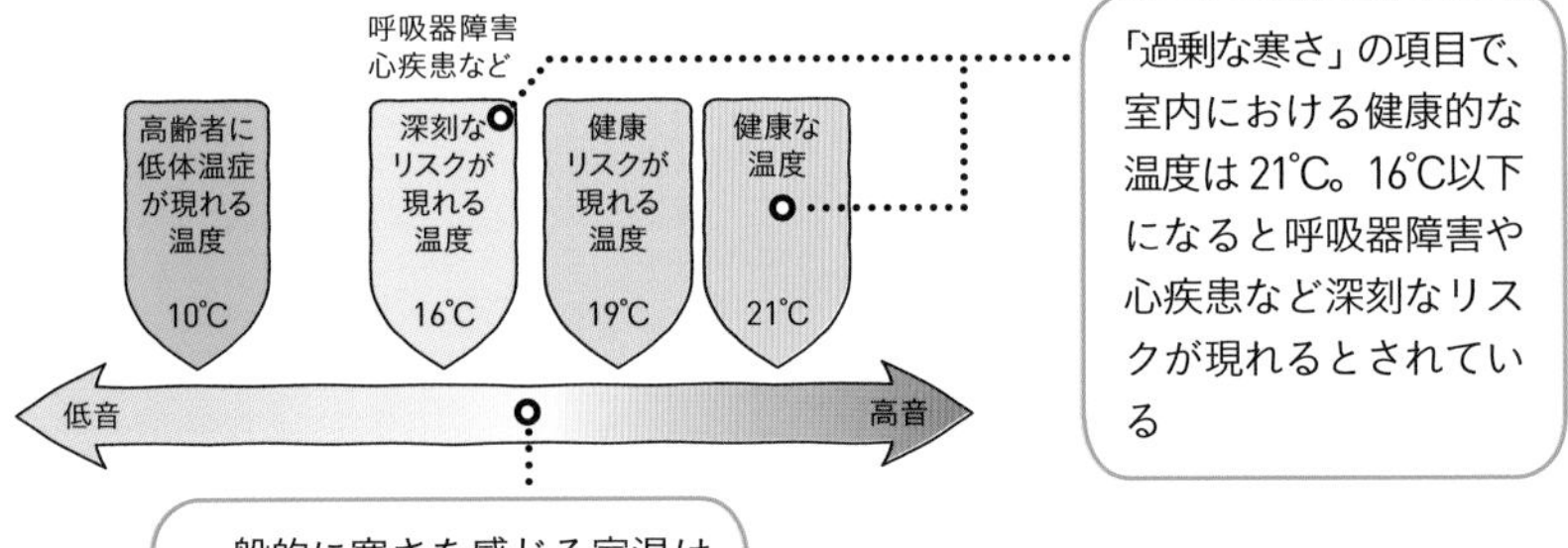
呼吸器障害
心疾患など
高齢者に低体温症が現れる温度
10℃
深刻なリスクが現れる温度
16℃
健康リスクが現れる温度
19℃
健康な温度
21℃
低音
高音
「過剰な寒さ」の項目で、室内における健康的な温度は21℃。16℃以下になると呼吸器障害や心疾患など深刻なリスクが現れるとされている
一般的に寒さを感じる室温は18℃以下とされている

※5 HHSRS（Housing Health and Safety Rating System）はイギリス住宅法の一部で、住宅の健康安全性を評価するシステムである。居住者の健康や安全の観点から、住宅の危険性の度合いを示す
出典：岩前篤「スマートウェルネスの狙い」27・28頁

アメリカでも室温の維持は重要項目

アメリカでは州ごとに冬の夜間に維持すべき最低の室内気温が規定されており、マサチューセッツ州やニューヨーク州では、夜間だけでなく昼間の気温が低い場合にも規定が設けられている

【表3】アメリカ北東部8州の室温規定

州	機関	室温
メイン州	National Council of State Legislation	20℃
ニューハンプシャー州	National Center for Health Housing	18℃
バーモント州	Agency of Human Service,Dept. of Health	18℃
マサチューセッツ州	Dept. of Public Health	昼20℃
		夜17℃
コネチカット州	Judicial Branch Superior Court	18℃
ニューヨーク州	Dept. of Housing Preservation and Development	昼20℃
		夜12.8℃
ニュージャージー州	Dept. of Community Affairs Division of Codes and Standards	20℃
ペンシルバニア州	Dept. of Public Welfare	昼18℃
		夜15℃

出典：岩前篤「スマートウェルネスの狙い」30頁

【図6】ニューヨーク州の室温規定

DAY
6 a.m. - 10 p.m.
At least 68°F inside
Below 55°F outside
NIGHT
10 p.m. - 6 a.m.
At least 62°F inside
No outside temperature requirement

出典：NYC Dept. of Housing Preservation and Development

ニューヨーク州では賃貸住宅のオーナーに対する「ビル管理基準」のなかに、最低室温規定がある。10月1日～翌年5月31日までの間、外気温に合わせてヒーターを供給する義務があり、朝6時～夜10時までに外気が12.8℃以下になる場合は室温を20.0℃に、夜10時～翌朝6時までは外気温にかかわらず室温を16.7℃に保つよう定められている

実例

全室の温度差をなくす床下エアコンシステム

壁掛けエアコンや床置きのパッケージエアコンを使用する局所暖房の場合、廊下や洗面室・浴室などの非居室は暖房が行き届かず寒くなりがち。当然、ヒートショックのリスクも高まる。しかし、エアコンを床下に入れて床下暖房にすれば、低温放射暖房で建物全体を暖めることができる。設計上のポイントとしては基礎の立上りで温風が遮断されないように、基礎の立上りの配置に配慮することが重要。安定した温熱環境を安価に得ることができる手法だ。

基礎の状態。内部の基礎の立上りを連続させないことで、床下を通った温風が建物全体に行き渡る

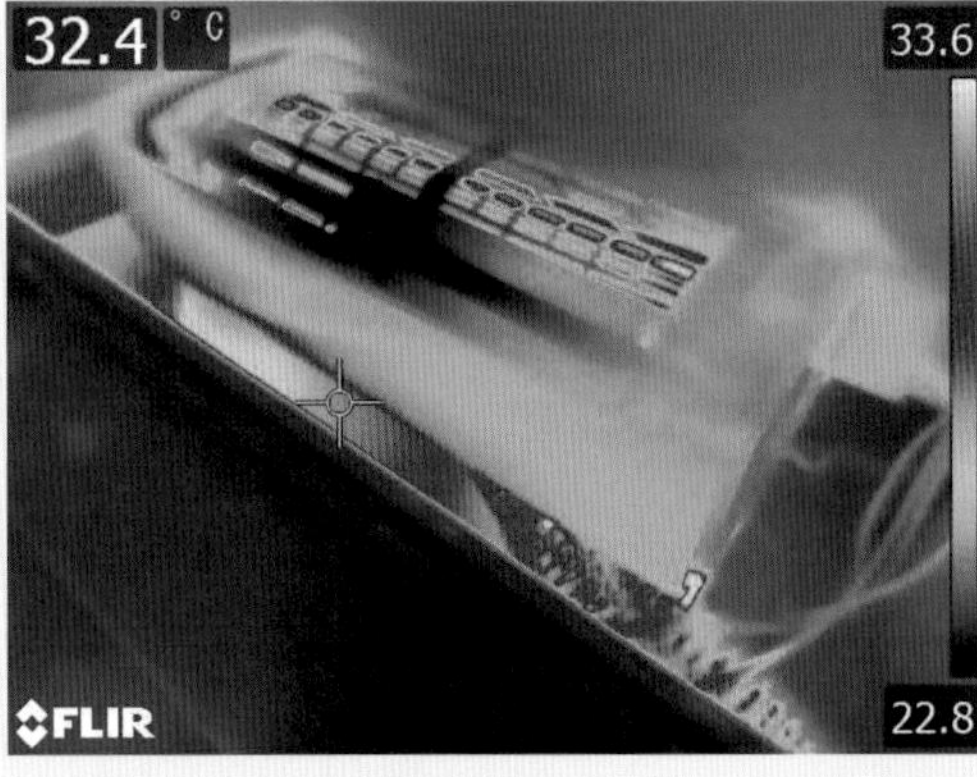
32.4 °C
33.6
22.8
FLIR

エアコン吹出し口付近の温度分布。吹出し口付近の温度は32.4℃程度とそれほど高温にならない。低温で床下をゆっくりと暖め、その輻射熱を床にもたらしてくれる

写真下段「サーモグラフによる熱分布（冬）」：前真之東大准教授

3,640
910
3,640
6,825
3,640
土間
和室
寝室
玄関
玄関ホール
SIS
床下エアコン
リビング・ダイニング
洗
洗面室
納戸
W.I.C.
個室A
キッチン
個室B
冷
浴室
パントリー
冷
1,365
1,820
1,668
607
3,640
910 910
910
2,730
910
2,427
3,943
1,820
2,275
2,881
2,579
2,730
N

平面図［S＝1:200］

エアコンの暖気は床下を通って、各部屋の床に設けられた吹出し口から流れ出る

床下エアコンは、リビング・ダイニングの脇、建物の中央部分に設置

\ 長寿ポイント /

ここでは建物の中央に床下エアコンを設置。短手方向に温風を吹き出しているが、長手方向の端部に置いて長手方向に吹き出すと、より効率よく暖気を循環させられる

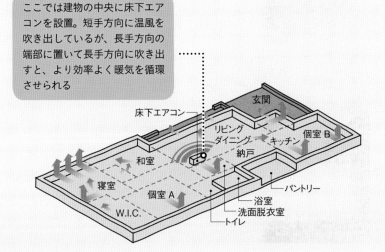

玄関
床下エアコン
リビング
ダイニング
キッチン
個室 B
和室
納戸
寝室
個室 A
W.I.C.
パントリー
浴室
洗面脱衣室
トイレ

 「越山邸」設計:西方設計、写真上段:西方里見

スキップフロアで家全体を暖かく

狭 小住宅では、空間に広がりを感じさせるためにスキップフロアを採用することが多い。その場合は1階の階段下に蓄熱暖房機を設置し、スキップフロアの段差のスリットを利用して上階に暖気を上らせると家全体に効率よく暖気が循環する。ストリップ階段にすれば、暖房効率をさらに高められると同時に上階の採光を下階にもたらす効果も期待できる。家全体が暖かくなれば温度差によるヒートショックのリスクも低くなる。なお家全体をしっかりと断熱すること。

2階のリビングからキッチンを見る。ストリップ階段越しに空間がつながっているので、つかず離れずの程よい距離感が生まれている

2階ダイニングの吹抜けを見る。吹抜けは3階の個室とつながっている。プライバシーを守りつつ、家族の存在を感じることができる

「MSH」設計:充総合計画、写真:杉浦充

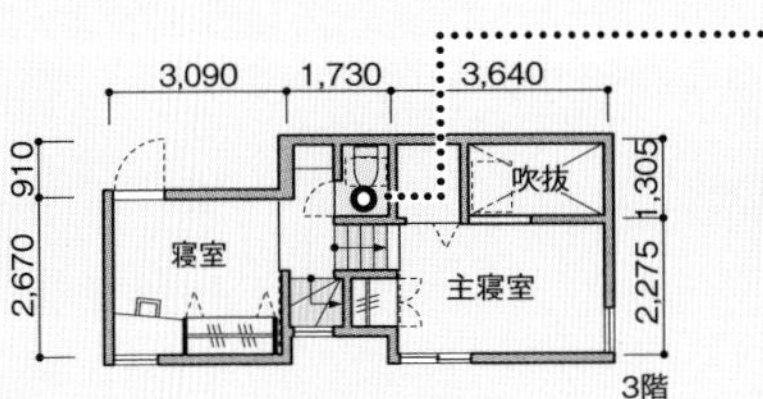
3,090
1,730
3,640
910
2,670
寝室
吹抜
主寝室
1,305
2,275
3階

階段脇のトイレは、階段のスリットを抜けて下から上がってくる暖気によって冷えを解消している

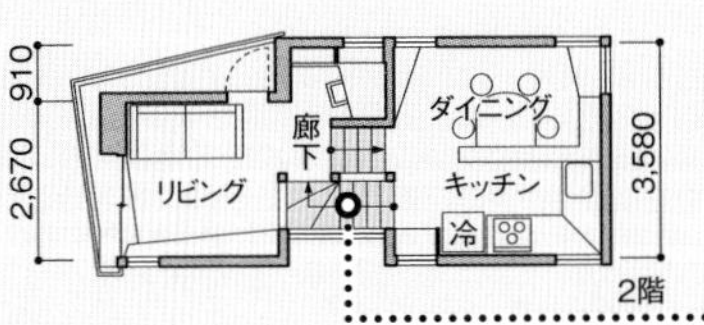
910
2,670
リビング
廊下
ダイニング
キッチン
冷
3,580
2階

スキップフロアをつなぐ階段を建物中央に配置し、暖気が各室に循環しやすいようにしている

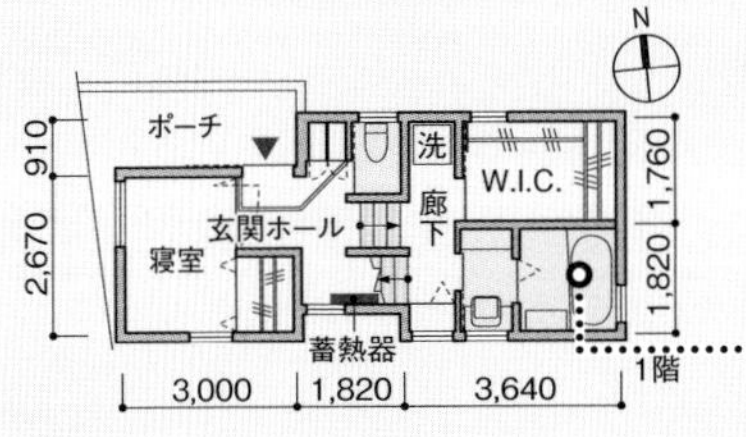
N
ポーチ
910
2,670
洗
W.I.C.
玄関ホール
廊下
寝室
1,760
1,820
蓄熱器
3,000
1,820
3,640
1階

平面図［S=1:250］

\ 長寿ポイント /

洗面室・浴室は蓄熱暖房機が置かれた所から半階上がった場所にあり、ストリップ階段越しに蓄熱暖房機の暖気が伝わりやすい

1階に設けられた蓄熱暖房機の熱気は、階段の吹抜けを通って上階に上がり、家全体を効率よく暖めてくれる

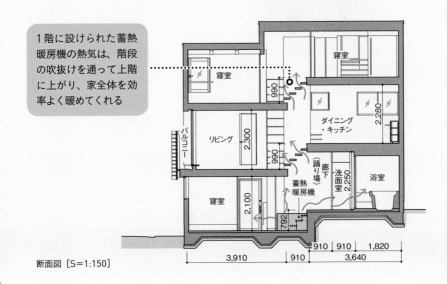

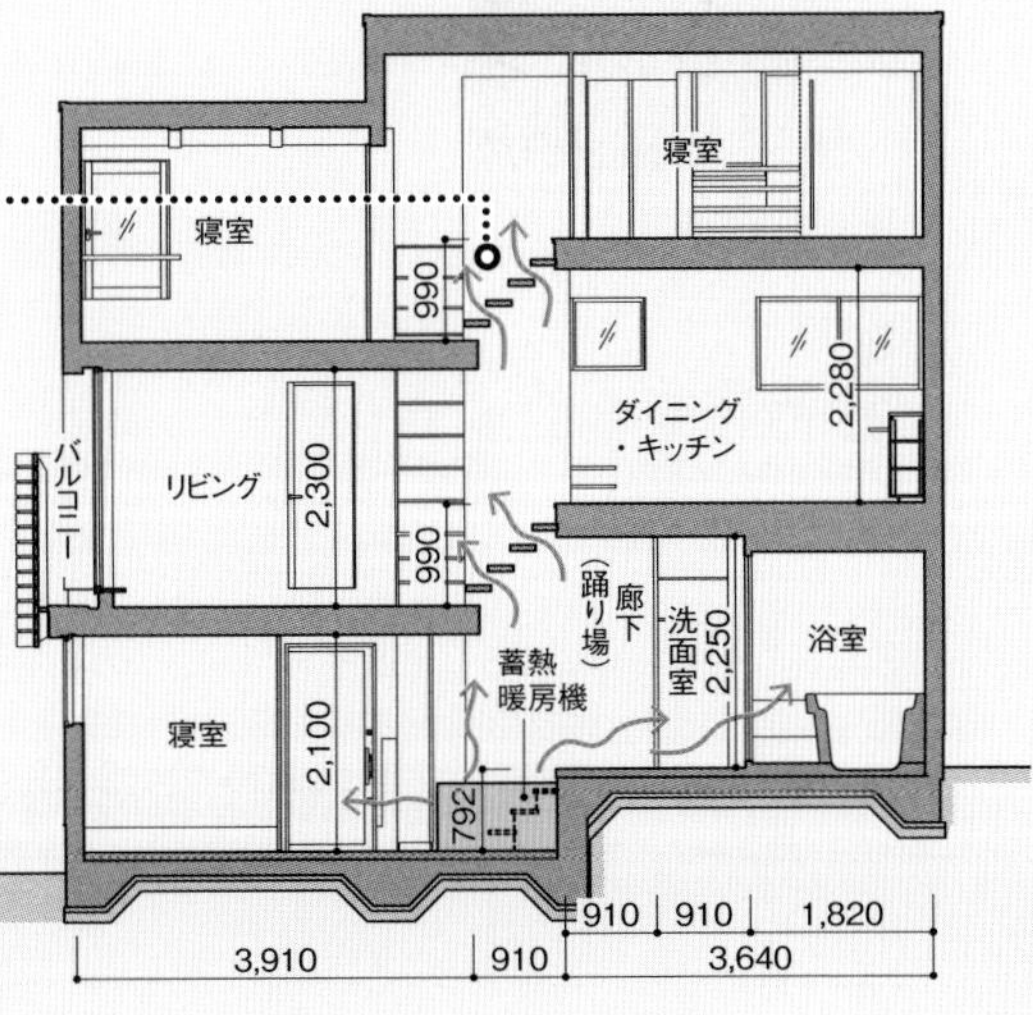
寝室
寝室
990
ダイニング
・キッチン
2,280
バルコニー
リビング
2,300
990
廊下
（踊り場）
洗面室
2,250
浴室
蓄熱
暖房機
寝室
2,100
792
910
910
1,820
3,910
910
3,640

断面図［S=1:150］

CASE 02

床暖房は快適なだけじゃない 運動不足を解消して 風邪も防ぐ

温度差があると人は動かなくなる!?

【図1】室内の温度差と歩数減少の関係[※3]

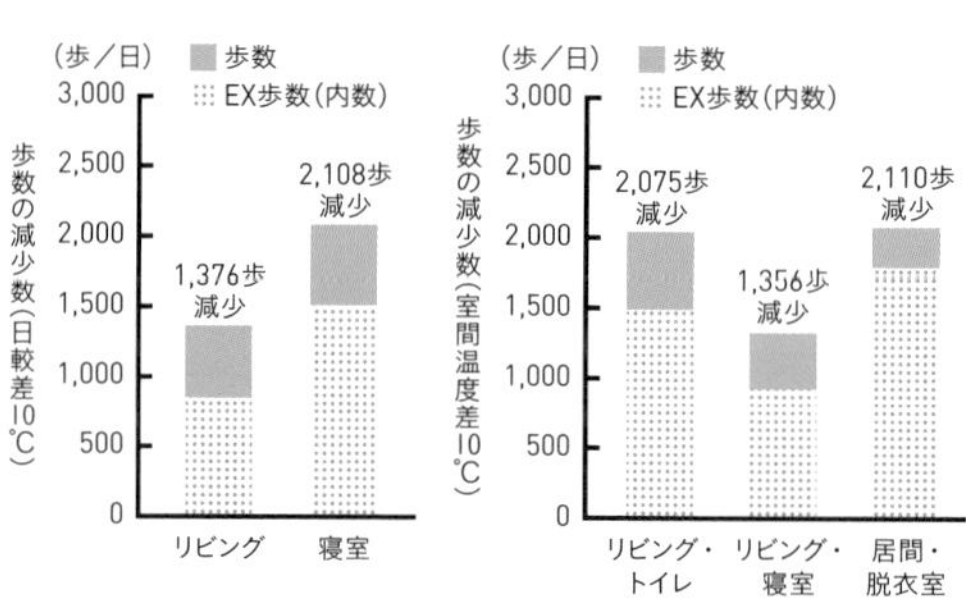
(歩／日)
歩数
EX歩数(内数)
3,000
2,500
2,000
1,500
1,000
500
0
歩数の減少数(日較差10℃)
1,376歩減少
2,108歩減少
リビング
寝室
歩数の減少数(室間温度差10℃)
2,075歩減少
1,356歩減少
2,110歩減少
リビング・トイレ
リビング・寝室
居間・脱衣室

※3 常勤でない、1日の在宅時間が3／5以上の対象者を分析。EX(エクササイズ)歩数とは、3METs以上の歩行の歩数

Point!

- 部屋の床を暖かくすれば みんなの活動量がUP!
- 床暖房の導入は住宅の高断熱化と 併せて実践したい

人は暖かい環境のほうがよく動く

　寒さで部屋の移動を億劫に感じたことはありませんか? 実際1日中暖かい部屋にいた場合と、日較差[※1]が10℃ある部屋にいた場合を比べると、温度差がある部屋にいた人の歩数は1日当たり約1400歩少なくなるという報告があります。また、リビングとトイレの室温差が10℃ある住宅は、ない住宅に比べて1日の歩数が約2000歩減少しました。

　健康のために運動しなければと思っていても、部屋の温度差の影響を受けて気付かぬうちに活動量

住宅の温熱環境の向上は、入浴時や起床時の心臓への負担軽減、高血圧の緩和、生活活動量の増進、ロコモ［※4］・認知症の抑制、筋力低下の抑制など、さまざまな面から健康維持に役立つ
同じ室内における温度差がなくなるだけで、1日の歩数は1,400歩増える。リビングとトイレなど異なる部屋どうしの温度差をなくせば、さらに2,000歩も増える
おじいちゃんお風呂でヒートショックにならない
ハァ〜
お母さん1日1,400歩増える
テキ
パキ
めーい!!
子どもの活動量1.6倍になる
住宅の断熱工事には費用がかかるが、冬場に集中する心筋梗塞や脳卒中の発生リスクを軽減できるので、その結果、高齢期の医療費や介護費を節減できる

※4 ロコモティブシンドローム。運動器のいずれか、あるいは複数に障害が起こり、立つ、歩くといった移動機能が低下している状態をいう

は減少しているのです。特に床の暖かさは人の活動量に影響を与えると考えられています。複数の幼稚園において、床材と園児の活動量の関係を検証した実験［28頁表1］では、高断熱・無垢フローリング（2重床）と低断熱・複合フローリングの園舎を比較すると、前者の園児の方が1.3～1.6倍歩数が多く、活動強度［※2］も高いという結果が出ました［28頁図2］。また、活動量の多い園児の方が欠席率が低く、インフルエンザの罹患率も低かったことから、床の暖かさが園児の健康状態によい影響を及ぼしていることがうかがえます。

暖かい園舎の園児は活発で病気知らず！

構造と床材が異なる5つの園舎で、秋季と冬季それぞれ2週間ずつ、室内温度と園児の身体活動量を計測した。その結果、床上の平均室温が高い園舎ほど園児の活動量が多いことが分かった

【表1】 園舎ごとの床の違い

	A園	B園	C園	D園	E園
構造	RC造	木造	RC造	RC造	RC造
築年数	新築	25年（断熱改修済）	25年	22年	25年
床材	無垢フローリング	無垢フローリング	無垢フローリング	複合フローリング	複合フローリング
床下地	2重床	合板	コンクリート	コンクリート	コンクリート
床上0.1m平均室温	17.2℃	(13.7)℃	(13.7)℃	(13.7)℃	9.2℃
床上1.1m平均室温	17.6℃	(15.9)℃	(15.9)℃	(15.9)℃	16.6℃

（　）はB・C・Dの3園舎の平均値

断熱性能○、床弾力○（A園・B園）　断熱性能△、床弾力△（C園・D園・E園）

【図2】 表1における床材と平均歩数の比較

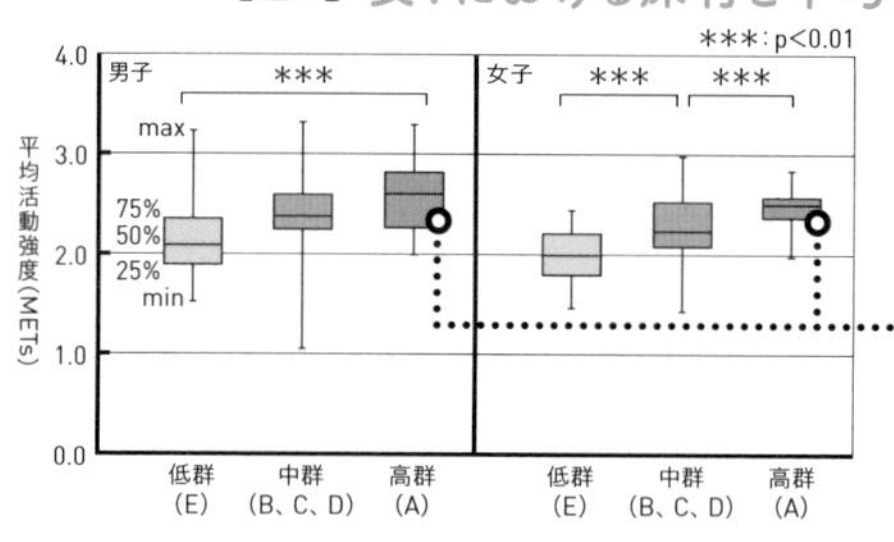
***: p<0.01
平均活動強度（METs）
男子
女子
max
75%
50%
25%
min
***
低群（E）
中群（B、C、D）
高群（A）

床の暖かさや肥満傾向児の増加、体力・運動能力の低下、骨折指数の増加といった子どもの身体的問題にも改善の効果がある

高断熱化の費用対効果はいかほど？

住宅の高断熱化は疾病予防・介護予防に欠かせないとして以前から世界的な注目を集めていました。一方で、日本の一般的な住宅の冬季室温は10℃前後。この室温は、英国では血圧上昇や心臓血管疾患のリスクが懸念される数値［20頁］で、室温に対する日本の意識は、海外に比べてあまり高まっていないようです。介護に備えて住宅のバリアフリー化を検討するような感覚で、住宅の高断熱化も検討したいものです。

家のなかが寒いと感じていても、

100万円の断熱工事は11年でペイできる!

高 断熱化による健康維持効果は国内外で注目を集めている。そのメリットは大きく、費用対効果も高い。工費は高いが、その後の光熱費の削減や健康増進による医療費の削減を加味すれば、11年で100万円をペイできる

【図3】住宅高断熱化の費用回収

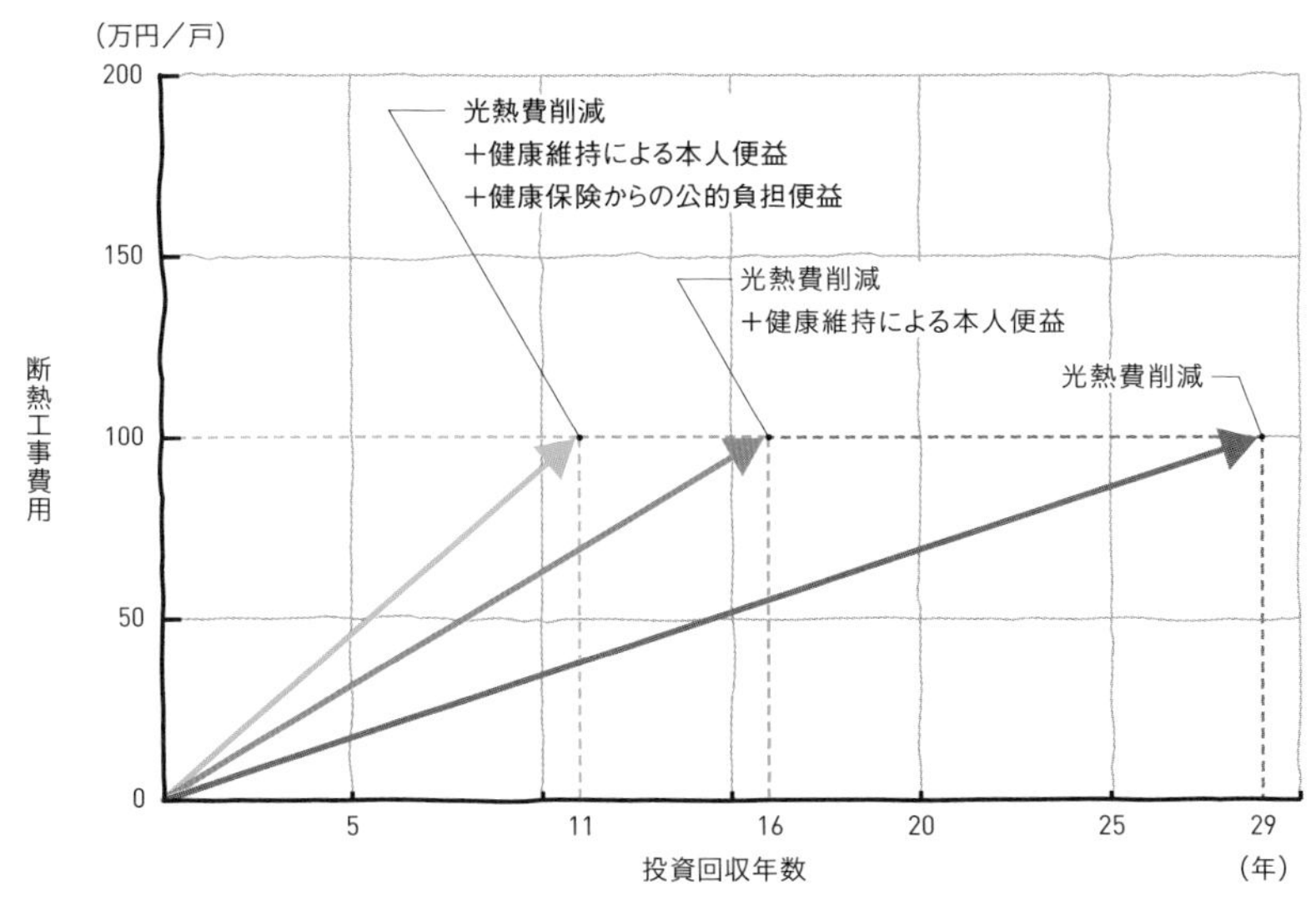
(万円/戸)
200
150
100
50
0
断熱工事費用
光熱費削減
+健康維持による本人便益
+健康保険からの公的負担便益
光熱費削減
+健康維持による本人便益
光熱費削減
5
11
16
20
25
29
投資回収年数
(年)

図1〜3・表1資料提供:慶應義塾大学伊香賀研究室

コスト面から断熱改修を諦める人も多いようですが、断熱工事を行えば、心筋梗塞や脳卒中の発生リスクを軽減し、高齢期の医療費や介護費の節減につながります。それらの利益も考慮して高断熱化を検討してみましょう[図3]。

監修:慶應義塾大学教授 伊香賀俊治

※1 暖冷房をせず、窓を閉め切った状態での室温

※2 生活習慣病を予防するための身体活動量・運動量・体力の新しい基準値。単位はMETs(メッツ)。運動や活動によるエネルギー消費量が、安静時の何倍に当たるかを表す。1METs以上=安静、3METs以上=通常の歩行、4METs以上=早歩き、など

実例

快適な床暖房生活でヒートショックを防ぐ

床暖房で部屋を暖めると気流が発生しないので、空気中にほこりが舞い上がりにくい。また、部屋全体を下からじんわりと暖められるので、乾燥した温風が吹き付けたり、必要以上に室温が上昇したりすることなく心地よい暖かさを感じられる。非常に魅力的な暖房機器なのだ。床暖房はガンガン暖めるのではなく、無駄なエネルギーを使わずに効率よく暖める必要がある。そのため、住宅には平成28年省エネルギー基準程度の高い断熱性能が必須となる。

直接肌に触れる床材の選択も大切。熱容量の大きい石なども床暖房に適しているが、気持ちよくごろんと寝転がるならやはり無垢フローリングがお薦めだ

「猫と夫婦が暮らす平屋のような家」設計・写真：マツザワ設計

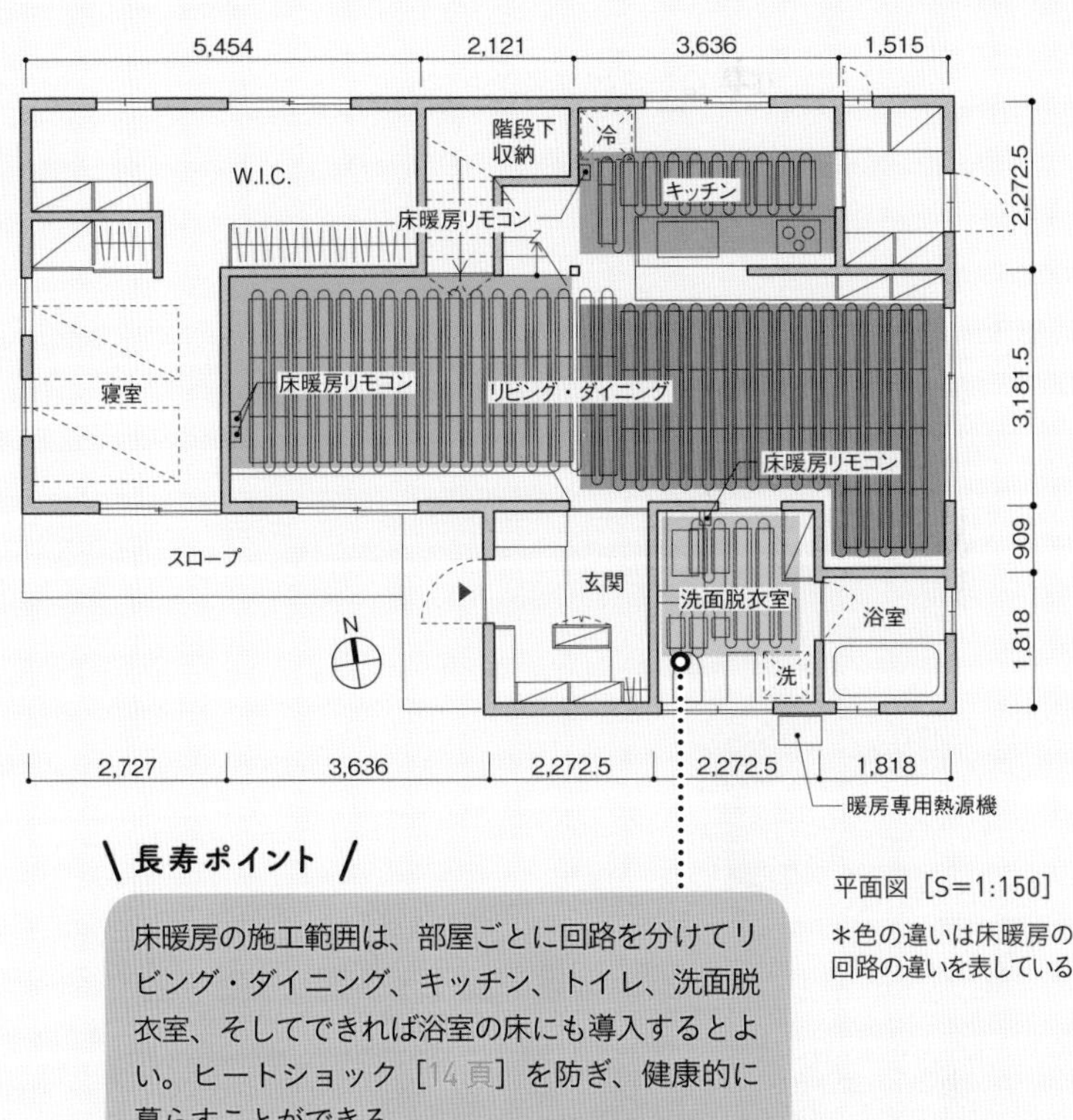
5,454
2,121
3,636
1,515
W.I.C.
階段下
収納
冷
キッチン
床暖房リモコン
寝室
床暖房リモコン
リビング・ダイニング
床暖房リモコン
スロープ
玄関
洗面脱衣室
浴室
洗
N
2,272.5
3,181.5
909
1,818
2,727
3,636
2,272.5
2,272.5
1,818
暖房専用熱源機

平面図［S＝1:150］

＊色の違いは床暖房の回路の違いを表している

＼長寿ポイント／

床暖房の施工範囲は、部屋ごとに回路を分けてリビング・ダイニング、キッチン、トイレ、洗面脱衣室、そしてできれば浴室の床にも導入するとよい。ヒートショック［14頁］を防ぎ、健康的に暮らすことができる

【表2】温水循環式と電気ヒーター式の比較

特徴	温水循環式	電気ヒーター式
イニシャルコスト	×	○
ランニングコスト	○	×
立ち上がり時間	○［*］	○
温度の均一性	○	△
床仕上げ面の温度	○	△
適した使い方	広い面積、長時間	狭い面積、短時間
メンテナンス性	△	○
耐久年数	△	○

*ただし、ヒートポンプ式は時間がかかる

出典：山田浩幸『建築知識2016年8月号』エクスナレッジ（20頁）

床暖房の熱源は電気かガス。どちらの熱源においても温水循環式のを採用して、低めの温度で長い時間連続運転させたほうが床暖房のよさを生かせる

CASE 03

簡易の自宅療養室をつくり家庭内感染を予防する!

病院の仕組みを住宅に応用

一緒に暮らす家族に感染者がいる場合は、寝る場所や食事の場所、トイレなどの生活空間をほかの家族と分けることで接触感染［※1］と飛沫感染［※2］のリスクを減らせる

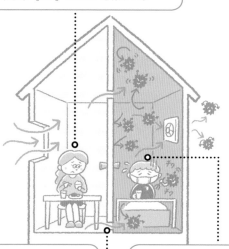

病院では清浄区画から汚染区画へ一方向に空気を流している。このような空気の流れを住宅内で再現することでエアロゾル［※3］による空気感染のリスクを低減できる

風邪やインフルエンザ、新型コロナウィスルなどに感染した家族が自宅で療養せざるを得ない場合、ほかの家族に感染を広げないために、住宅内に簡易的な自宅療養室を設けたい

※1 食品や手などに付着した病原体が口や目などの粘膜に付着して感染すること
※2 咳やくしゃみ、会話などで飛んだしぶきに含まれる病原体を吸入して感染すること
※3 空気中を漂う直径5マイクロメートル以下の小さな粒子のこと。この粒子に含まれる病原体を吸入して感染することを空気感染という

Point!

- 自宅療養室にする部屋をあらかじめ想定しておこう
- トイレは清浄ゾーン用と療養ゾーン用に2箇所以上あると安心
- 療養室内を「陰圧化」すれば空気感染のリスクが下がる

住宅内に陰圧の自宅療養室をつくる

自宅療養室をつくる際のポイントは、気密性の高い間仕切りを設けること。間仕切りに隙間があいていると、療養室内を陰圧に保つことができないからだ。ビニルシートを天井から床までカーテン状に吊り下げ、壁や天井に隙間ができないよう養生テープなどで目張りするとよい

【図1】自宅療養室のつくり方

ビニルシートの間仕切りは間隔をあけて2重に設ける。こうすることで物の受け渡しの時なども気密性を保てる

自宅療養室内の陰圧が保たれている時は、間仕切りに使用しているビニルカーテンが療養室側に向かって膨らむ

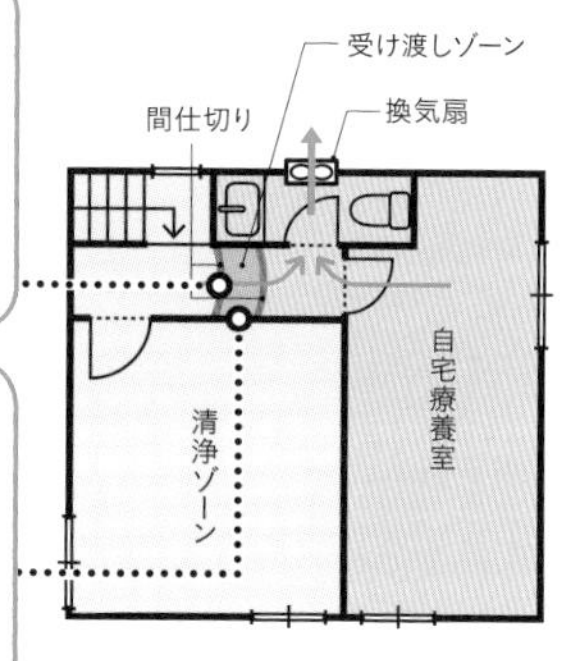
受け渡しゾーン
間仕切り
換気扇
清浄ゾーン
自宅療養室

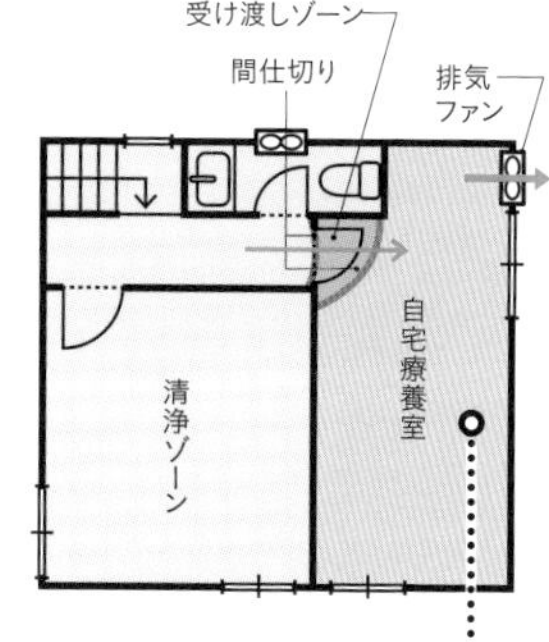
受け渡しゾーン
間仕切り
排気ファン
清浄ゾーン
自宅療養室

療養室内に排気ファンを設置する場合[※4]は、療養室のドアの内側と外側に間仕切りのビニルカーテンを設置する

※4 排気ファンを自宅療養室に設置する手順については、設置例の動画をYouTubeで公開している。動画のタイトルは「自宅療養室作成のための部屋への排気ファン設置例1」

生活空間と動線を分けて住宅内の感染を防止する

感染症の罹患者（以下、感染者）とその家族が自宅でいっしょに生活する場合、接触感染や飛沫感染のリスクを減らすために、家族のいる「清浄ゾーン」と感染者のいる「療養ゾーン」を分けることが重要です。ひと部屋を感染者専用の「自宅療養室」にするなどして、互いの生活空間と動線を区別しましょう。特に、トイレは感染のリスクが高い場所です。いざというとき清浄ゾーン用と療養ゾーン用にトイレが分けられるよう2箇所以上あると安心です。

自宅療養室の陰圧を維持するためのポイント

自宅療養室内の気圧は、窓から吹き込む風や清浄ゾーンの換気方法に影響を受ける。間仕切りの気密性がしっかり確保できていても、運用方法を間違えると療養室内の空気が清浄ゾーンに流れかねないので要注意。なお、療養ゾーン側の換気扇は24時間常に回していることが前提となる

【図2】換気と窓開けのポイント

キッチンのレンジフードなど、清浄ゾーン側で換気扇を使用すると空気が逆流しかねない。吸気用の窓を大きく開けたうえで稼働させること

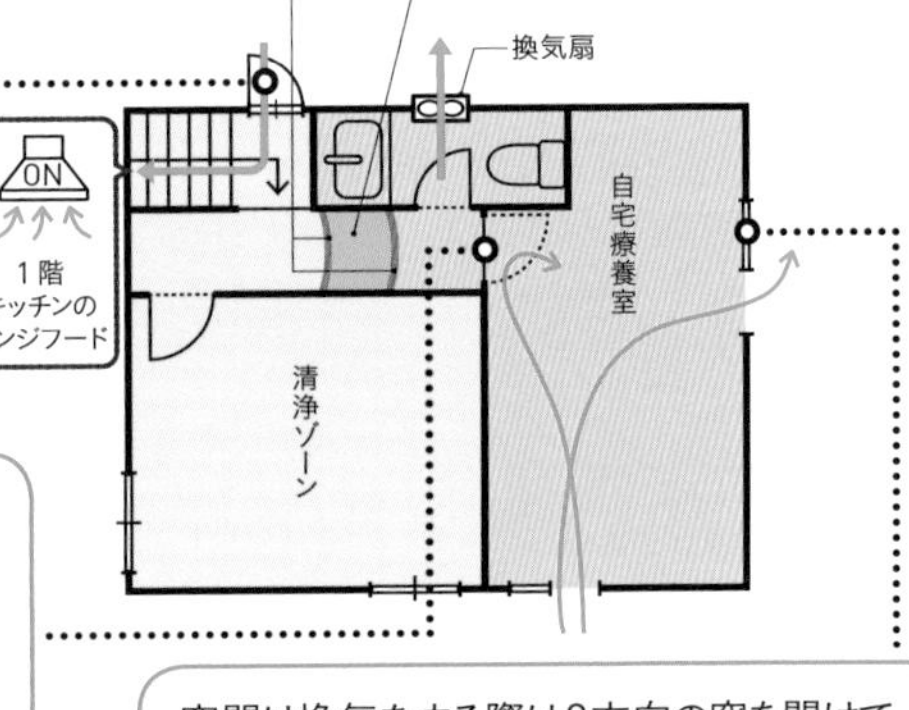

間仕切り
受け渡しゾーン
換気扇
ON
1階
キッチンの
レンジフード
自宅療養室
清浄ゾーン

療養室で窓を開ける際は、風の吹込みによって清浄ゾーンに空気が逆流しないように扉は閉めておく。アンダーカットやガラリなどの隙間はテープで塞ぐ

アンダーカット
ガラリ

窓開け換気をする際は2方向の窓を開けて、風が室内を通り抜けられるようにする

図1・2出典:山本佳嗣・倉渕隆「住宅内にビニルカーテンによる仮設の陰圧室を作り出す方法」2020年5月27日

換気扇で空気感染対策

感染症のなかにはエアロゾルなどによって空気感染するものもあります。そのリスクを下げるためには、十分な換気で空気を清潔に保つと同時に、自宅療養室内を陰圧化［※5］させて、清浄ゾーンに空気が流れていかないようにすることが大切です。病院の隔離病棟では部屋の出入口前後で-2.5Paの陰圧を保つことが基準となっていますが、住宅を使用した実験では、トイレの換気扇だけでも療養ゾーン内を平均-1.5Pa程度の陰圧に保てることがわかりました。療養室近くのトイレを感染者

知っておきたい換気の基本

換気計画は新鮮な空気を取り込みたい場所（クリーンゾーン）に吸気口を設け、汚染物質を拡散したくない場所（ダーティーゾーン）に排気設備を設けることが基本。住宅は、さまざまな汚染物質が常に発生し続けているので、空気を清潔に保つには24時間換気が必要だ

【図3】換気計画の基本（第3種換気の場合）

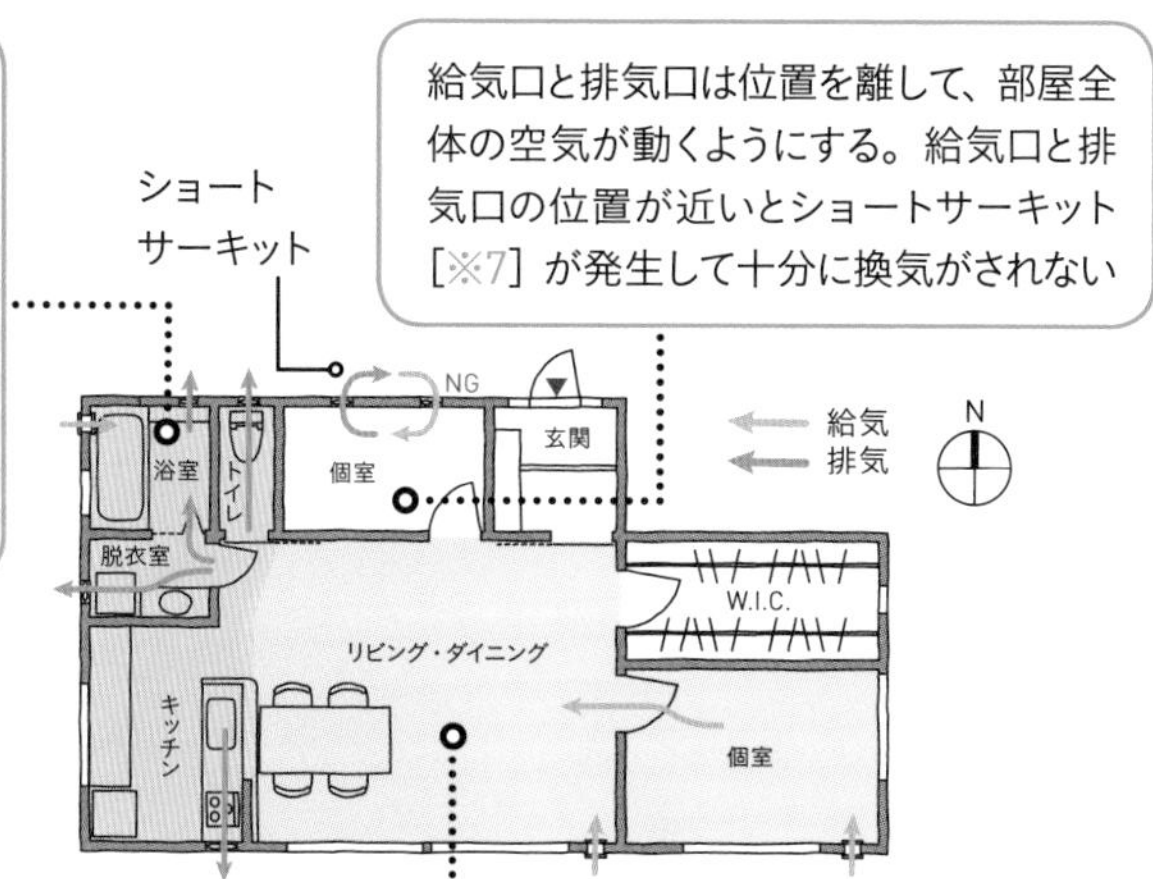
ダーティーゾーンとなるのは、キッチン・トイレ・浴室など。これらの部屋から空気を排出（排気）することで、汚染物質がほかの部屋に拡散するのを防ぐ
ショートサーキット
給気口と排気口は位置を離して、部屋全体の空気が動くようにする。給気口と排気口の位置が近いとショートサーキット[※7]が発生して十分に換気がされない
NG
浴室
トイレ
個室
玄関
給気
排気
N
脱衣室
W.I.C.
リビング・ダイニング
キッチン
個室
クリーンゾーンとなるのは居間・寝室・書斎など。このような場所には給気口を設けて新鮮な空気を採り入れる

※7 給気口と排気口の位置が近すぎるために、狭い範囲で空気が循環する現象

監修:東京工業大学環境・社会理工学院准教授　鍵直樹

用トイレとして使用できる場合はよいのですが、「トイレが一つしかない」「療養室からトイレまでが遠い」といった場合は、療養室内に排気ファンを設置しましょう。部屋の給気口に市販のパイプ用排気ファンを設置するだけなので、間取りの制約を受けることはありません。なお、給気口の室内側カバーが壁と一体化しているものは無理に取り外さず工務店などへ相談することをお勧めします。

監修：東京工芸大学工学部工学科准教授　山本佳嗣

※5 物体内部の圧力を外部の圧力よりも低くすること。ここでは、室内の空気圧を低くすることを指す

※6 パスカル。圧力の単位

CASE 04

シックハウス指針が再び強化！ 健康長寿は室内空気が鍵

人が摂取する物質の約6割は室内空気が占める

人は食物や飲料、外気などさまざまなものを摂取して生きているが、その総重量の約6割は室内空気が占めている。室内で過ごす時間が長い現代人は大量の室内空気を体内に取り込んでいるのだ。食物や飲料に含まれる食品添加物、産業排気による汚染物質にはもちろん注意すべきだが、室内の空気質も気を配りたい

近年、住宅の気密性が高くなったことや、窓を閉めきったエアコンの使用により密室化が進んでいる。十分な換気がなされないと、内装材などから空気中に発散される化学物質の濃度が高まり、健康に影響が出やすくなる。換気を行い室内の空気質を良好なレベルに保つことが望まれる

出典：㈳日本建築学会（2000年2月）シンポジウム資料「連続講座『ヘルシーな室内環境』―講座1 化学物質による室内空気汚染―」

Point!

- 化学物質は建材以外の家具などからも放散される
- 人体に有害な化学物質がすべて特定されているわけではない。規制されていない物質のなかにも有害なものがあるかもしれない

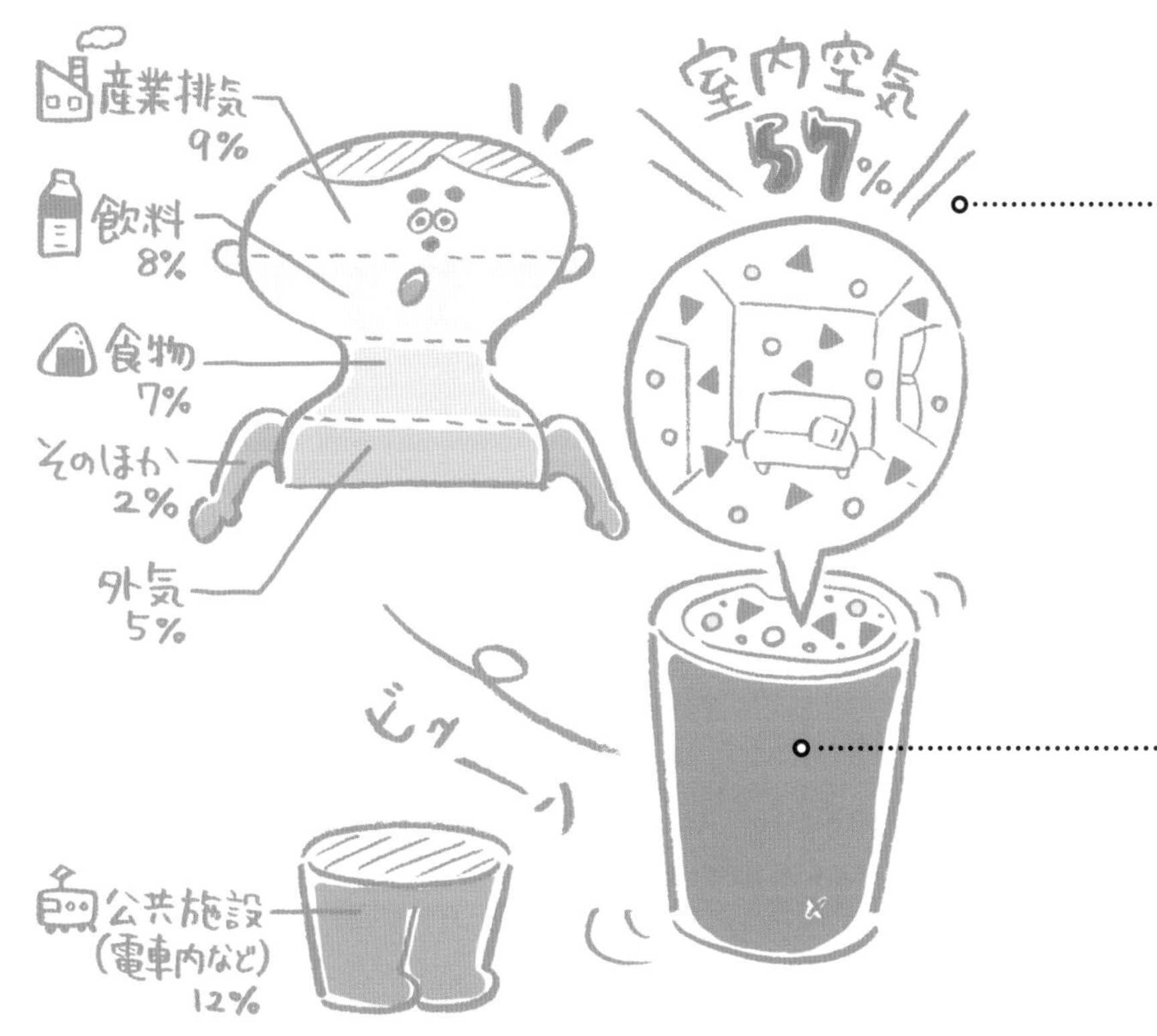
産業排気
9%
飲料
8%
食物
7%
そのほか
2%
外気
5%
公共施設
(電車内など)
12%
室内空気
57%
どど〜ン

室内空気の重要性

シックハウス症候群や科学過敏症とは、空気中に漂う化学物質などが原因で引き起こされる健康障害の総称です。シックハウス症候群や化学物質過敏症を発症すると、頭痛、全身の倦怠感などの症状が現れます［38頁図1］。シックハウス症候群は原因となっている空間から離れると症状が改善・消失しますが、化学物質過敏症はいったんある化学物質に過敏になると、きわめて微量なほかの化学物質に対しても過敏な反応を引き起こすようになってしまいます。

化学物質過敏症の主な症状は9つ

化学物質過敏症とは、ある化学物質により一度でも過敏な状態が獲得されると、きわめて微量なほかの化学物質に対しても過敏な反応が引き起こされる病態で、多様な症状を呈する。化学物質過敏症の約6割はシックハウス症候群が原因であり、さらにその約6割が新築・増改築した住宅などへの入居が直接的な発症原因となっている

【図1】化学物質過敏症の主な症状

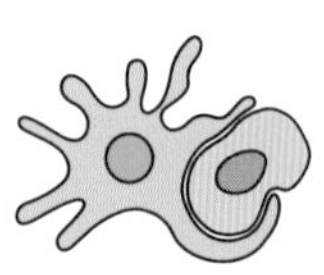

免疫障害
皮膚炎
喘息
自己免疫異常

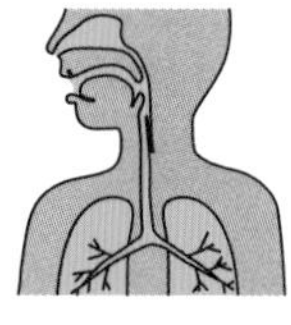

気道障害
咽頭痛
口内の渇き

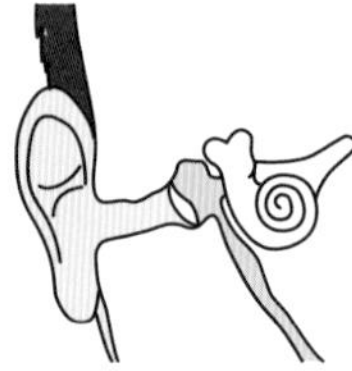

内耳障害
めまい
ふらつき
耳鳴り

副交感神経
交感神経

自律神経障害
発汗異常
手足の冷え
疲れやすくなる
緊張、頭痛

これらは化粧合板などの新建材の登場や、建物の気密性が向上し、換気不足になったことなどが影響して、1990年代に大きな問題となりました［※1］。なぜ室内空気がこれほど健康に影響するのでしょうか。それは人が体内に摂取する物質の約57%を室内空気が占めているからです。一方で、多くの人が気にする食物や飲料は全体の約15%。あまり意識されませんが、空気の安全性にも気をつけたいものです。

室化学物質の指針値は今後厳しくなる

現在、13種類の化学物質がシッ

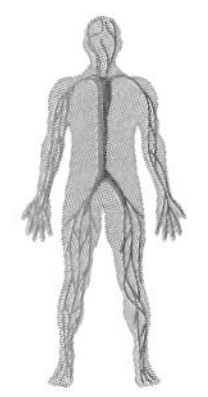

循環器障害
動悸
不整脈
循環障害

運動器障害
筋力低下
頭部・手指のしびれ
筋肉痛、関節痛

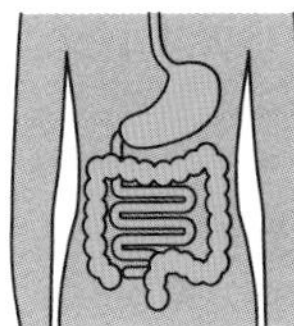

消化器障害
下痢
便秘
悪心［※3］

精神障害
不眠、不安
うつ状態
不定愁訴［※2］

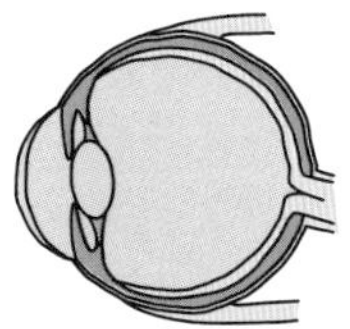

眼科的障害
結膜の刺激症状
調節障害
視力障害

※2 検査をしても原因となる病気が判別できない体調不良
※3 胸がむかむかして吐き気がすること
出典：坂部貢『建築知識2003年6月号』（155頁）

クハウスの原因物質として特定されていますが、空気の汚染源には壁紙、塗料、接着剤などの建材以外にも、カーテン、電化製品、家具などさまざまなものが考えられます［40頁図2］。現在の指針だけでは特定できないケースも多いため、厚生労働省は4つの化学物質の指針値を厳格化し、さらに3つの新規化学物質の指針値設定を今後検討する予定です。

　また、テキサノールのようにこれまで使用されていた化学物質の代替品として登場したものの、結局シックハウスの原因物質が見つかったものもありますから、個々の化学物質を避けるのではなく、

空気汚染の原因は建材だけではない

室内空気の汚染をもたらす放散源は多種多様で、内装の下地材や仕上げ材などの建材のほか、カーテン、家具、カーペット、テレビなどの電化製品、芳香剤などの日用品など多岐にわたる。建材は化学物質の使用量がかなり多いため、問題視されやすいが、ほかの放散源にも注意が必要

【図2】室内空気を汚染する化学物質の発生源と材料

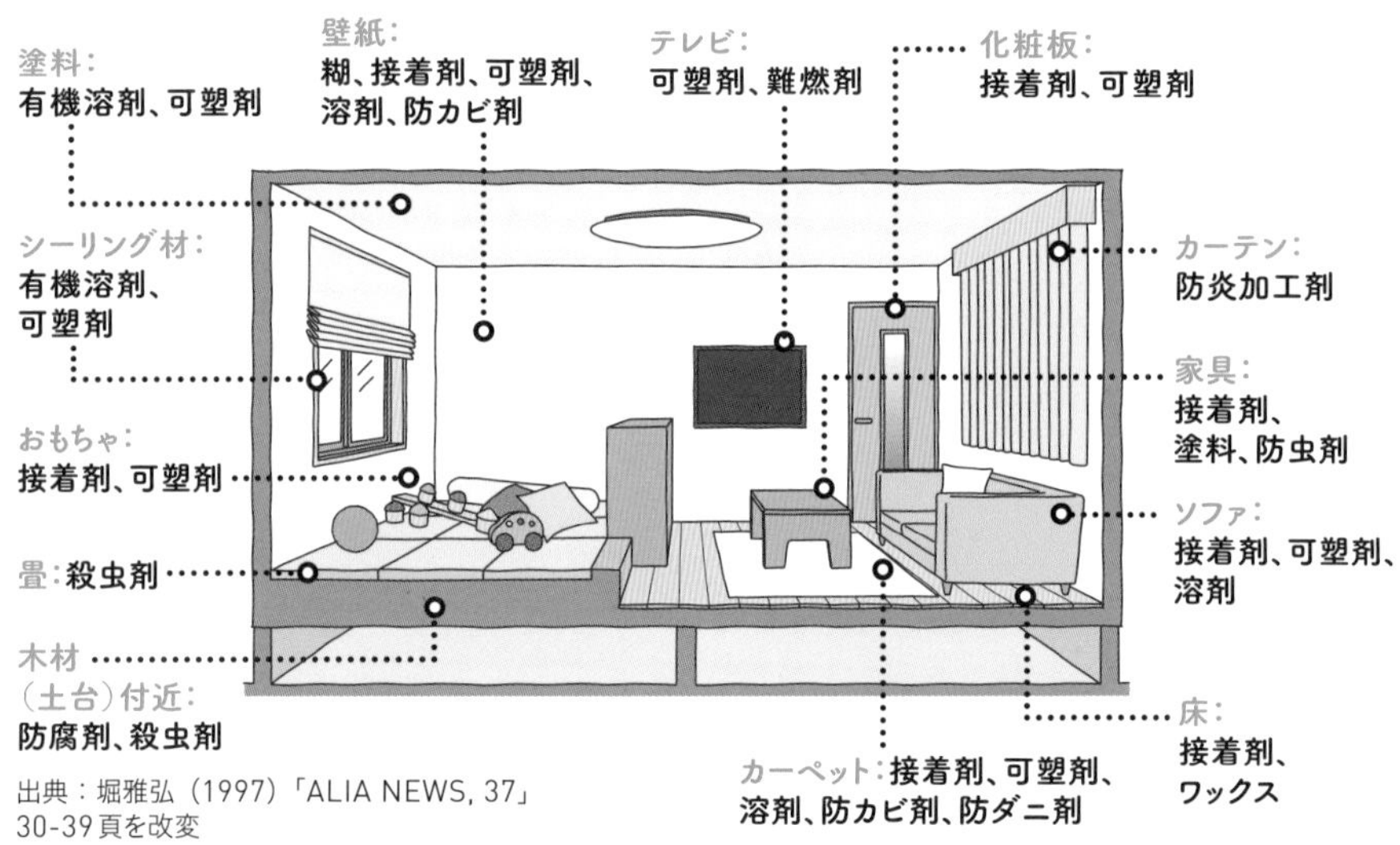

塗料：
有機溶剤、可塑剤
壁紙：
糊、接着剤、可塑剤、
溶剤、防カビ剤
テレビ：
可塑剤、難燃剤
化粧板：
接着剤、可塑剤
シーリング材：
有機溶剤、
可塑剤
カーテン：
防炎加工剤
家具：
接着剤、
塗料、防虫剤
おもちゃ：
接着剤、可塑剤
ソファ：
接着剤、可塑剤、
溶剤
畳：殺虫剤
木材
（土台）付近：
防腐剤、殺虫剤
床：
接着剤、
ワックス
カーペット：接着剤、可塑剤、
溶剤、防カビ剤、防ダニ剤

出典：堀雅弘（1997）「ALIA NEWS, 37」30-39頁を改変

化学物質の総量である総揮発性有機化合物（ＴＶＯＣ）［43頁表2］を制限するべきという声もあります。

天然の成分でも高濃度になるのは避ける

このほかにも近年の新築住宅から多く検出される高濃度の未規制物質に、無垢フローリングなどの木材から発生する天然成分があります。テルペン類と呼ばれる物質で、天然木の香り成分の一つです。高濃度になると目への刺激作用、呼吸器への影響などが報告されているので、木の無垢材を室内に使用する場合は化学物質が比較

化学物質は建材のさまざまな部分から放散される

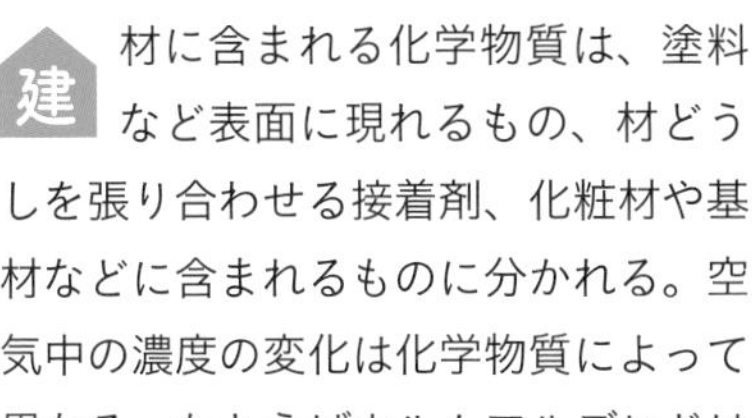

建材に含まれる化学物質は、塗料など表面に現れるもの、材どうしを張り合わせる接着剤、化粧材や基材などに含まれるものに分かれる。空気中の濃度の変化は化学物質によって異なる。たとえばホルムアルデヒドは夏に高く冬に低いという変動を繰り返しながら、少しずつ減少していく。これに対してトルエンは短期間に減少し、一度減った後は増加が見られなかったことが東京都健康局の実態調査で示されている［※4］

【図3】建材の構成と問題となる材料

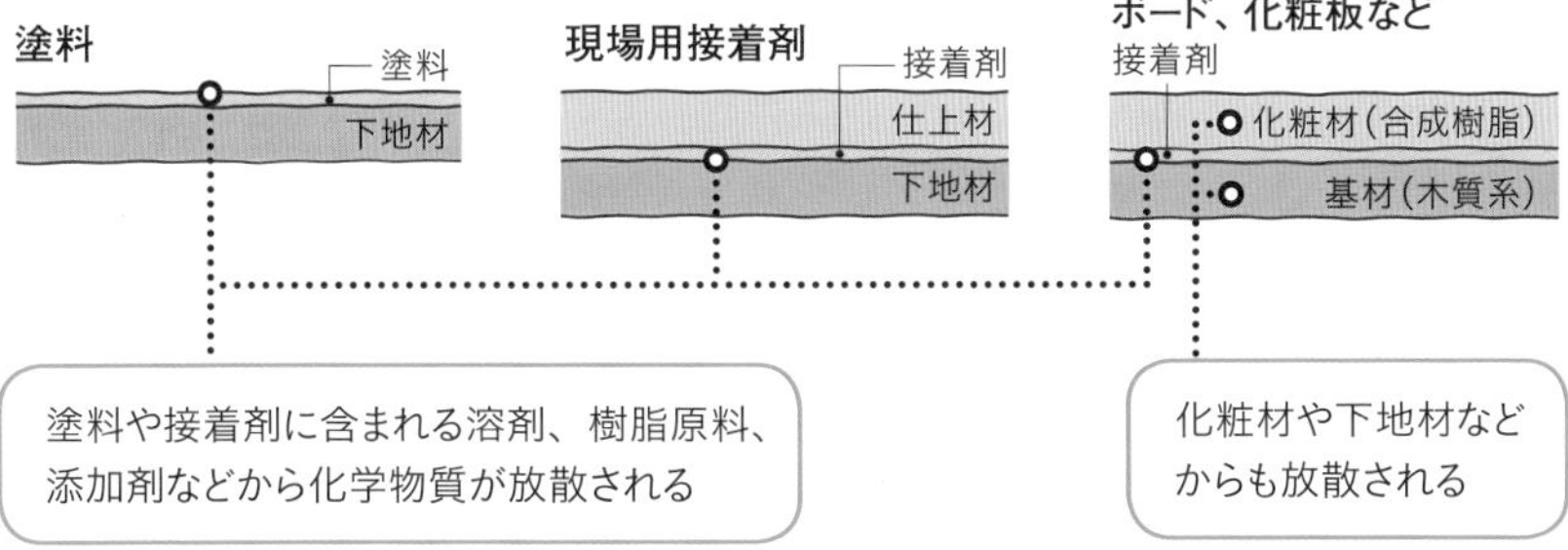
塗料
塗料
下地材
現場用接着剤
接着剤
仕上材
下地材
ボード、化粧板など
接着剤
化粧材（合成樹脂）
基材（木質系）
塗料や接着剤に含まれる溶剤、樹脂原料、添加剤などから化学物質が放散される
化粧材や下地材などからも放散される

※4 東京都健康局「室内環境中の揮発性有機化合物等の実態調査」（平成11年度～13年度）
出典：野池政宏『建築知識2003年6月号』147頁

的少ない落葉樹（常緑樹は毒性が高い）を使用し、表面積は部屋全体の30％程度に抑えるとよいでしょう。

監修：東海大学医学部長生体構造機能学領域教授 坂部貢

※1 1997年に厚生労働省はホルムアルデヒドの室内濃度指針値を設け、2003年には建築基準法でホルムアルデヒドとクロルピリホスの使用制限を定めた

化学物質の指針値は強化され続けている

厚生労働省は2018年にシックハウス症候群などの原因となる化学物質のうち4つの濃度指針値を厳格化し、新たに3つを指針値設定に加えた。新たに加わる3つはシックスクール［※5］などで問題となる事例が多く報告され、規制が必要と判断されたものだ。規定以上の濃度が使用禁止となっている物質はホルムアルデヒドとクロルピリホスのみだが、各業界で自主規制や基準値を用いるなどの動きがある

【表1】シックハウス対策として厚生労働省が定める室内濃度指針値〔＊1〕

	物質名	室内濃度指針値（$\mu g/m^3$）	主な用途、補足	実態調査にもとづく健康影響
2018年に新規指針値設定候補物質になったもの	2-エチル-1-ヘキサノール	130	塩ビなどの可塑剤、低揮発性の溶媒として広く使われている	頭痛、めまい、疲労、腸障害、軽度の血圧低下
	テキサノール	240	水性塗料の溶剤。AEPの造膜助剤として広く使われている	眼、皮膚を刺激。眼に入ったり皮膚に付くと、発赤を生じる
	2、2、4-トリメチル-1、3-ペンタンジオールジイソブチレート（TXIB）	100	水性塗料の溶剤。AEPの造膜助剤として広く使われている	シックハウス・シックスクール症候群を発症
2018年に指針値を改訂	キシレン	870→200	接着剤、塗料などの溶剤	トルエンと似た症状を呈する
	エチルベンゼン	3800→58	接着剤、塗料などの溶剤	臭気：10ppm以下、眼・喉への刺激、めまい、意識低下など
	フタル酸ジ-n-ブチル	220→17	合成樹脂の可塑剤（略称DBP）	眼・皮膚・気道に刺激
	フタル酸ジ-2-エチルヘキシル	120→100	合成樹脂の可塑剤（略称DEHP）	眼・鼻・気道に刺激、接触性皮膚炎

＊1 現時点で入手可能な毒性にかかる科学的知見から、人がその濃度の空気を一生涯にわたって摂取しても、健康への有害な影響は受けないであろうと判断される値を算出したもの

AEPなどの水溶性塗料は溶剤系塗料と比べて一般的に乾きが遅く、乾燥するまでに液が垂れやすいんだ。その垂れ防止用に造膜助剤が配合されることが多くて、以前はフタル酸エステル類が使われたけど、現在は指針値のある物質になったから、代替品としてテキサノールが使われているよ

毒性指数の検証には、マウス（小型のネズミ）やラット（大型のネズミ）が使われることが多いんだ……

※5 保育園や学校の建材、内装材に含まれる接着剤成分のホルムアルデヒドや、塗料に使われるトルエンなどが空気中に放出され、頭痛、吐き気、めまいなどの症状を引き起こすこと

【表2】室内空気中の化学物質濃度の指針値リスト-1

	物質名	室内濃度指針値（$\mu g/m^3$）	主な用途、補足	実態調査にもとづく健康影響
建築基準法により使用禁止	ホルムアルデヒド	100	工場で用いる木質材料用接着剤原料、防腐剤	周期閾値：0.08ppm、眼・鼻・喉への刺激・炎症、流涙、接触性皮膚炎、発がん性：IARC-2A
	クロルピリホス	1 小児の場合0.1	防蟻剤、建築基準法で使用禁止	アセチルコリンエステラーゼ阻害、倦怠感、頭痛、めまい、胸部圧迫感、吐き気、縮瞳など
法的強制力はないが、自主規制などの動きがある物質	アセトアルデヒド	48	接着剤原料、防腐剤	眼・鼻・喉に刺激、接触性皮膚炎、高濃度で麻酔作用、意識混濁、気管支炎、肺浮腫など
	トルエン	260	接着剤、塗料などの溶剤	周期閾値：0.48ppm、眼・気道に刺激、高濃度長期暴露で頭痛・疲労・脱力感
	スチレン	220	ポリスチレン樹脂原料	臭気：60ppm以下、眼・鼻・喉への刺激、眠気、脱力感など
	パラジクロロベンゼン	240	衣類の防虫剤、芳香剤	臭気：15～30ppm、高濃度長期暴露で肝臓・腎臓・肺・メトヘモグロビン形成に影響
	テトラデカン	330	塗料などの溶剤	高濃度で麻酔作用、接触性皮膚炎
	フェノブカルブ	33	カーバメート系防蟻剤	アセチルコリンエステラーゼ阻害、倦怠感、頭痛、めまい、吐き気、縮瞳など
	ダイアジノン	0.29	有機リン系殺虫剤、防蟻剤	クロルピリホスと似た症状を呈する
今後目安として利用されることが期待される基準	総揮発性有機化合物（TVOC）	400［*2］	―	―

*2 TVOC暫定目標値を 400μg／m3 としている。この数値は、国内家屋の室内VOC実態調査の結果から、合理的に達成可能な限り低い範囲で決定した値で、室内空気質の状態の目安として利用されることが期待される。TVOC暫定目標値は、毒性学的知見から決定したものではなく、含まれる物質のすべてに健康影響が懸念されるわけではない。また、個別のVOC指針値とは独立して扱われなければならない

表1・2出典：厚生労働省「室内空気中化学物質濃度の指針値」「室内空気中化学物質についての相談マニュアル作成の手引き」「室内空気汚染に係るガイドライン案について」、日本産業衛生学会「許容濃度の暫定値（2016）の提案理由」（産衛誌58巻,2016）、IPCS（1995）：International Chemical Safety Cards.0629.Texanol、齋藤育江ほか「近年の室内空気汚染問題について：未規制物質による健康リスク」（日本リスク研究学会誌、2011）、北海道立林産試験場「室内空気質入門」、瀬戸博ほか「化学物質による室内空気汚染の実態とその健康影響」（東京衛研年報2002）

VOCは揮発性有機化合物（Volatile Organic Compounds）の略だよ。沸点の高さによってVVOC、VOC、SVOC、POMの4グループに分かれるんだ。それぞれのグループは毒性のあるもの、ほとんどないものなど、さまざまな物質が分類されていて。それらを総合したものをTVOCというんだ

実例

抗菌・除菌性がある ホタテの貝殻セラミックスで 化学物質過敏症を低減

塗

装仕上げ材の「チャフウォール」は、ホタテ貝殻を特殊焼成してできるホタテ貝殻セラミックスを原料とした100％天然素材の建材である。このホタテ貝殻セラミックスには室内空気の消臭・調湿効果に加え、抗菌・除菌性と、ホルムアルデヒド・VOCの放散量を減少させる働きがある。空気を良好で心地よい状態に維持し、シックハウスや化学物質過敏症を低減する内装材として期待できる。なお、チャフウォールは水溶性なので水に濡れない場所に使おう。

【表3】ホタテの優れた除菌性

	1時間後	2時間後
大腸菌培養液のみ	95%	94%
焼成ホタテ貝殻粉末添加	0.0001%	0.0001%

焼成したホタテ貝殻の粉末を大腸菌に添加すると、1時間以内に大腸菌が減少し0.0001%とほぼ0%になった。黄色ブドウ球菌も15分でほぼ死滅するなど抗菌・除菌性が高い

資料提供：神奈川工特大応用化学科

【表4】ホルムアルデヒド・VOC放散量測定結果

試験体		負荷率［＊1］の目安	ホルムアルデヒド濃度（ppm）	TVOC［＊3］濃度（ppm）
A	石膏ボード（両面紙張り）	1住戸相当	0.088	3.180
B	Aの上にチャフウォール塗布［＊2］	1住戸相当	0.044	0.929

ホルムアルデヒドとTVOCの放散量を、石膏ボードのみとその上にチャフウォールを塗布したもので比較。塗布後の放出量はホルムアルデヒドが約1／2、TVOCが約1／3に低減し、下地から放出される化学物質をチャフウォールが封じ込めていることが分かる

＊1 170㎡程度の住宅に換算した場合の試験体の設置割合で、1住戸相当は1住戸の1／10量を示す
＊2 測定に使用した石膏ボードの表面にチャフウォールを吹き付けて乾燥させた
＊3 同定されたVOCに未同定のVOCをトルエン換算し加えて算出したもの

出典：「臨床環境医学」第7巻　第1号　別刷「集合住宅における室内空気質測定と改善方策に関する実験的研究」を改変

「OTB」設計:彦根建築設計事務所、写真:彦根明

【図4】チャフウォールを壁に塗布した室内における化学物質濃度の推移（某邸化学物質調査報告）

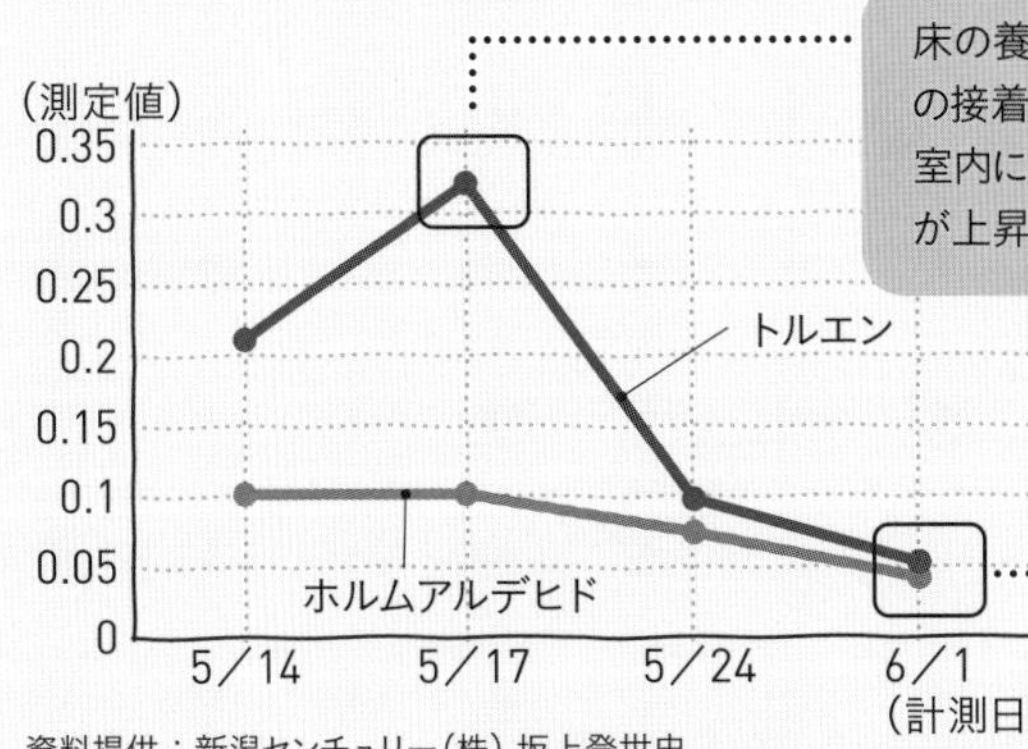
（測定値）
0.35
0.3
0.25
0.2
0.15
0.1
0.05
0
5/14
5/17
5/24
6/1
（計測日）
トルエン
ホルムアルデヒド

床の養生をはがした際にカーペットの接着剤に含まれていた化学物質が室内に大量に放散し、一時的に数値が上昇

ホルムアルデヒドとトルエンの推移をみると、どちらも軽減している。チャフウォールが化学物質を分解していると考えられる

資料提供：新潟センチュリー（株）坂上登世史

チャフウォールを室内の壁と天井に使用。柔らかな質感は木など自然素材とよくなじむ

実例

シラスの消臭・分解、殺菌、イオン化[※6]の働きで健康住宅に

「薩摩中霧島壁」（高千穂シラス）は、シラスを原料とした左官材だ。シラスは超高温のマグマで焼成された高純度の無機質セラミック物質で、非結晶が60〜80％を占める。非結晶は分子構成が不安定な状態で活性化し、酸化チタンに光が当たるなどの環境によっては触媒反応が起きやすくなる。これにより消臭・分解、殺菌、イオン化などが期待できるため、シックハウス症候群や化学物質過敏症のリスクを低減させる内装材としての効果を期待できる。

リビング・ダイニングの壁に「薩摩中霧島壁」を使用。床のアカマツや障子紙との調和が取れた居心地のよい空間

「相模原の家」設計：伊礼智設計室、写真：西川公朗

【図5】空間浮遊菌に対する除菌効果

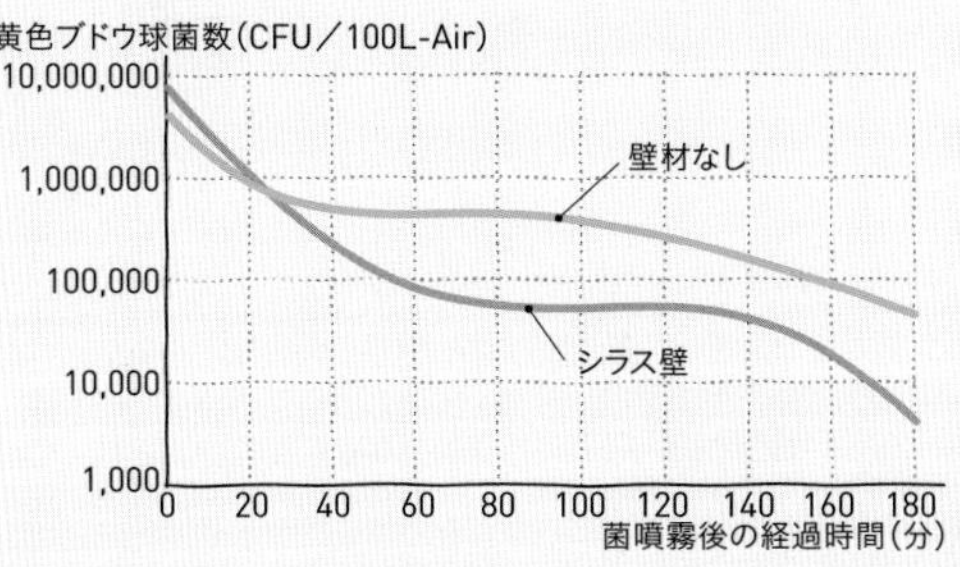
黄色ブドウ球菌数（CFU／100L-Air）
10,000,000
1,000,000
100,000
10,000
1,000
0
20
40
60
80
100
120
140
160
180
菌噴霧後の経過時間（分）
壁材なし
シラス壁

図5では時間とともに浮遊菌が減少している。また図6では室内空気の化学物質であるホルムアルデヒド、アンモニア、アセトアルデヒドに対しても減少がみられる。これはシラス成分中の酸化チタンの働きによるものと考えられる。酸化チタンに光が当たると電荷分解が起き、発生した物質は強力な酸化力をもつ。近くにある有機物から電子を奪って分子結合を分断するため、有害物質が無害化されたり悪臭が消えたりする現象が起こる

【図6】消臭性能データ（残留濃度）

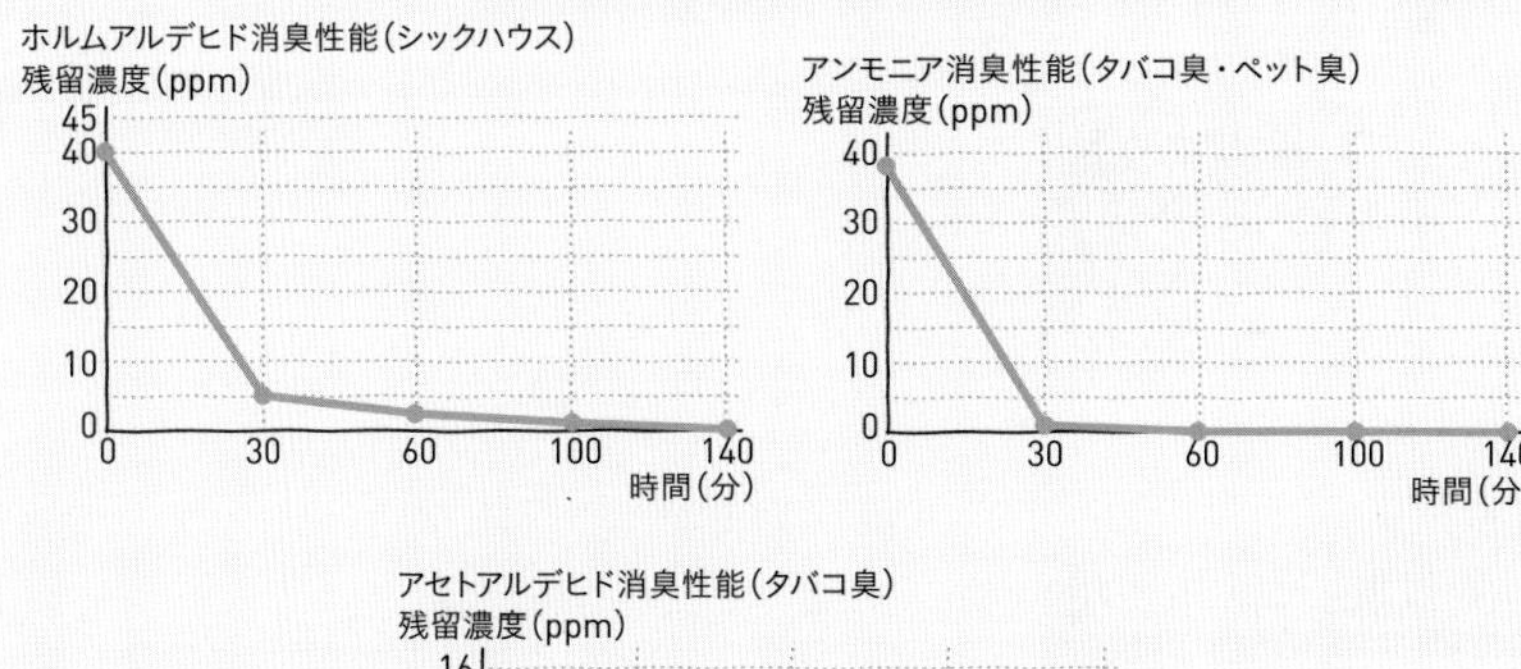
ホルムアルデヒド消臭性能（シックハウス）
残留濃度（ppm）
45
40
30
20
10
0
0
30
60
100
140
時間（分）
アンモニア消臭性能（タバコ臭・ペット臭）
残留濃度（ppm）
40
30
20
10
0
0
30
60
100
140
時間（分）

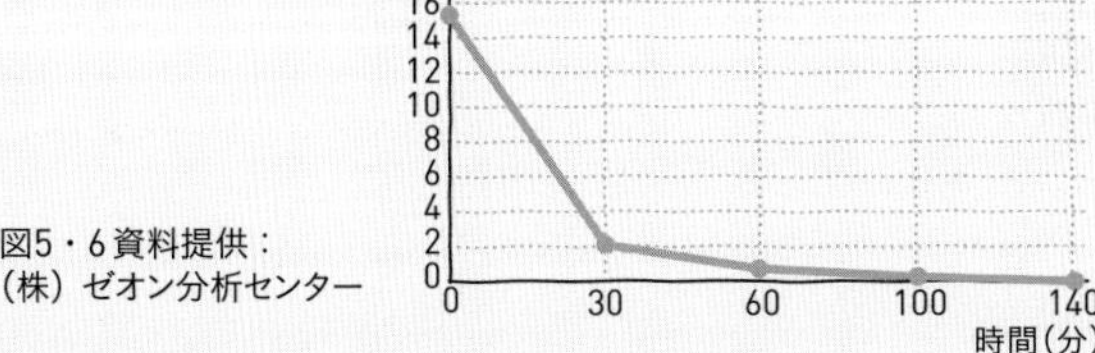
アセトアルデヒド消臭性能（タバコ臭）
残留濃度（ppm）
16
14
12
10
8
6
4
2
0
0
30
60
100
140
時間（分）

図5・6資料提供：
（株）ゼオン分析センター

※6 シラス主成分の珪酸塩鉱物は、液体や気体の介在を契機として遊離イオンを放出し、空中の水分子に誘引されて室内の陰イオン濃度を高める効果をもつ

CASE 05

空気の汚染源は多種多様
24時間換気で清浄な空気を維持

最良の空気汚染対策は換気

気分爽快!
新鮮な空気
AIR
汚れた空気

空気中の有害物質を除去して、室内の空気質を良好に維持するためには、24時間換気が最も効果的な方法

Point!

- 空気質の改善に最も効果的なのは換気
- 床付近はハウスダストのリスクが高い

室内の空気はさまざまな物質によって汚染されている

家のなかにはたくさんの汚染源があり、放っておくと空気はどんどん汚れてしまいます。代表的な汚染物質は揮発性有機化合物（VOC）と呼ばれる化学物質で、建材や安価な家具、生活用品、家電製品など、さまざまなものから発生します［40頁図2］。

しかし、注意すべきなのはVOCだけではありません。近年は、「湿った」「ジメジメ」したという意味の、「ダンプ」（damp）という言葉が注目されています。なぜ湿気が問題視されるのかというと、湿気

住宅の高気密化が空気の汚染濃度を高める

ホルムアルデヒドやトルエンなど揮発性の化学物質［42頁］は、化学物質過敏症やシックハウス症候群の原因となる

PM2.5［※1］や微粒子の濃度も室内の人の活動によって高まる

ダニの糞や死骸などのハウスダストは粉塵となって空気中に浮遊する。床付近は特に濃度が高まりやすい

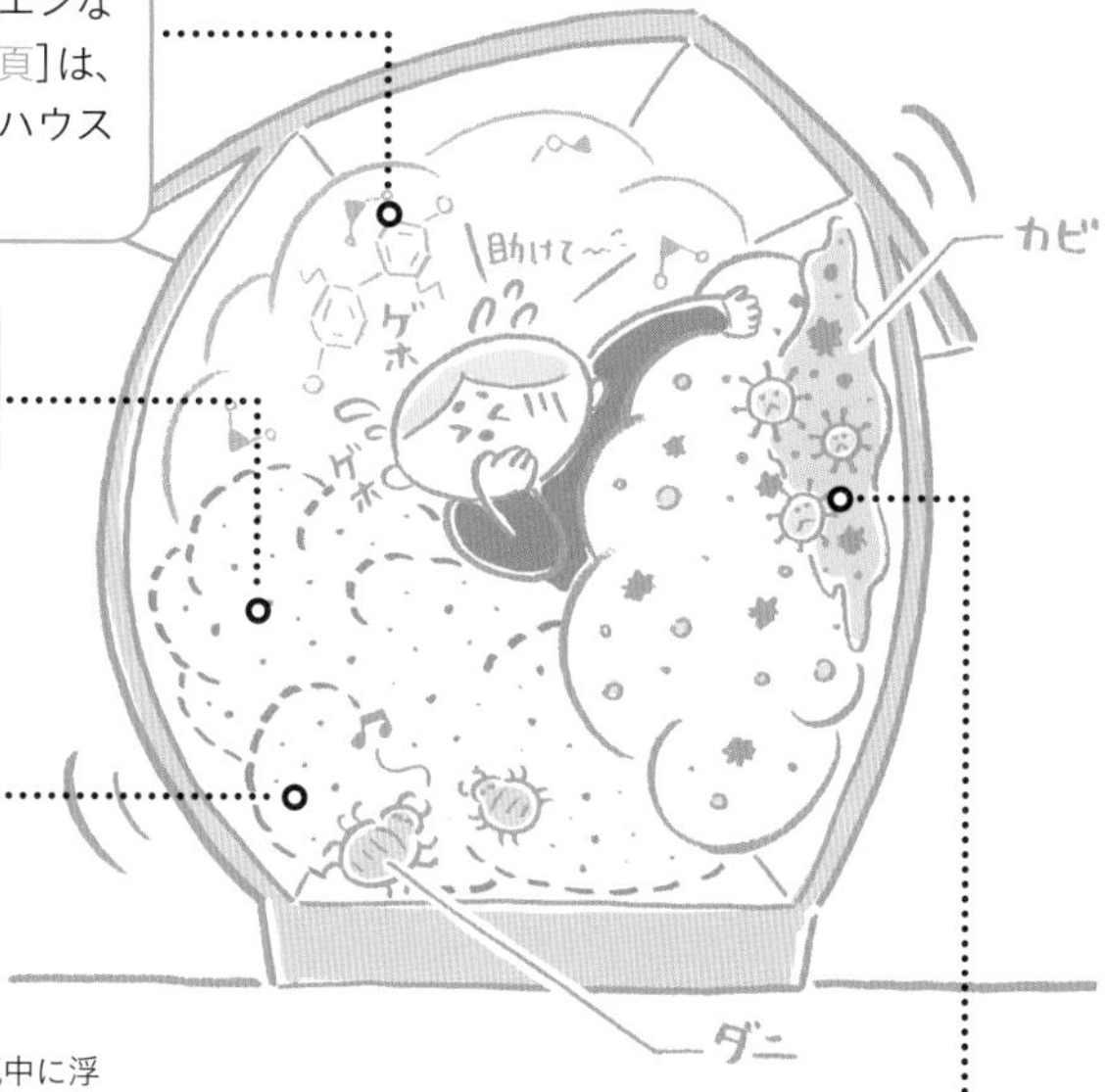

カビから発生する、MVOC（微生物由来揮発性有機化合物）［※2］や胞子も健康に害を及ぼす。住宅内の湿度が上昇し、結露が発生すればカビは住宅内のいたるところで繁殖する

助けて〜
ゲホ
ゲホ
カビ
ダニ

※1 微小粒子状物質のこと。空気中に浮遊している2.5マイクロメートル（1マイクロメートルは1㎜の千分の1）以下の非常に小さな粒子。吸入すると肺の奥深くまで侵入し、呼吸器系や循環器系に影響することが指摘されている
※2 カビなどの微生物が成長、繁殖の過程で発生させる揮発性の化学物質

の上昇はカビやダニなどの微生物の繁殖を促し、それらに起因する有害物質の発生につながるからです。たとえば、カビが増殖する過程で発生する微生物由来揮発性有機化合物（MVOC）や胞子は人に有害である可能性が指摘されています。また、日本の住宅内に広く生息しているヒョウヒダニの糞や死骸は喘息やアトピー性皮膚炎などのアレルギーを引き起こす危険があるのです。

ハウスダストやPM2.5などの空気中を漂う浮遊粉塵も空気を汚染する物質です。ハウスダストはダニと同じく、アレルゲンとなるだけでなく、空気中に揮発しにくい

微生物による空気汚染にも注意しよう

カビが飛ばす胞子を吸引すると中毒やアレルギーなどの健康被害につながる可能性がある。また、カビは増殖の過程でMVOCと呼ばれる揮発性の有機物質を発生させる。これはカビ臭さの元になる物質で、大量に吸引するとシックハウス症候群につながることも指摘されている

【図1】カビの人体への影響

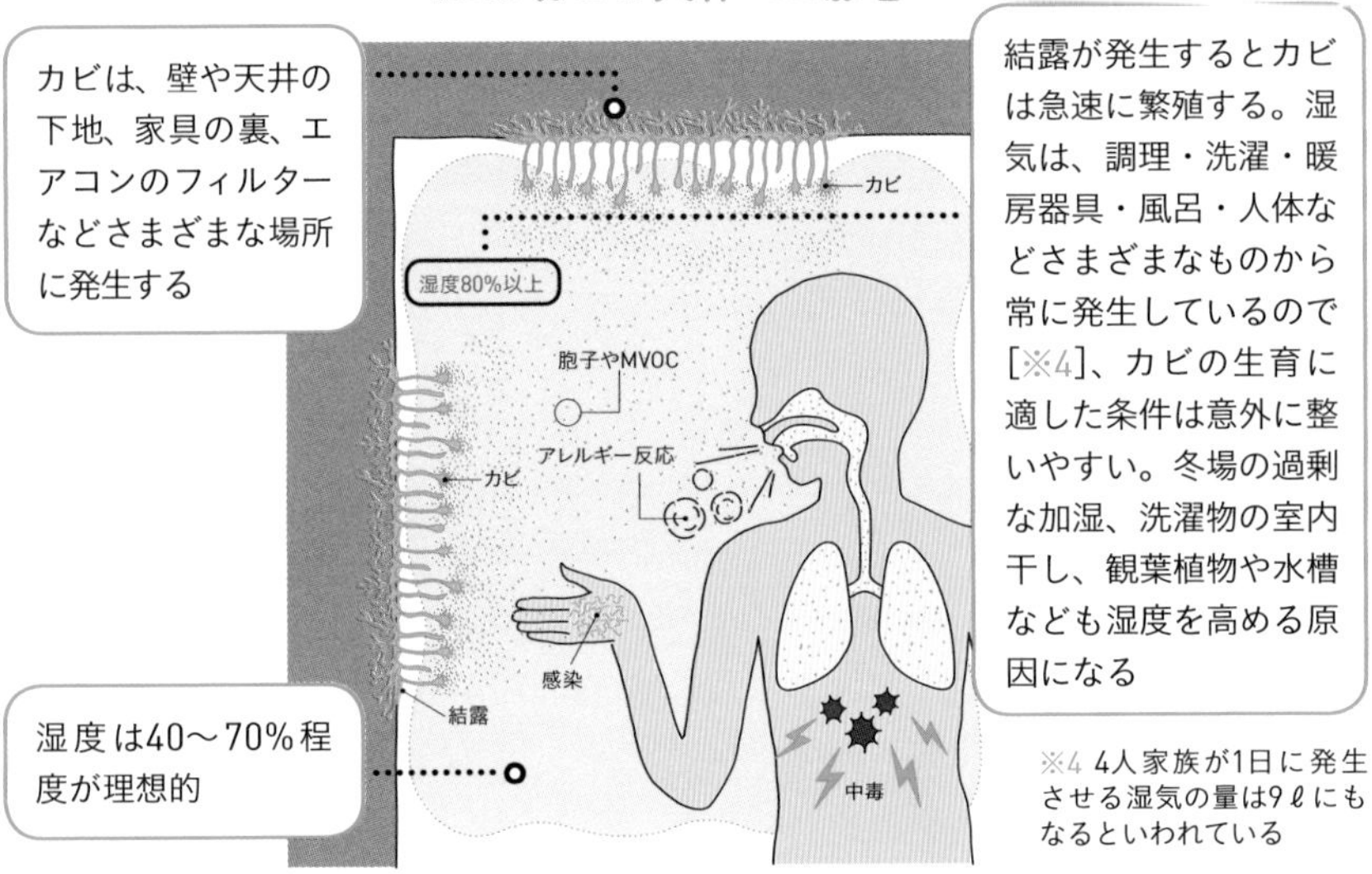

カビは、壁や天井の下地、家具の裏、エアコンのフィルターなどさまざまな場所に発生する
カビ
湿度80%以上
胞子やMVOC
アレルギー反応
カビ
感染
結露
中毒
湿度は40～70%程度が理想的
結露が発生するとカビは急速に繁殖する。湿気は、調理・洗濯・暖房器具・風呂・人体などさまざまなものから常に発生しているので[※4]、カビの生育に適した条件は意外に整いやすい。冬場の過剰な加湿、洗濯物の室内干し、観葉植物や水槽なども湿度を高める原因になる

※4 4人家族が1日に発生させる湿気の量は9ℓにもなるといわれている

参考文献：鍵直樹（2012）「居住空間での微生物由来揮発性有機化合物（MVOC）について」、小峰裕己（2007）「特集 これからの冷房 高温低湿冷房―」Heat&Environment―

有害物質であるSVOC［※3］を吸着している危険性があります。

近年は住宅の気密性能が向上し、空気の汚染濃度が高まりやすくなっているので、室内の空気質には要注意です。

24時間換気で空気を清潔に保つ

室内のさまざまな場所から、発生し続けている汚染物質を除去して空気環境を清浄化する最も効果的な方法は換気です。健全な空気を維持するためには24時間常に換気をし続ける必要がありますが、1日中窓から外気を取り込み続ける換気方法は、夏や冬における室

住宅の高気密化が空気汚染濃度を高めている

昔の住宅は気密性が低く、床・壁・天井の隙間から出入りする空気（漏気）が多かったので、空気の汚染濃度は上昇しにくかった。しかし、近年は断熱性能の向上に伴い、気密性能も向上したため漏気が減少し、その結果、汚染された空気が室内に滞りやすくなっている

【図2】
住宅の気密と空気汚染濃度

参考文献：鍵直樹（2014）「室内空気環境における新たな汚染物質」

さまざまなアレルゲンや化学物質を吸着しているハウスダストは粒子が比較的大きいため、床付近に滞留しやすい。乳幼児や子どもは呼吸する位置が床に近いので、ハウスダストの影響を強く受ける危険性がある。床を清潔に保つことも大切

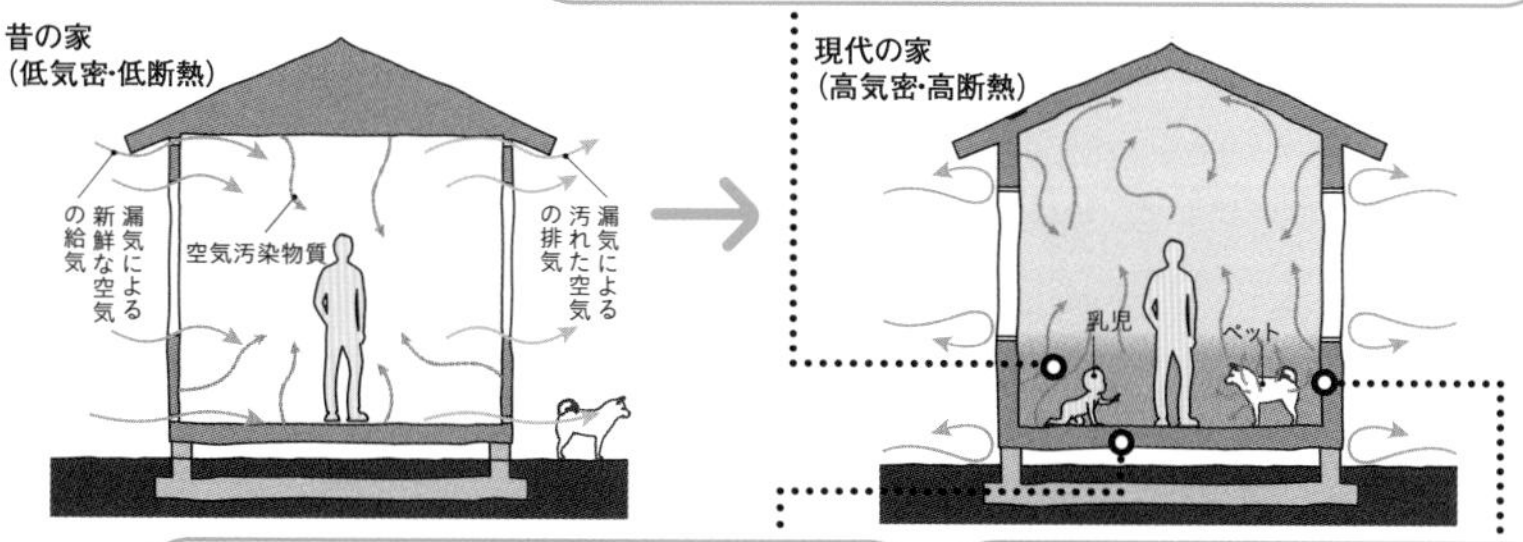
昔の家
（低気密･低断熱）
漏気による新鮮な空気の給気
空気汚染物質
漏気による汚れた空気の排気
現代の家
（高気密･高断熱）
乳児
ペット

フローリングはカーペットや畳などに比べてダニの繁殖を抑えやすい。床の段差や家具の下などほこりが掃除しにくい場所を極力つくらないのも効果的

近年は、ペットを室内飼いする家庭が増えている。ペットアレルゲンやペットに寄生するダニにも注意が必要

温や湿度の調節を考えると、あまり現実的な方法ではありません。換気による熱損失を抑えて、1年中快適で清浄な空気環境を維持するには、熱交換型の換気設備などを採用して、機械的に換気をコントロールするのが理想的だといえます［52頁］。

監修：東京工業大学環境・社会理工学院准教授
鍵直樹

※3 準揮発性有機化合物と呼ばれる。揮発性の高いVOCとは異なり、空気中にガス状で存在することは少ないが、DEHP（フタル酸-2-エチルヘキシル）やDBP（フタル酸ジブチル）なども人体に有害な成分を多く含んだ化学物質であり、さまざまな工業製品に使用されている

実例

熱交換換気システムで24時間換気と快適な温熱環境を両立

高断熱化は住まい手の健康にとても有意義だが［14頁］、それに伴う高気密化によって室内に汚れた空気が澱むという問題がある。空気を清浄な状態に維持するためには24時間換気が欠かせないが、せっかくの熱が逃げてしまっては、高断熱化の意味は半減する。そこで、快適な温熱環境と24時間換気を両立させるために、ぜひとも熱交換換気システムを採用したい。換気による熱損失を大幅に軽減し、湿度も調整してくれるので、1年中快適で清浄な空気を維持できる。

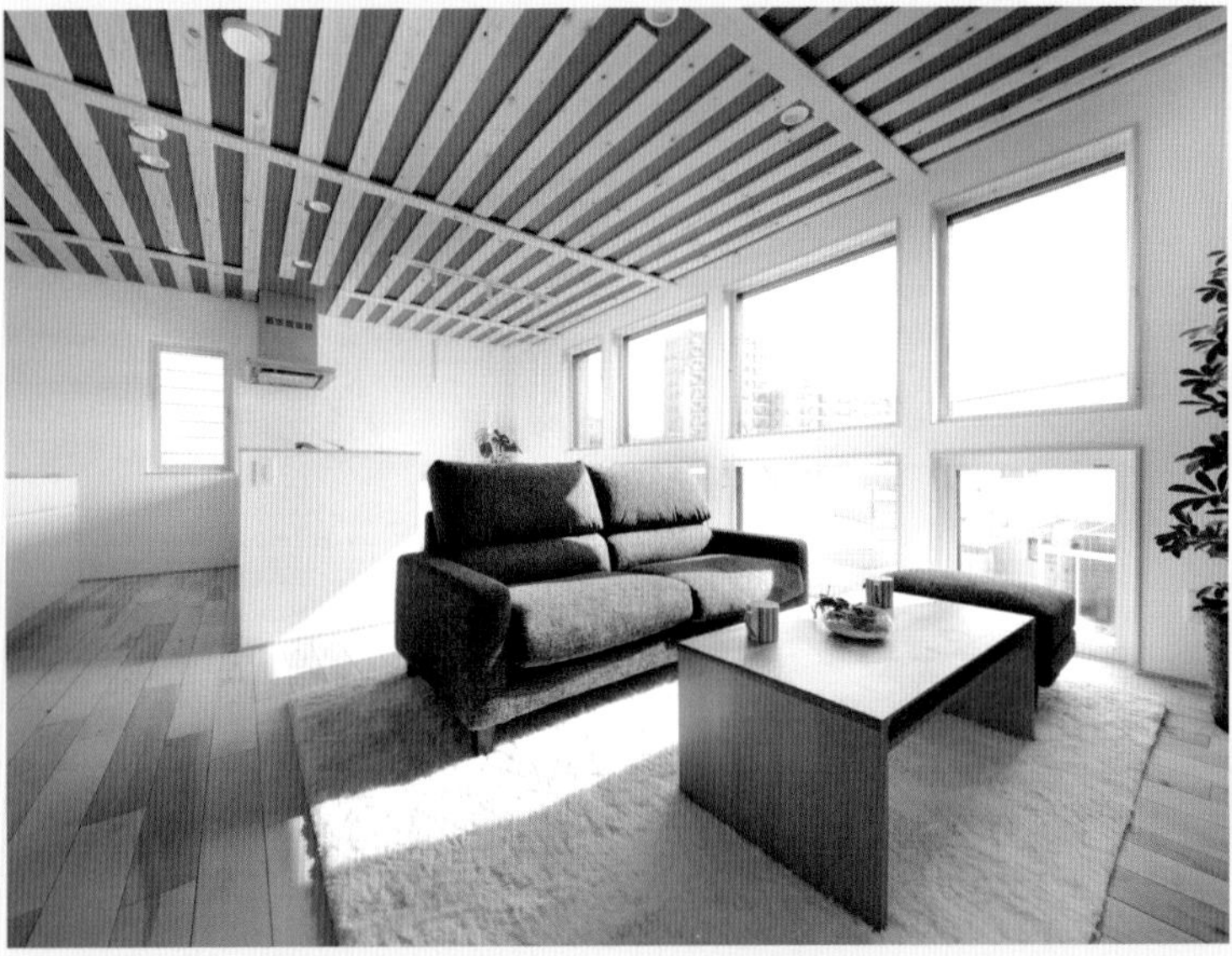

写真のリビングでは断熱性に優れたクワトロタイプ（4枚ガラス）の窓（LIXIL）を採用。室内側のガラスの表面温度が下がりにくく、外気温度が0℃の時は19℃、-20℃の時でも18℃をキープできる

【図3】外気を直に取り込むとエネルギーロスが大きい

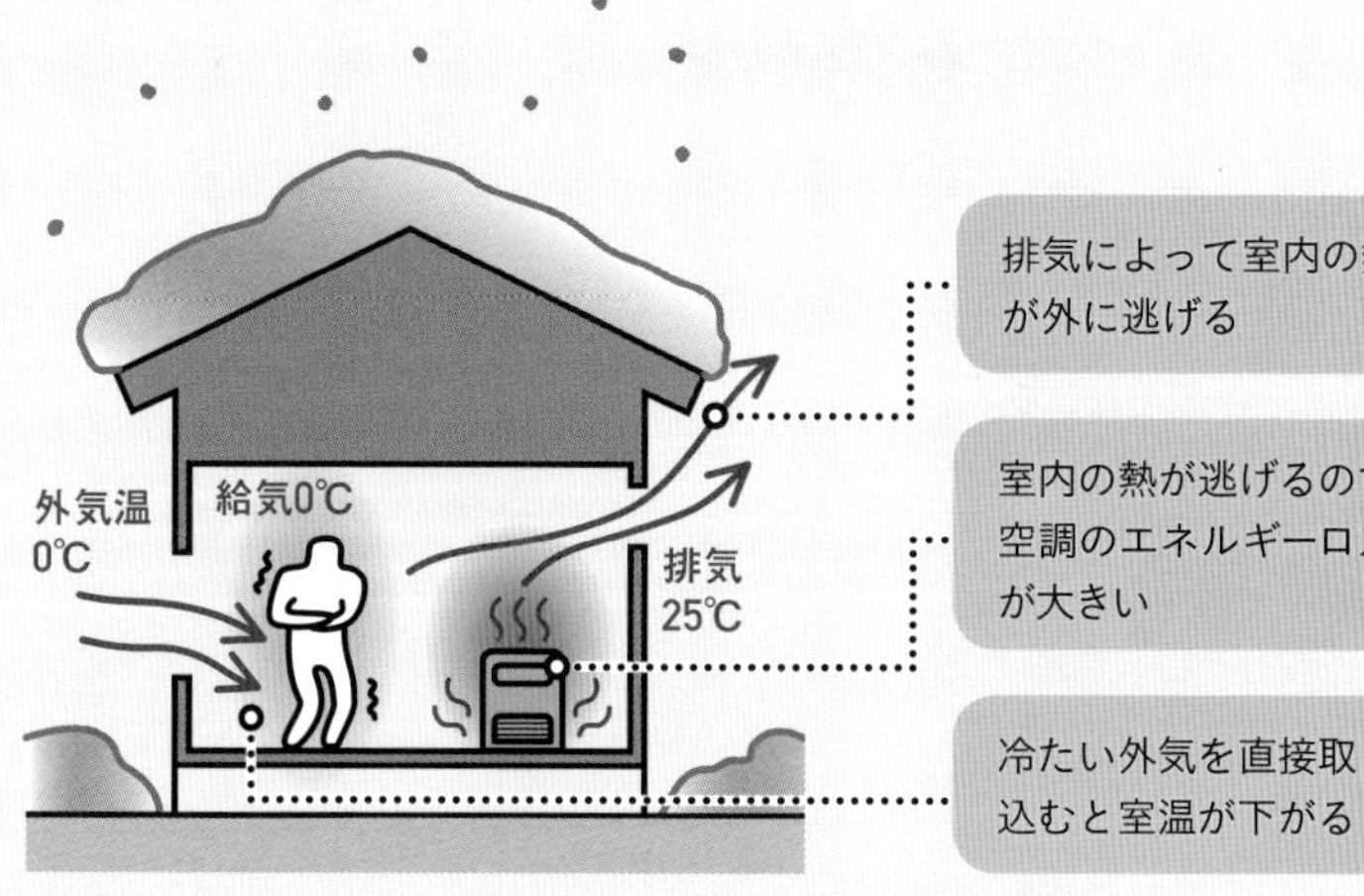
外気温
0℃
給気0℃
排気
25℃
排気によって室内の熱が外に逃げる
室内の熱が逃げるので空調のエネルギーロスが大きい
冷たい外気を直接取り込むと室温が下がる

【図4】熱交換換気システムならロスが少ない

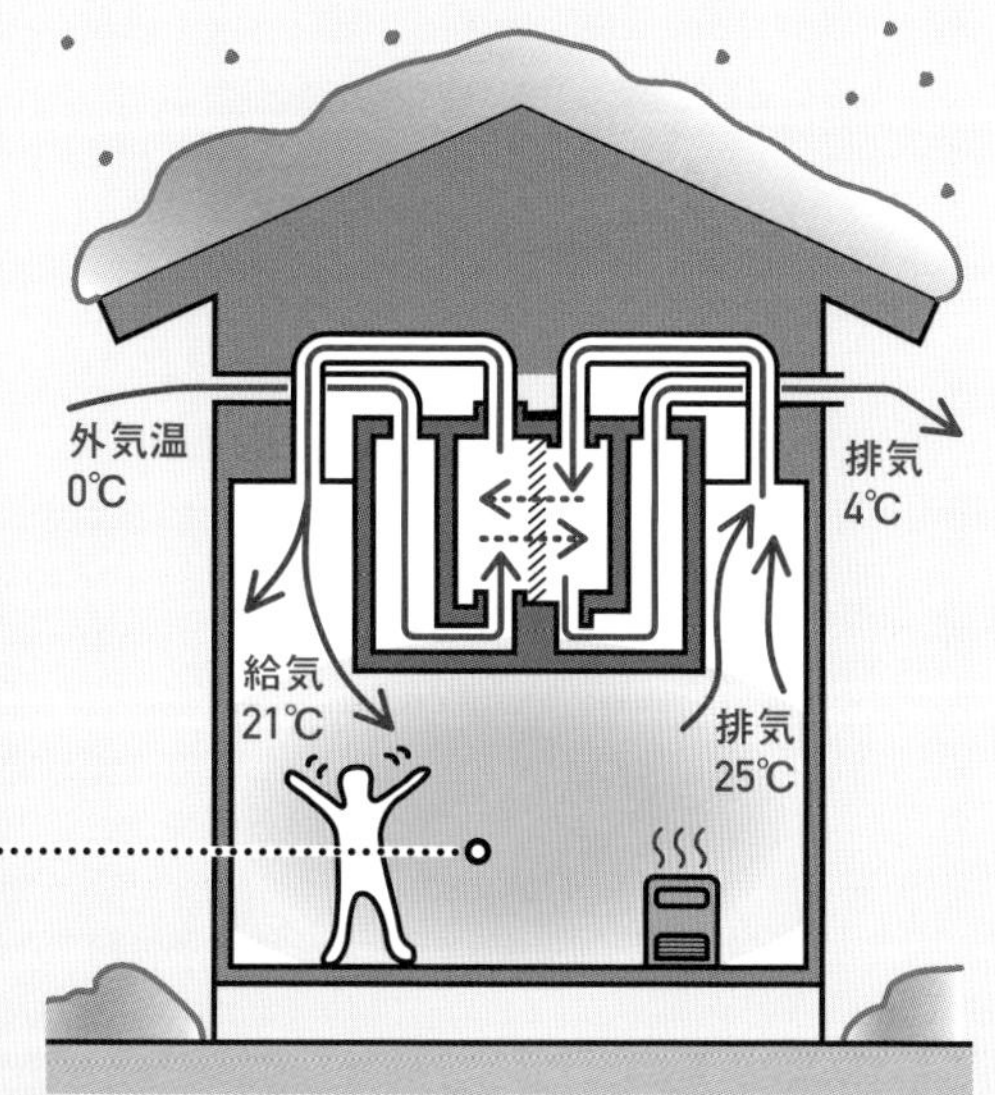
外気温
0℃
排気
4℃
給気
21℃
排気
25℃

熱交換換気システムは、屋外から取り入れた空気に、室内排気の熱を移し替える換気方式だ。そのため、外気を直接室内に取り込む換気方式に比べて熱損失がとても少ない

【図5】熱交換換気システムを取り入れた住宅

長寿ポイント

この住宅で採用している熱交換換気システムは、「RDKR-KS RDAS（以下RDKR）」（ガデリウス・インダストリー）。「RDKR」は、冬には浴室やキッチンの湿気を回収し、ほかの部屋の過乾燥を防いでくれる。夏は水廻りの湿気を排気し外の湿気は入れないので、エアコンを除湿にすれば相対湿度を55％前後に保てる。換気はレンジフードのみ。春と秋はバイパスモードを使う

外部フードには虫が侵入しにくいものを採用する。フードから虫が侵入すると空調ダクト内が不衛生になり、清掃や取換えに手間とコストがかかってしまう。ここでは「サイクロン式吸気フード」（日本電興）を採用

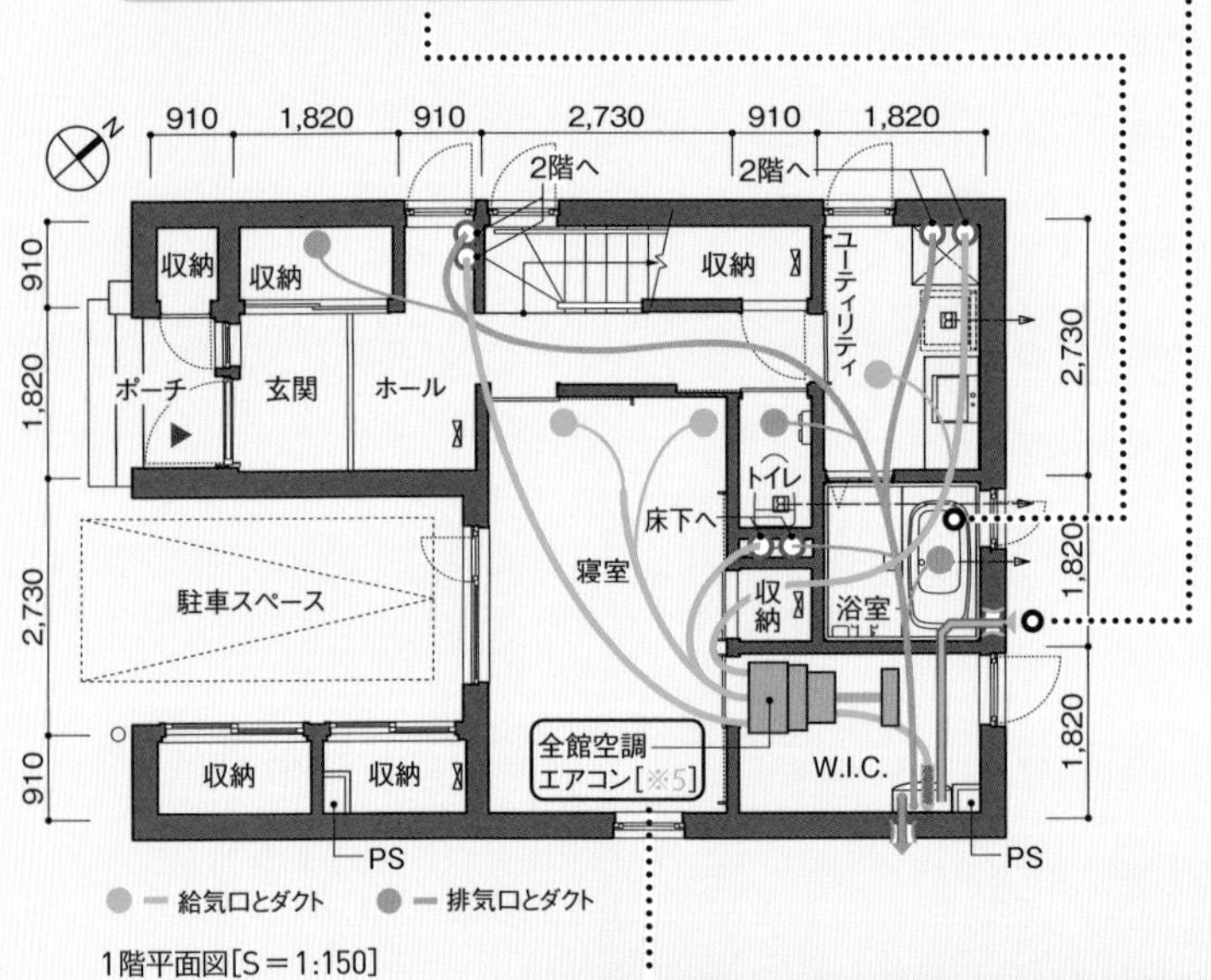
910
1,820
910
2,730
910
1,820
2階へ
2階へ
収納
収納
収納
ユーティリティ
ポーチ
玄関
ホール
トイレ
床下へ
寝室
駐車スペース
収納
浴室
全館空調
エアコン［※5］
W.I.C.
収納
収納
PS
PS
給気口とダクト
排気口とダクト

1階平面図［S＝1:150］

空調は「RDKR」とダクトエアコン（ダイキン）を組み合わせたシステム。外気は給気口から「RDKR」を通って、天井裏のダクトエアコンに送り込まれる。エアコンで調整された空気がダクトで各部屋に送風され、換気と冷暖房が同時に行われる

※5「アメニティビルトイン形エアコン」（ダイキン）

長寿ポイント

室内の空気が効率よく循環するように、排気口と給気口の距離はできるだけ離す

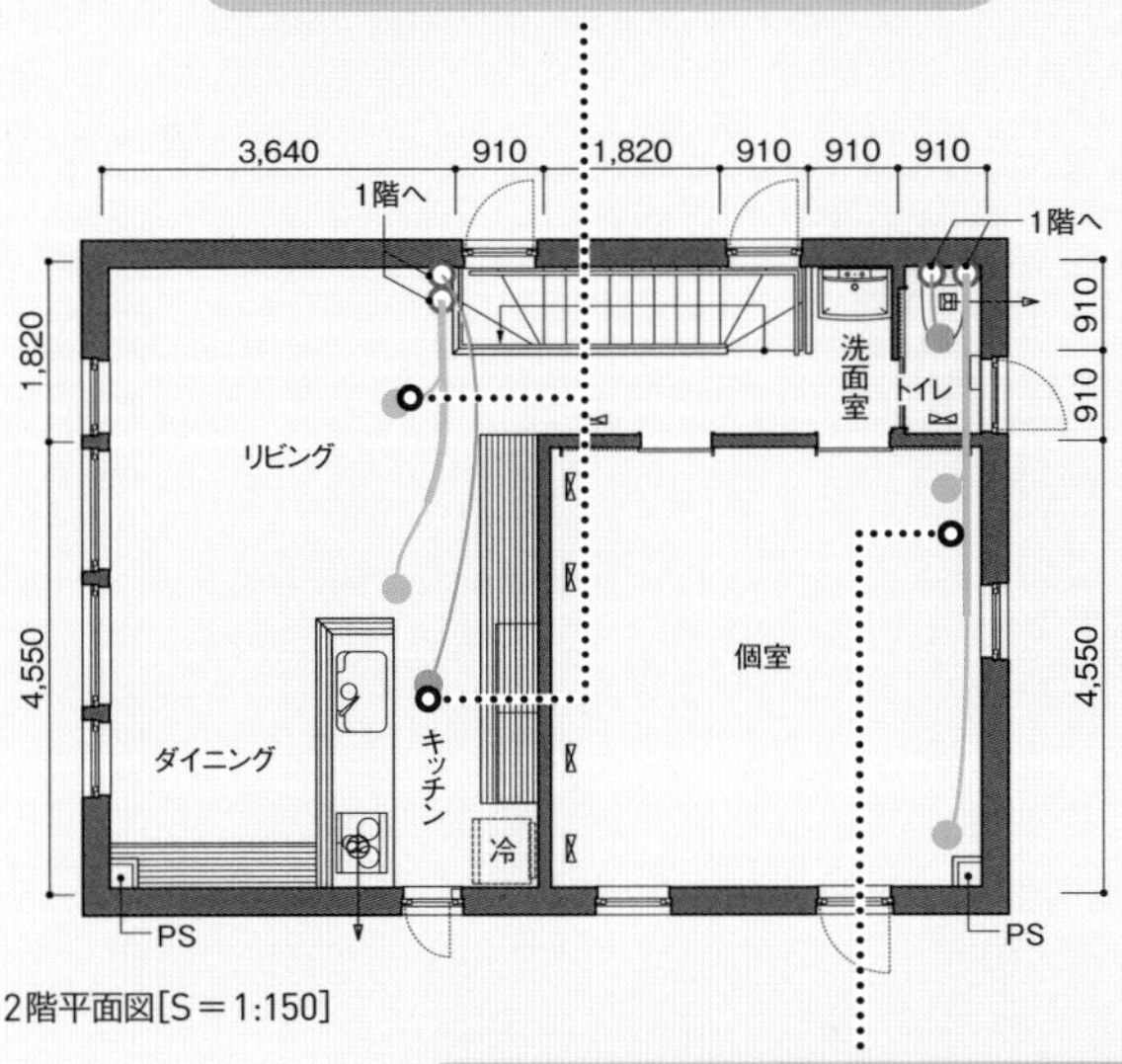
3,640
910
1,820
910
910
910
1階へ
1階へ
1,820
4,550
4,550
910
910
リビング
ダイニング
キッチン
冷
洗面室
トイレ
個室
PS
PS
2階平面図[S＝1:150]

圧力損失を軽減させるために、ダクトの距離は可能な限り短くする。将来的に交換が必要になった場合にも、ダクトが短いほうがメンテナンスしやすい

「RDKR」の換気システム本体は、幅595×高さ632×奥行380㎜とコンパクト。定期的なメンテナンスができるように、ウォークインクロゼットなどの収納スペースに設置するとよい

CASE
06

生体リズムに照明を合わせて快眠を促す環境をつくる

サーカディアンリズム調整のメカニズム

【図1】覚醒度とメラトニンのリズム

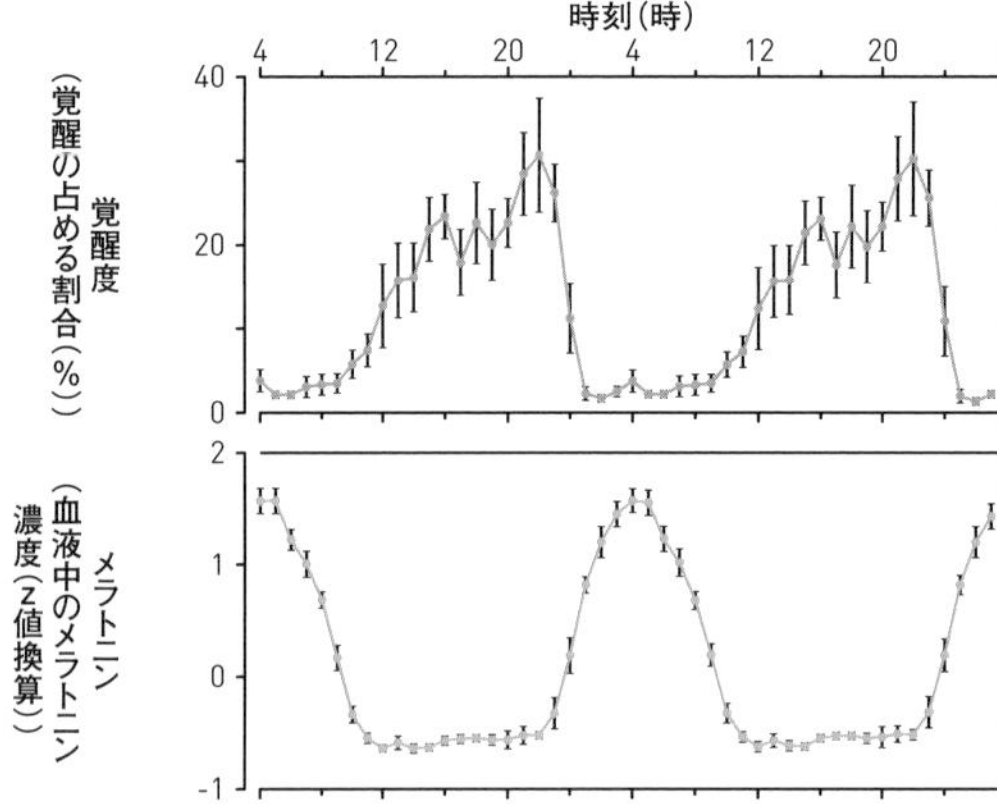

時刻(時)
4
12
20
4
12
20
4
覚醒度
(覚醒の占める割合(%))
40
20
0
メラトニン
(血液中のメラトニン濃度(Z値換算))
2
1
0
-1

メラトニン[※1]は、日中には抑制され夜間に増加する24時間のリズムを示す。しかし、夜に強い光を浴びるとこれらのリズムが後退し、夜更かしが促される。逆に朝の光をしっかり浴びれば、早起きが促される

※1 脳にある内分泌器である松果体から分泌されるホルモン。断眠中でも夜間にはメラトニンが分泌されること、昼寝中にはメラトニンが分泌されないことから、睡眠依存性はないと考えられている
出典：Dijk, D. J. & Edgar, D.M. (1999)「Circadian and homeostatic control of wakefulness and sleep. Regulation of sleep and circadian rhythms.」(Turek, F.W. & Zee, P.C. eds.) .Marcel Dekker, New York, p.138,

Point!

- 寝る2時間前は部屋の照明を50ルクス以下の明るさにして、赤っぽい色にする
- 暗めの赤っぽい色の照明には気持ちを落ち着ける効果も

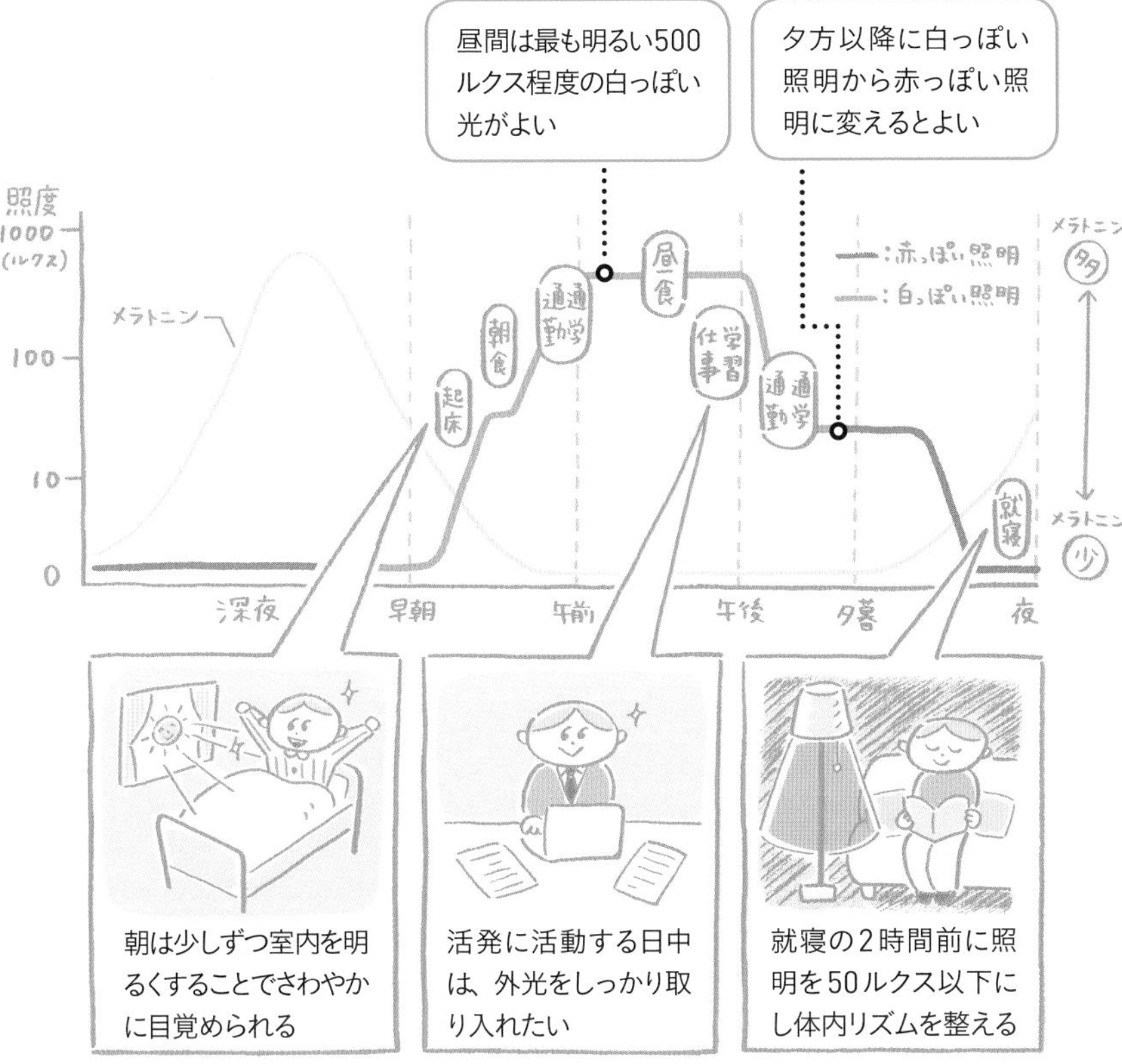
昼間は最も明るい500ルクス程度の白っぽい光がよい
夕方以降に白っぽい照明から赤っぽい照明に変えるとよい
照度
1000（ルクス）
100
10
0
メラトニン
：赤っぽい照明
：白っぽい照明
メラトニン 多
メラトニン 少
起床
朝食
通勤 通学
昼食
仕事 学習
通勤 通学
就寝
深夜
早朝
午前
午後
夕暮
夜
朝は少しずつ室内を明るくすることでさわやかに目覚められる
活発に活動する日中は、外光をしっかり取り入れたい
就寝の2時間前に照明を50ルクス以下にし体内リズムを整える

重要なのは寝具ではなく生体リズム

よりよい睡眠を求めて、寝具にこだわる人は多くいますが、光（照明）からアプローチする人は少ないのではないでしょうか。しかし、光の質は寝具以上に睡眠と深く関わっているのです。

睡眠と覚醒リズムは、生体リズム（体内時計）の影を強く受けています。生体リズムは、さまざまな生理現象をコントロールし、健康的な生活サイクルの基盤をつくっています。わたしたちには複数の生体リズムが備わっていますが、そのうち24時間に近い周期で

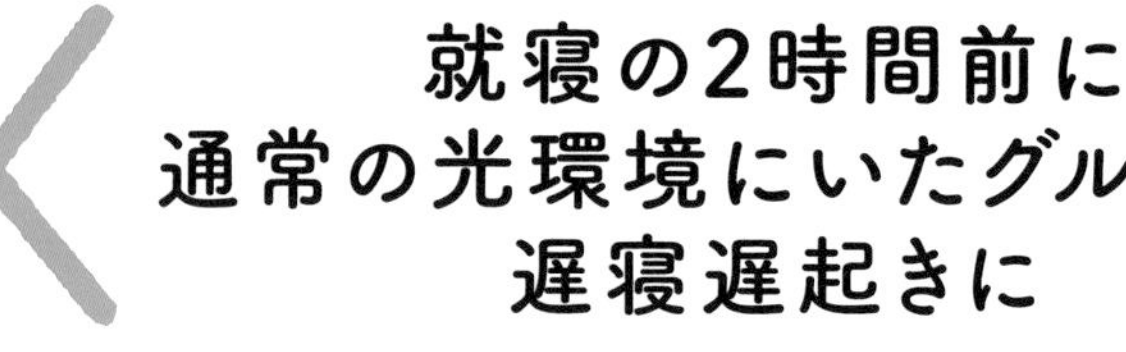

就寝の2時間前に通常の光環境にいたグループは遅寝遅起きに

下のグラフは、被験者の10日間の入眠時刻と起床時刻の変化を示している。暗く赤い照明に変えたグループは、寝る時刻が8分、起きる時刻が10分早くなっているのに対し、介入せずに明るく白い照明のまま過ごしたグループは夜更かし化・朝寝坊化が進んだ

【図2】入眠時刻の変化

通常照明のグループ
暗く赤い光のグループ

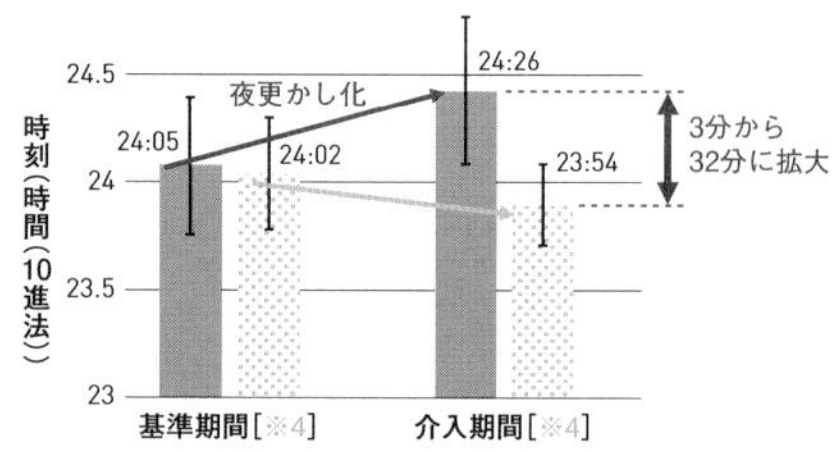

時刻（時間（10進法））
24.5
24
23.5
23
夜更かし化
24:05
24:02
24:26
23:54
3分から
32分に拡大
基準期間［※4］
介入期間［※4］

【図3】起床時刻の変化

通常照明のグループ
暗く赤い照明のグループ

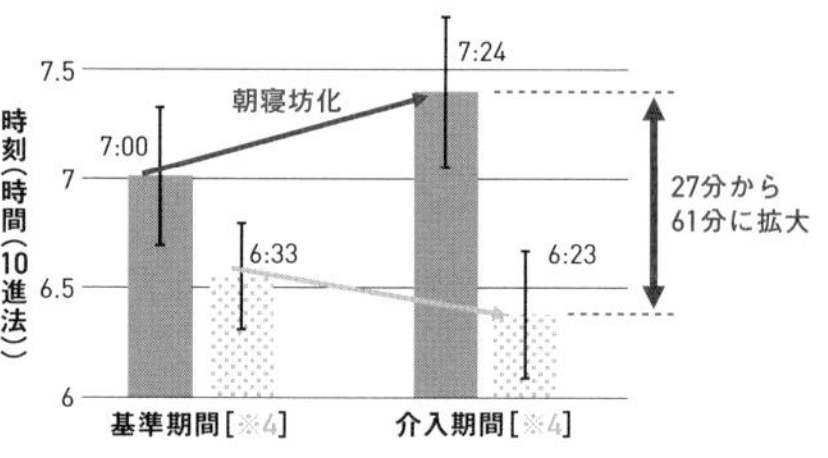

時刻（時間（10進法））
7.5
7
6.5
6
朝寝坊化
7:00
6:33
7:24
6:23
27分から
61分に拡大
基準期間［※4］
介入期間［※4］

※4 実験は10日間で行われた。基準期間（はじめの3日間）は両グループとも通常の照明下で過ごしてもらい、介入期間（その後の7日間）を異なる条件の照明環境にしている
図2・3出典：福田一彦（江戸川大学）・住環境研究所（2015）「快眠住宅に関する実験」

働いているものをサーカディアンリズム［※2］といいます。サーカディアンリズムは、主に光を中心とした刺激に反応する性質をもっています［56頁図1］。住まいの光環境をうまく利用してこのリズムを整えれば、自然と心地よい睡眠を手に入れられるのです。

就寝の2時間前からは50ルクス以下にするとよい

照明の明るさ（照度）と色が睡眠に与える影響を調べた実験では、睡眠の2時間前に部屋の照明を50ルクス以下の赤っぽい色（低照度・低色温度）に変えたグループと、通常の白っぽい（高照度・

就寝の2時間前を50ルクス以下の光環境で過ごしたグループは早寝早起きに

下のグラフの縦軸は0に近いほど被験者全員が覚醒していたことを示し、1に近いほど眠っていたことを表す。就寝の2時間前の照明環境を50ルクス以下の明るさに変更したグループは、そうでないグループに比べて就寝・起床時刻ともに前倒しになっていることが分かる

【図4】睡眠覚醒パターンの変化

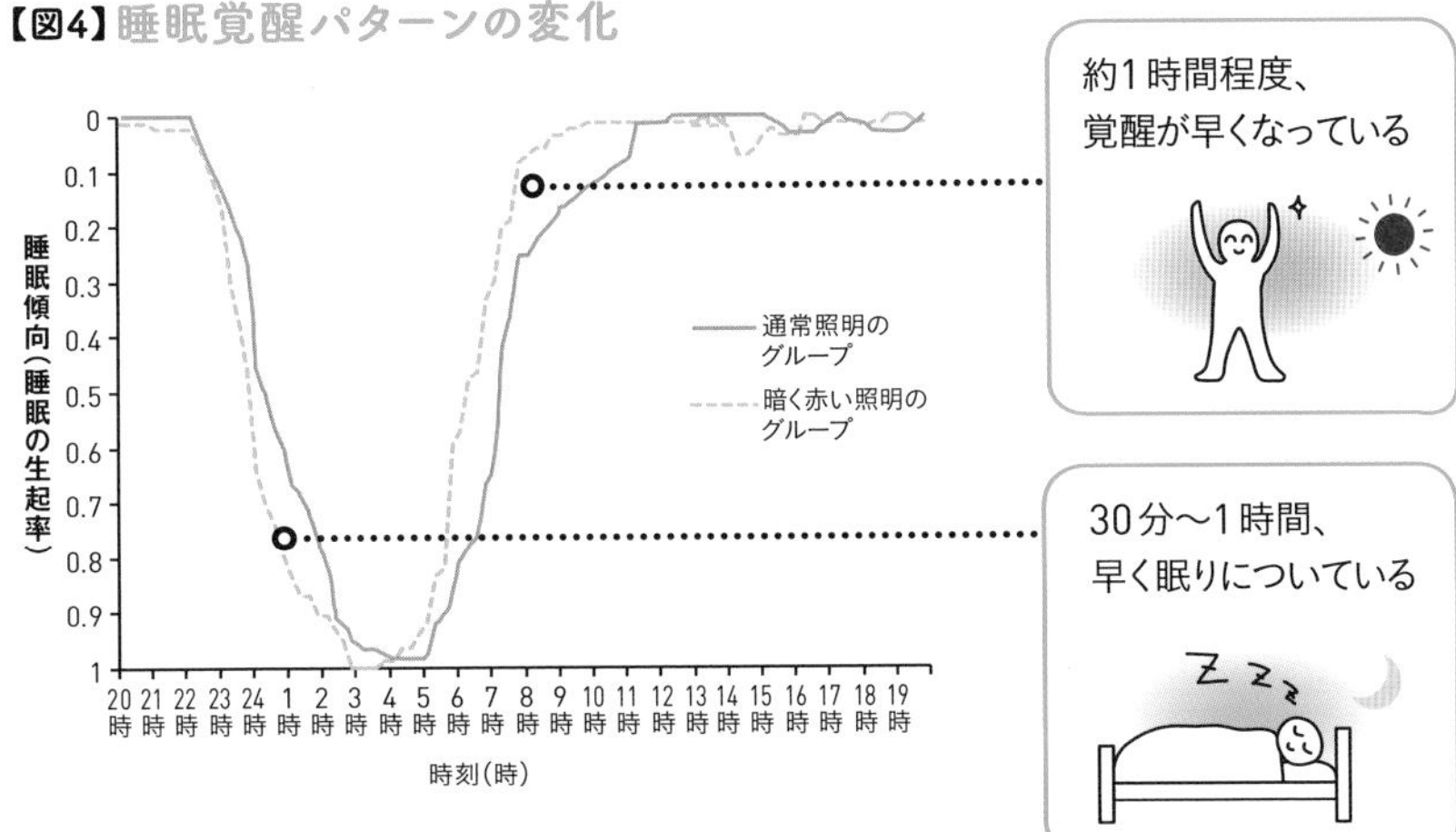
約1時間程度、
覚醒が早くなっている
30分〜1時間、
早く眠りについている
睡眠傾向（睡眠の生起率）
0
0.1
0.2
0.3
0.4
0.5
0.6
0.7
0.8
0.9
1
通常照明のグループ
暗く赤い照明のグループ
20時 21時 22時 23時 24時 1時 2時 3時 4時 5時 6時 7時 8時 9時 10時 11時 12時 13時 14時 15時 16時 17時 18時 19時
時刻（時）

出典：福田一彦（江戸川大学）・住環境研究所（2015）「快眠住宅に関する実験」

高色温度）照明のグループを比較しました。すると前者のグループは、後者のグループに比べて、入眠時間が32分、起床時間が61分早くなりました［図2〜4］。また、は精神の健康度も改善していたのです［※3］。

監修：江戸川大学睡眠研究所長
社会学部人間心理学科教授
福田一彦

※2 概日リズム（circadian rhythm）ともいう

※3 暗く赤い照明のグループと明るく白い照明のグループにそれぞれGHQ精神健康調査を行ったところ、暗く赤い照明のグループには精神健康度の向上が見られた

実例

サーカディアンリズムに適した照明をシーンコントローラーで管理する

この住宅は、シーンコントローラーを用いてLDKの照明を昼と夜それぞれの時間帯に適した状態に切り替えている。シーンコントローラーとは、複数の照明の色や明るさの設定を記憶し、ボタン一つでさまざまな照明シーンを再現できる機器のこと。2〜8の照明シーンを記憶でき、タイマーをセットした時間に自動で照明を切り替えてくれる製品もある。ここでは、昼間の明るい太陽光に合わせた照明シーンと、夜の温かみのある照明シーンを1日のなかで切り替えている。

＼長寿ポイント／

昼

夜

昼と夜のリビングの様子。日中は明るい外の光を中心に高照度・高色温度の照明で住まい手の覚醒を促し、夜間は明るさを抑えた温かみのある照明（低照度・低色温度）で心地よい入眠をサポートしてくれる

＼長寿ポイント／

昼

夜

寝室がある2階と1階のリビングをつなぐ階段。昼間はハイサイドライトから射し込む自然光が天井にふわっと広がり、夜は温かみのある人工照明による光が、昼と同じように天井を照らす

【図5】照明のプロが選ぶお薦めシーンコントローラー

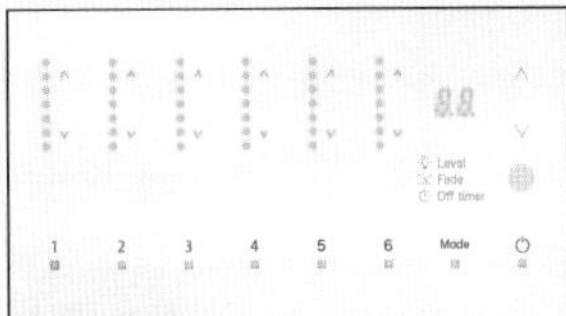

「FMD-0606/J」（ファースト・デザイン・システム）は、最大6パターンの照明シーンを記憶して呼び出すことが可能。LEDはもちろん蛍光灯や白熱灯にも幅広く対応している。ミニマルなデザインの操作パネルは縦120×横208㎜とコンパクト。市販の無線ルーターに接続すれば、スマートフォンからでも遠隔操作ができる

「FMD-0606/J」の製品スペック

シーン数	制御回路数	合計（容量）	フェード時間	適合負荷			付属品
		回路最大（容量）		白熱灯	LED	蛍光灯	
6	6系統	900VA	0〜60秒		位早調光・PWM調光	PWM調光	リモコン
		300VA					

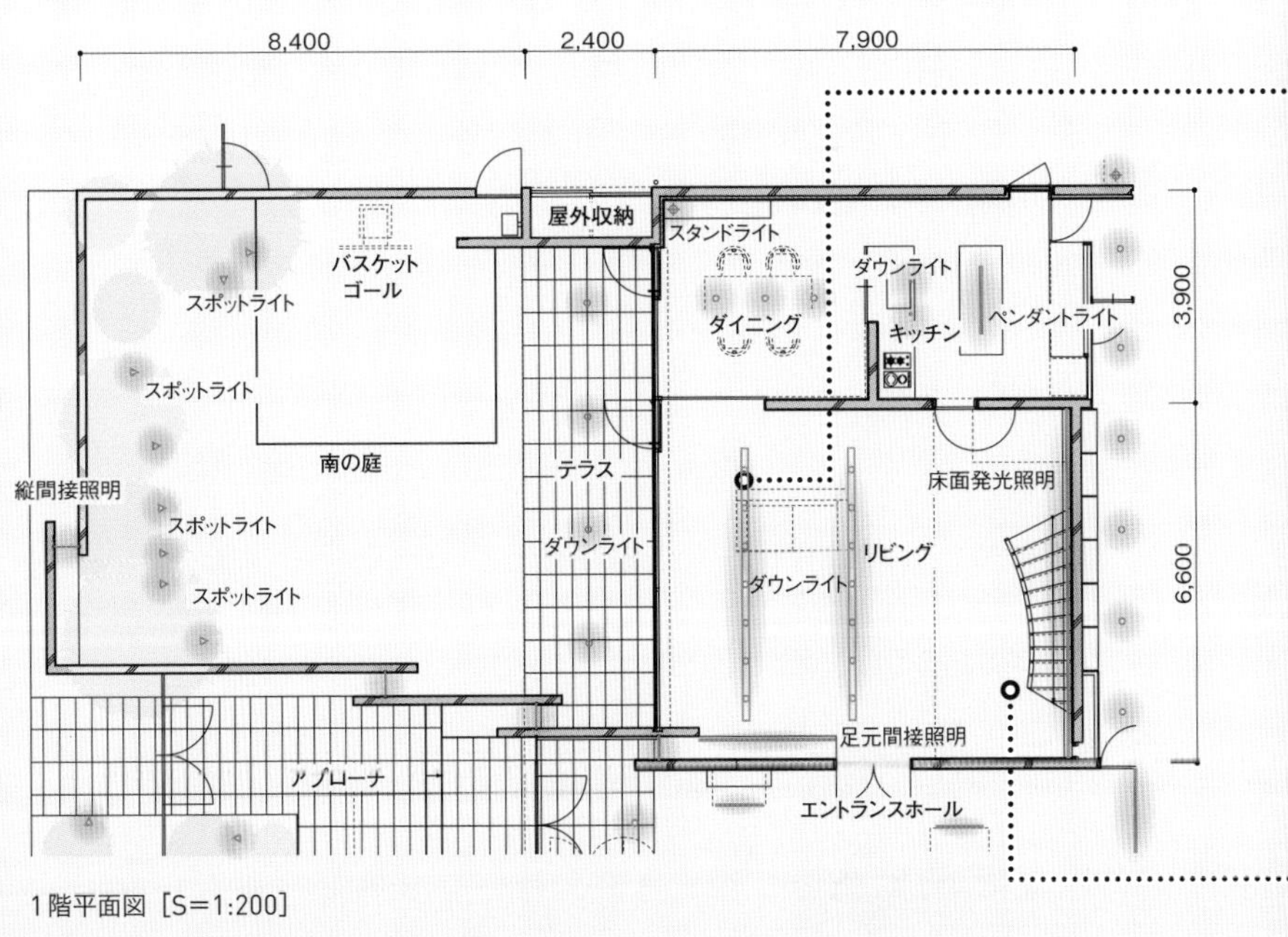
8,400
2,400
7,900
3,900
6,600
屋外収納
スタンドライト
バスケットゴール
スポットライト
ダウンライト
ダイニング
キッチン
ペンダントライト
スポットライト
南の庭
テラス
床面発光照明
縦間接照明
スポットライト
ダウンライト
リビング
スポットライト
ダウンライト
足元間接照明
アプローチ
エントランスホール

1階平面図［S=1:200］

CASE 07

新常識！気温32℃でも自然通風で心地よい家に

消極的快適性（Comfort）

「Comfort＝コンフォート」（消極的快適性）は、「（不安・不満のない）快適、安楽」と訳される。周辺環境から不快な要素を取り除き、守られた安心・安全な状況を意味する

Point!

- 温熱環境の心地よさを決めるのは気温だけではない
- エアコンの風が不快感の原因になることもある
- 心地よい温熱環境には「変化」が大切

積極的快適性
(Pleasant)
夏のあつさ
冬のさむさ

「Pleasant＝プレザント」(積極的快適性) は、「気持ちよい、楽しい」と訳される。たとえば、窓から流れ込むそよ風を「涼しくて気持ちがよい」と感じる状況などがこれに当たる

自然環境を取り入れた「気持ちよさ」を考える

住宅の気密性や断熱性が高まった近年はエアコンや全館空調機などのシステムを利用し、室内の温湿度を一定に管理しようとする住宅がほとんどです。このように、年間を通じて「変化がない」「不快がない」ことを前提にした快適さは「消極的快適性」(comfort)と定義されています。一方、伝統的な日本の住宅は、室内環境を整えるために自然の風を取り入れてきました。このように季節や周辺の環境が変動することによって生じる快適さを「積極的快適性」

〈温熱快適性に影響を与える6要素〉

恒 温動物である人は、体内で生産された熱を体外に放熱することで深部体温（体の中心部の温度）を一定に保っている［※3］。この放熱に影響を与える要素に、空気温度、放射温度、気流、湿度の4つの環境要素と、着衣量と代謝量の2つの人体的要素があり、「温熱環境の6要素」と呼ばれている。これらの要素のバランスが取れたときに人は快適と感じるが、これには性差や年齢、人種、育った環境などにより個人差がある

【図1】温熱環境の6要素と体温

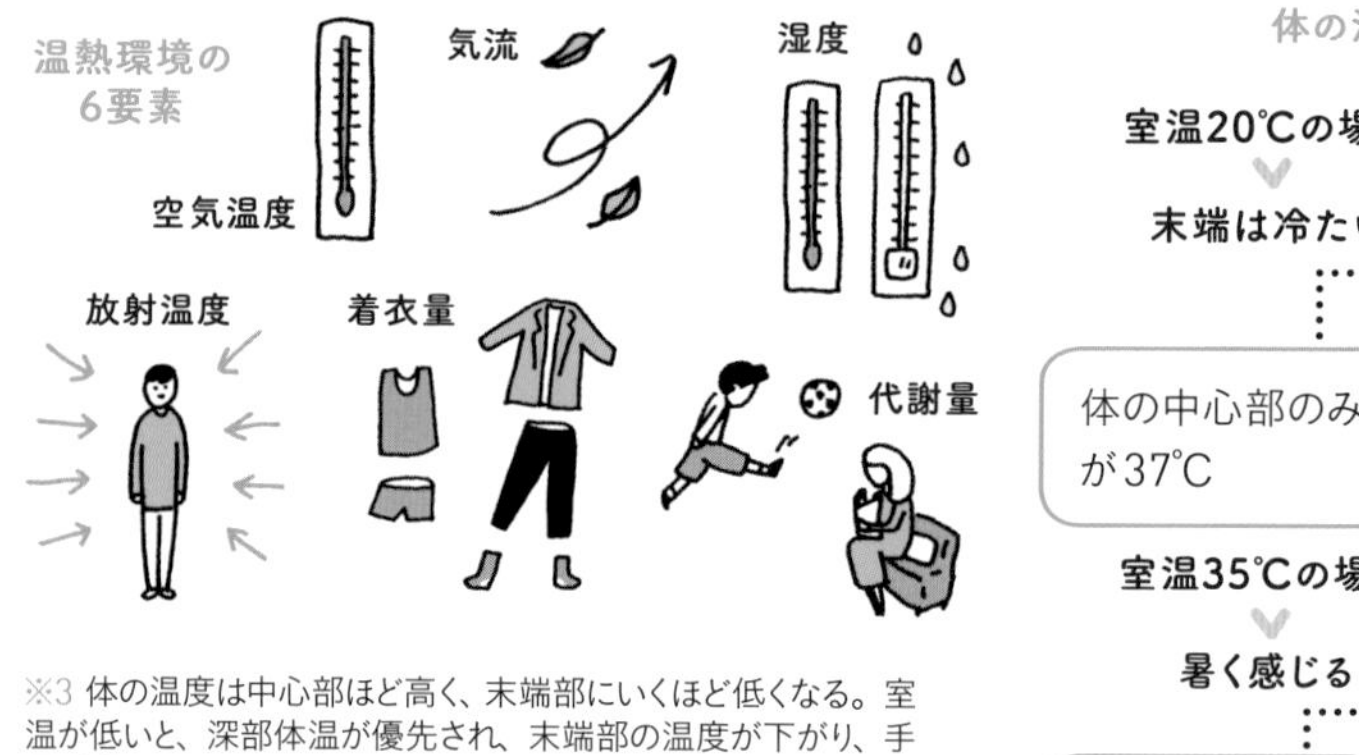
温熱環境の
6要素
空気温度
気流
湿度
放射温度
着衣量
代謝量
体の温度
室温20℃の場合
末端は冷たい
体の中心部のみ
が37℃
室温35℃の場合
暑く感じる
体の中心部から
手足の先まで
37℃

※3 体の温度は中心部ほど高く、末端部にいくほど低くなる。室温が低いと、深部体温が優先され、末端部の温度が下がり、手足が冷える
出典（人の体の温度）：Aschoff Jほか、Naturwissenschafte, 1958より改編

(pleasant）と呼びます。

温熱環境と通風の快適さの評価には大きな個人差があります。たとえば、寝室に関するアンケート［※1］の「エアコンの使用が好きか？」という質問に対して「はい」と答えたのは全体の53％と約半数しかいませんでした。「いいえ」と回答した人の約半数は、「エアコンによって体調を崩す」と答えています。エアコンの機械的な室温管理を不快に感じている人が一定数いることが分かります。

エアコンをなるべく使わずに快適な温熱環境のなかで暮らすためには、かつての日本の住宅のように自然通風などを活かした「積極

通風と快適性の関係

自然風の「ゆらぎ」を再現した風を通風型人工気候室内で被験者に当て、「気持ちよさ評価」を行った実験。気温は夏を想定した28℃、32℃の2パターン。風速は気流感を得るために最小0.1m／s、最大1.0m／sとし、2分、10分、30分の3パターンの変動周期を組み合わせたA～Fの6ケースを比較した。その結果、気温と風速周期の組み合わせで気持ちよさ評価が変動し、気温32℃で風速変動周期が10分のケースEが最も高い評価を示した

【表】実験の環境条件

ケース(被験者)	気温	相湿度	平風速	最風速	最風速	周期	波形	着衣量	姿勢
	℃	%	m／s	m／s	m／s	分	—	clo	—
A	28	70	0.55	0.1	1	2	矩形波	0.4	椅子座安静
B						10			
C						30			
D	32					2			
E						10			
F						30			

【図2】ケースごとの気持ちよさ評価の平均値

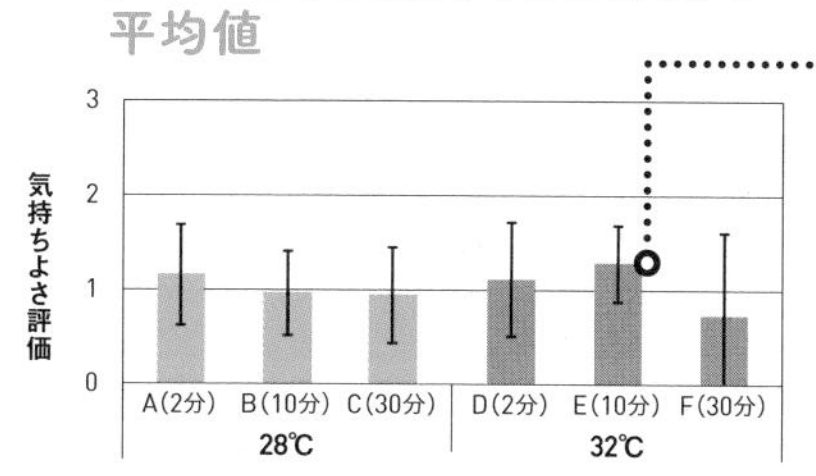
3
2
1
0
気持ちよさ評価
A(2分)
B(10分)
C(30分)
D(2分)
E(10分)
F(30分)
28℃
32℃

日常的な感覚だと気温32℃より28℃の方が快適そうに思うが、変動風を当てることで32℃の方が気持ちよさを感じるという結果が出た

表・図2出典：森上伸也ほか「通風環境における気持ちよさ評価に関する実験的研究その1 矩形波変動風環境における気持ちよさ評価について」

的快適性」をうまく取り入れることが必要です［※2］。特に夏場は気温32℃の環境下でも、適切な通風があれば涼感や心地よさが得られるので［表・図2］、「自然の力をいかに活用するか」という考え方が家づくりには大切なのです。

監修：豊田工業高等専門学校建築学科 森上伸也

※1 出典：田辺新一ほか「寝室・寝床内環境の快適性に関するアンケート調査」空気調和・衛生工学会学術講演論文集

※2 自然通風環境における「涼しさ」申告は断続的に長時間生じているが、空調風環境における「涼しさ」申告は実測中ほとんど申告されなかったという調査結果がある（出典：小野間萌ほか『涼しさ』感をもたらす熱環境と人体エクセルギー収支に関する研究、その1 実験概要と物理量の測定結果」）

実例

吹抜けを活用し室内に快適な風の流れをつくる

地域の卓越風[※4]を利用して室内に風を呼び込む住宅。柱や間仕切壁を可能なかぎり少なくすることで[※5]、家全体に風の流れを生み出している。屋根の塔屋部分が重要で、上空を吹き抜ける風に引っ張られた室内の空気が塔屋の窓から吸い出されることで、1・2階の窓に風が流れる。これにより室内に旋回風が発生し、夏でも猛暑日以外はエアコンを使わず快適に過ごせる。庇の出や開口部、植栽位置を太陽高度に合わせて計画するのも大切。

建物を南面から見る。開口部やウィンドキャッチの役割を果たす袖壁が、効率的に風を招き入れて快適に過ごせる設計となっている

※4 ある地方において、特定の期間に吹く頻度の高い風｜※5 LIXILによる木製門型ラーメン構造技術の採用により実現

「LIXIL passive first pavilion 凸ハウス」[※6]
設計：並木秀浩＋ア・シード建築設計、写真：ナカサアンドパートナーズ（守屋欣史）

1階から塔屋部分を見上げる。半円形のフィンが4枚配置されている。これにより風の流れが整い、ハイサイドライト（塔屋の窓）から空気がスムーズに抜ける

この建物による実験で、従来の常識とは異なる風の流れが発生していることが分かった

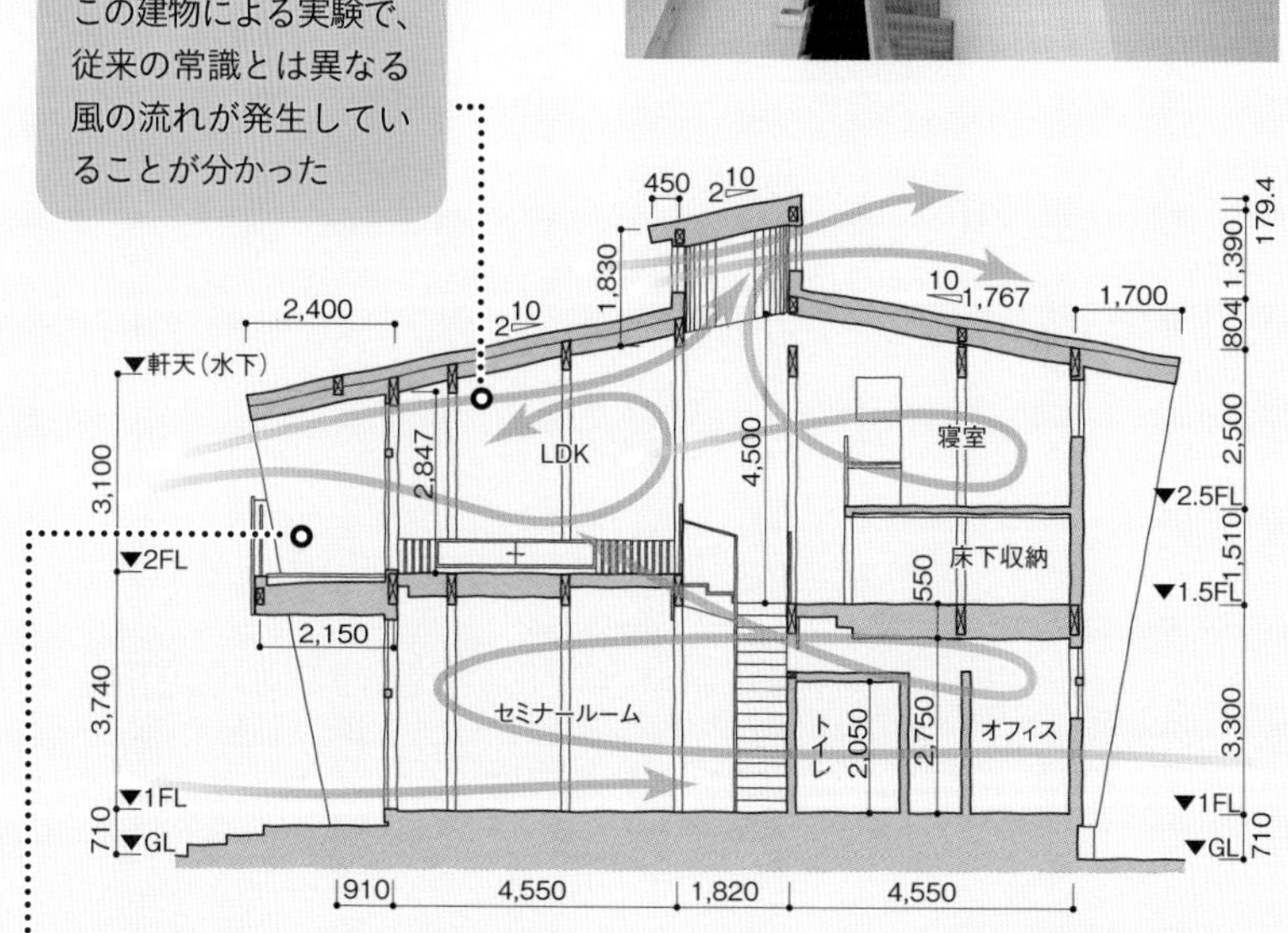
450
2/10
1,830
10/1,767
2,400
2/10
1,700
179.4
1,390
804
2,500
▼軒天（水下）
LDK
寝室
3,100
2,847
4,500
▼2.5FL
1,510
▼2FL
床下収納
550
▼1.5FL
2,150
3,740
セミナールーム
レイアウト
2,050
2,750
オフィス
3,300
▼1FL
▼1FL
710
▼GL
▼GL
710
910
4,550
1,820
4,550

断面図［S＝1:200］

＼長寿ポイント／

袖壁がウインドキャッチとなり、開口部に効率よく風を導く

※6 愛知県豊田市の「とよたエコフルタウン」内に建てられた、LIXILのスマートハウス体験展示棟

CASE 08

疲労を解消する癒しの空間を

「ゆらぎ」の要素を取り入れて

人は自然の「ゆらぎ」を求める生き物

日本の伝統的な木造住宅は、襖や障子を多用した開放的な空間だ。光や風、音、匂いなど外の自然環境のゆらぎを取り入れやすい住宅だといえる

自然環境は、常に一定の状態を保つことなく、変化し（ゆらぎ）続けている。人はもともと自然の中で暮らしていた生き物なので、自然のゆらぎに囲まれると副交感神経が優位になり、リラックスする。人の脳波や心拍数、体温などが常に一定でないのは、自律神経が自然環境と同様のゆらぎをもっているためである

Point!

- 自然の変化（ゆらぎ）を住空間に取り入れることで、自律神経が整いやすくなる

Relax

「たかが疲労」と言うなかれ

日本は疲労［※］に悩む人の割合が高く、厚生労働省の疫学調査では〝5人中3人が慢性的な疲労を感じている〟という結果が出るほど世界有数の疲労大国です。

疲労の原因はさまざまですが、運動による肉体的疲労も、ストレスによる心理的疲労も、実はすべて自律神経の乱れによって生じます［70頁図1］。自律神経は、心身が活発なときに優位になる「交感神経」と、リラックスしているときに優位になる「副交感神経」から成り立っていますが、交感神経優位の状態が長く続くと疲れを

疲労の原因は「脳」にあり

精神的なストレスを感じたり、運動で体を使うことで、筋肉や自律神経の中枢にある細胞のミトコンドリアが多くの酸素を消費する。同時に「活性酸素」という物質が生まれ、人の細胞を酸化（錆び）させ、傷つけてしまう。これにより脳が「疲労シグナル」を受信し、思考力の低下や目のかすみ、肩こりなどの症状が現れる。活性酸素の影響で自律神経の機能が低下した状態が「疲労」であり、錆びつきが取れにくくなった状態が「老化」である

【図1】脳が疲労を認識する仕組み

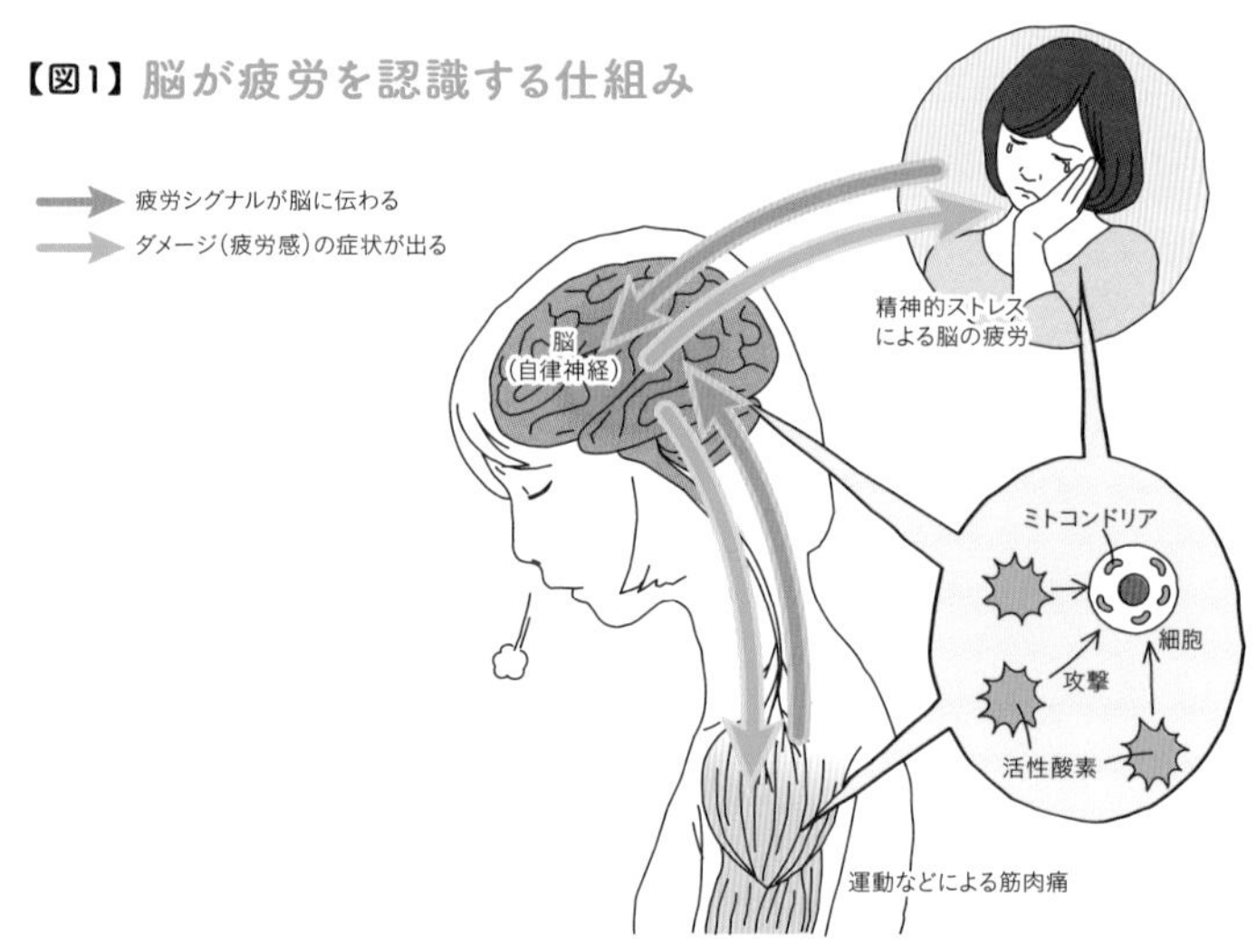
疲労シグナルが脳に伝わる
ダメージ（疲労感）の症状が出る
脳
（自律神経）
精神的ストレス
による脳の疲労
ミトコンドリア
細胞
攻撃
活性酸素
運動などによる筋肉痛

感じてしまうのです。

疲労を軽減するためには副交感神経優位の時間を増やして自律神経のバランスを整えることが最も効果的なのです。

「自律神経にやさしい家」ってどんな家？

副交感神経を働かせて自律神経を整えるためには、心からくつろげる場所が必要です。ポイントは空間に「ゆらぎ」を取り入れること。ゆらぎとは、「ある程度の規則性がありながらもどこか不完全な状態」のことです。自然環境にあるものは、すべてこのゆらぎを伴っています。

人工的な「ゆらぎ」でも疲労を軽減できる

木造の戸建住宅に比べて、RC造のマンションなどは、風や太陽光などの自然のゆらぎを取り入れにくい。その場合、人工的に再現したゆらぎでも一定の効果を得られる。エアコンの温度を一定に保ったゆらぎのない部屋と、温度を適宜±1℃で不規則に変化させてゆらぎを再現した部屋で同じ作業を行い、作業効率や疲労感を計測すると、ゆらぎのある空間のほうが体感疲労が少なく、作業効率も上がることが分かった

【図2】エアコンによる温度の「ゆらぎ」と疲労感・作業効率の関係

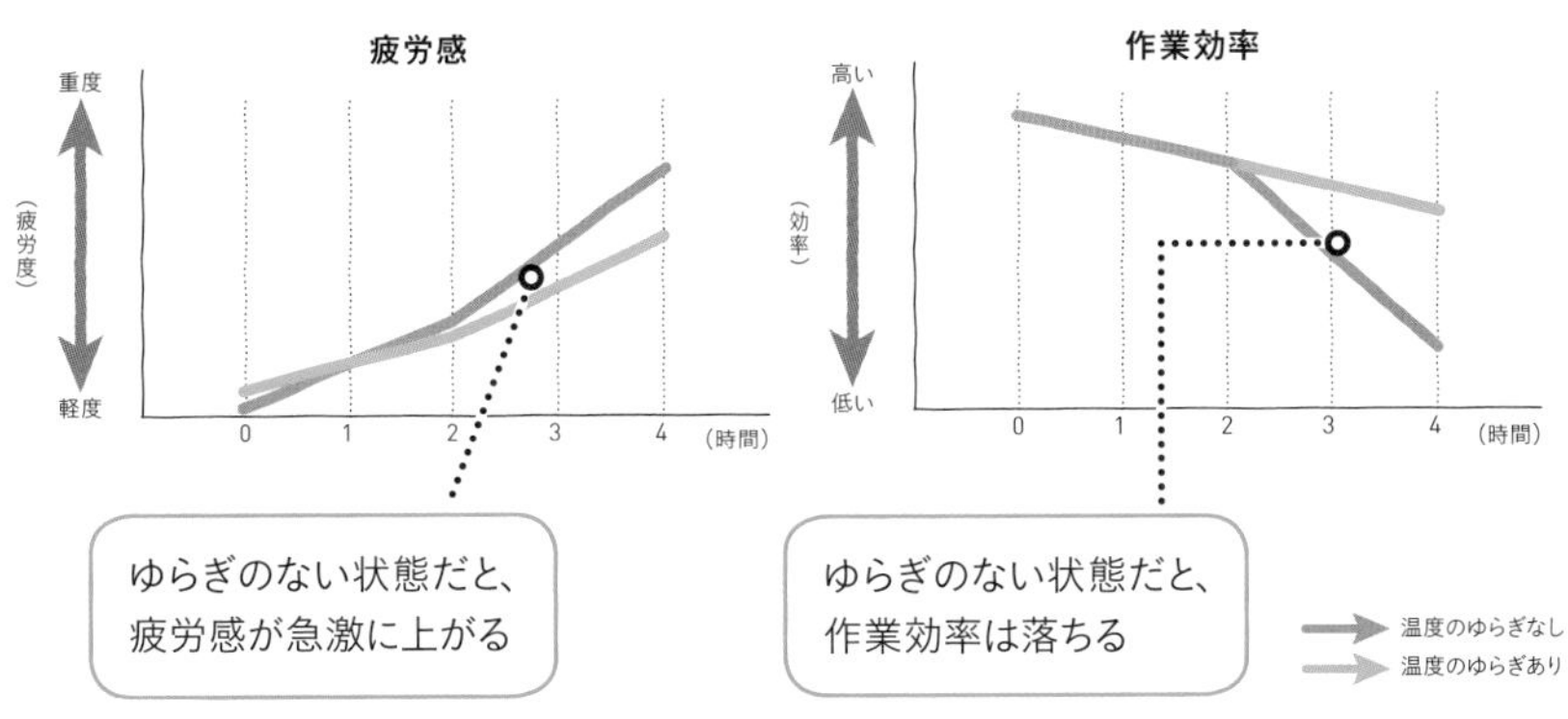
疲労感
重度
（疲労度）
軽度
0
1
2
3
4
（時間）
作業効率
高い
（効率）
低い
0
1
2
3
4
（時間）
ゆらぎのない状態だと、疲労感が急激に上がる
ゆらぎのない状態だと、作業効率は落ちる
温度のゆらぎなし
温度のゆらぎあり

図1・2資料提供：大阪市立大学医学部疲労医学講座

もともと自然の中で暮らしていた人は、ゆらぎを伴う環境にいると、本能的に心地よさを感じます。窓から入る太陽光や風、無垢フローリングの木目、左官壁の微かなテクスチャーなど、ゆらぎの要素を住まいの各所に取り入れることが「自律神経にやさしい家」をつくる一番の近道といえます。

監修：東京疲労睡眠クリニック院長
元 大阪市立大学大学院医学研究科疲労医学講座特任教授
梶本修身

※日本疲労学会によれば「過度の肉体的および精神的活動、または疾病によって生じた独特の不快感と休養の願望を伴う身体の活動能力の減退状態」と定義されている

実例

庭の「ゆらぎ」を取り入れた開放的な住宅

住宅にゆらぎを効果的に取り入れるためには、外部の自然環境を利用するのが最もよい。風や日差しはもちろん、窓越しに見える庭の緑や水面のさざ波なども自律神経のバランスを整えるうえで有効である。特に樹木を介して届く木漏れ日は、風の向きや強弱、光の差し方により刻々と表情を変化させる代表的なゆらぎの一つだ。この住宅では、中庭に面して開放的な掃出し窓を設けている。また、窓の外にデッキを設けることで、室内と庭の距離感を近づけた。

上：リビングから庭を見る。リビングの床は、木目によるゆらぎを感じられるブラックウォルナットの無垢フローリングを使用
下：庭からリビングを見る。夜は軒下の間接照明が水盤に映り、水面が揺らぐ様子をリビングから眺めることができる

「ISH」設計：彦根建築設計事務所、写真：彦根明

\ 長寿ポイント /

汲み上げた地下水を利用した水盤。水の上を渡る風が窓から室内に吹き込み、涼をもたらしてくれる。また、日射しや照明の光を反射した水面のきらめきにより、視覚的なゆらぎを感じられる

\ 長寿ポイント /

庭に面した壁はすべて大開口。光や音、風などの自然のゆらぎを存分に享受できる間取りとなっている

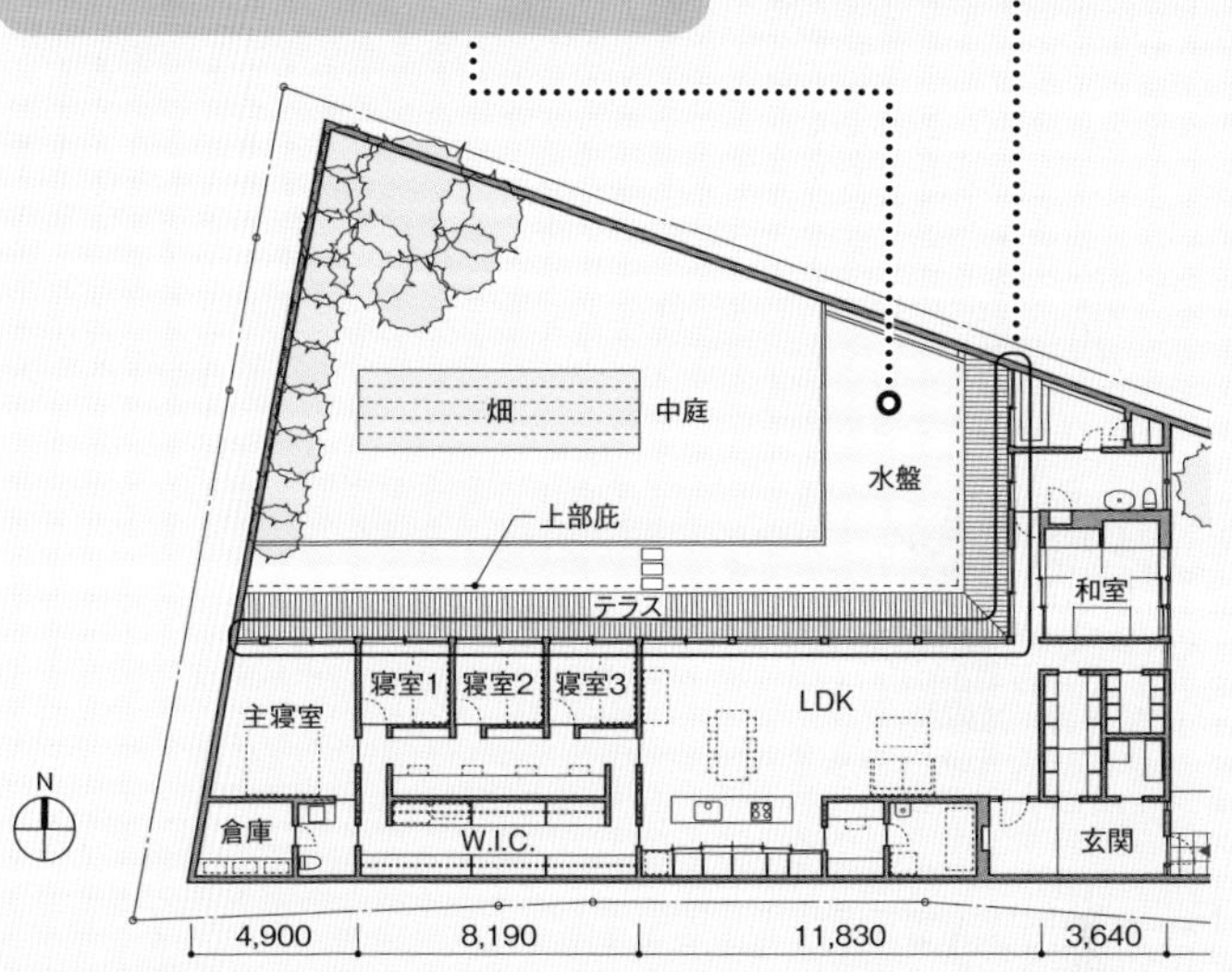
畑
中庭
水盤
上部庇
テラス
和室
寝室1
寝室2
寝室3
LDK
主寝室
N
倉庫
W.I.C.
玄関
4,900
8,190
11,830
3,640

平面図［S＝1:400］

室内にこもった熱気がトップライトから抜けることでテラス側の窓から風が入る。夏は庭の植物や水盤によって冷やされた涼風が室内に流れる

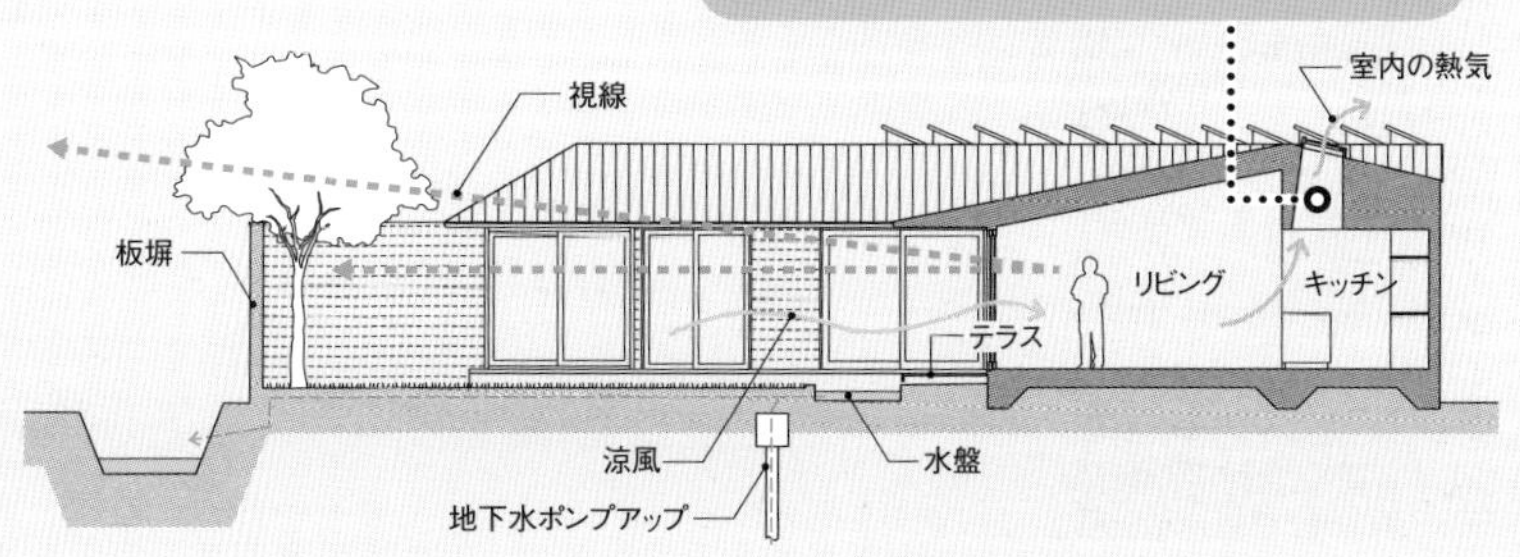
室内の熱気
視線
板塀
リビング
キッチン
テラス
涼風
水盤
地下水ポンプアップ

CASE 09

自律神経を整えてぐっすり眠れる寝室とは

睡眠のサイクルを知り「質の高い睡眠」をとる!

人はレム睡眠（浅い睡眠）とノンレム睡眠（深い睡眠）のサイクルを約90分間隔で繰り返しながら眠っている

夢はレム睡眠中に見ることが多い

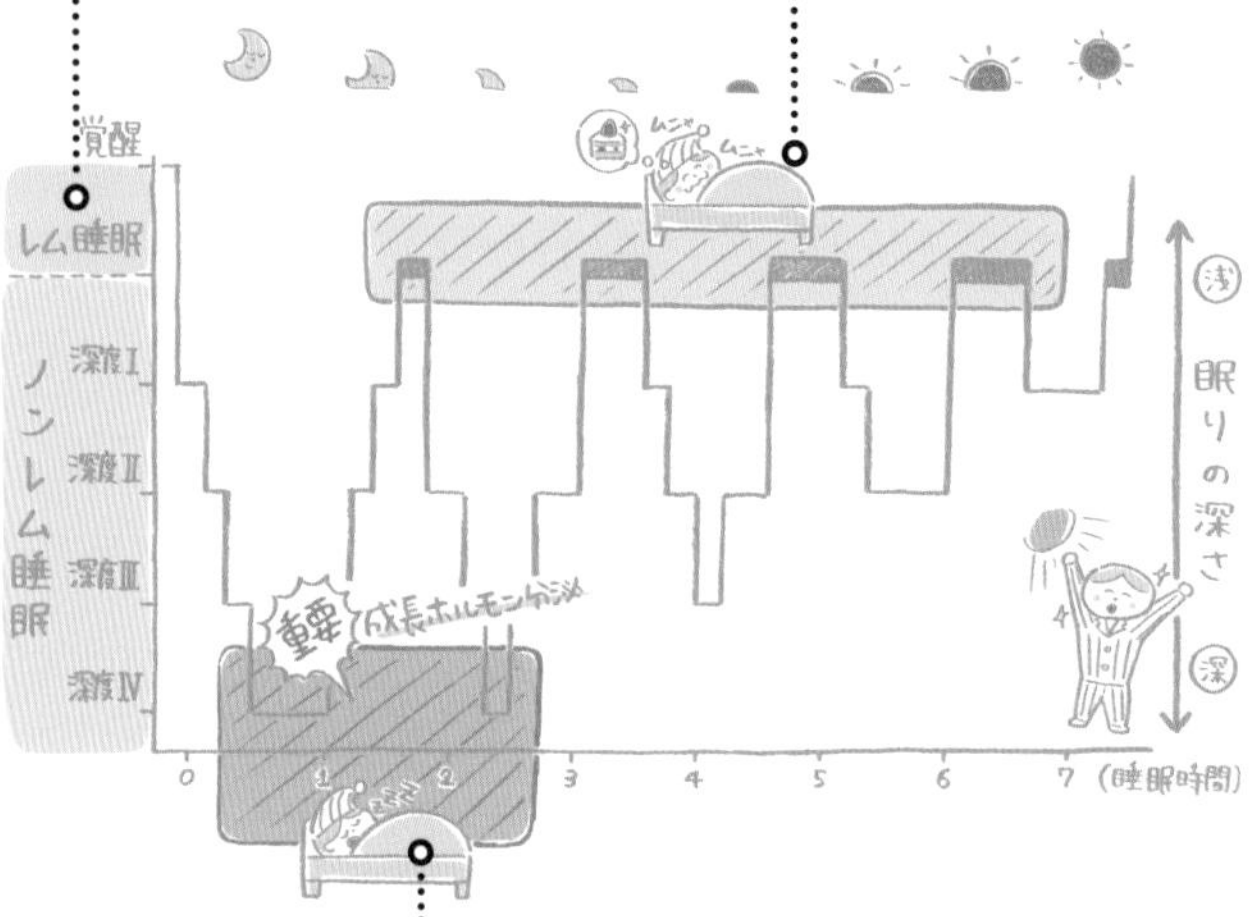

覚醒
レム睡眠
ノンレム睡眠
深度Ⅰ
深度Ⅱ
深度Ⅲ
深度Ⅳ
重要
成長ホルモン分泌
ムニャ
ムニャ
浅
眠りの深さ
深
0
1
2
3
4
5
6
7
（睡眠時間）

ノンレム睡眠には4段階のステージがあり、なかでもステージⅢ～Ⅳの深いノンレム睡眠中に、疲労回復にとって重要な「成長ホルモン」が分泌される

Point!

- スムーズな入眠が疲労回復の鍵
- 寝室の適温は夏に25℃、冬に16～19℃
- 朝日を感じて目覚めることで睡眠のリズムが整う

最新のIoTシステムで睡眠不安を解消する

よい睡眠がとれないことに悩みながらも、具体的な問題点を自覚できない人は多い。その場合、最新のIoTシステム［※1］を活用して、専門家のアドバイスを受けるのが有効。「ライフリズムナビ+Dr.」［※2］は、センサーを通じて、温度や湿度、睡眠深度、無呼吸時間などのデータを収集し、専門クリニックで解析したレポートが毎月スマートフォンなどに届くサービスだ

【図1】「ライフリズムナビ＋Dr.」の仕組み

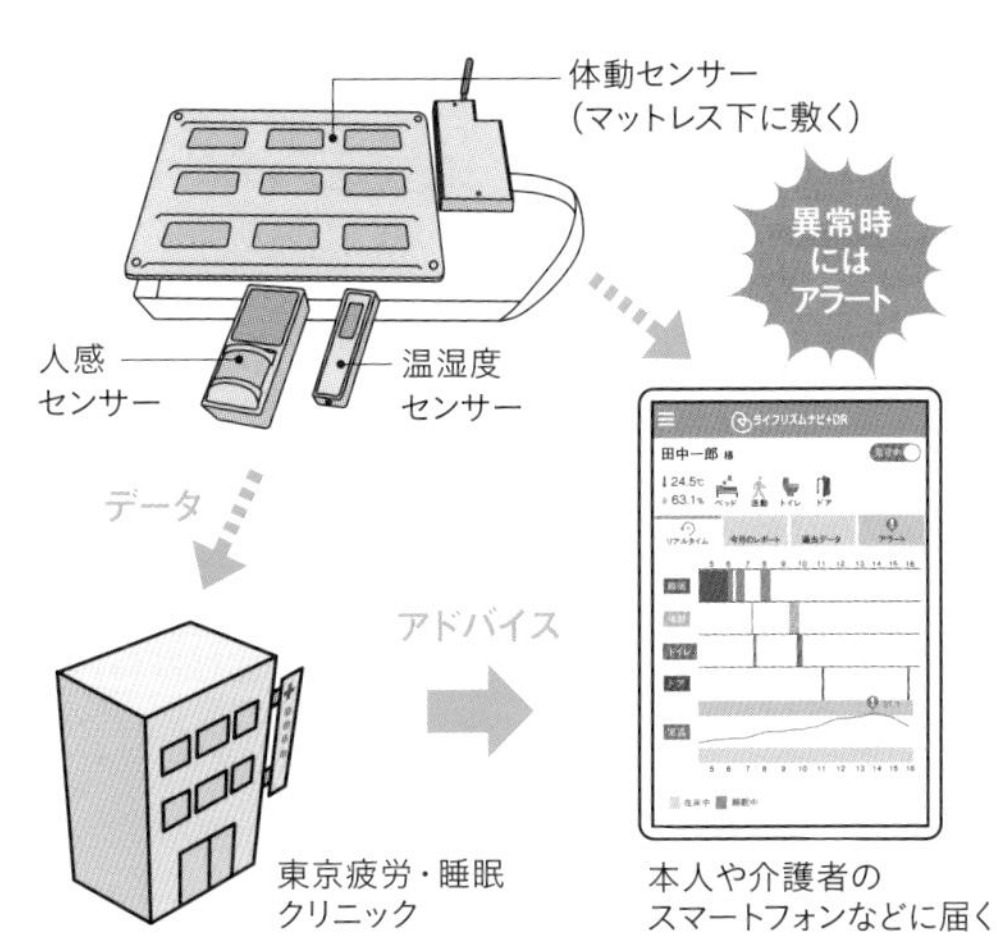
体動センサー
（マットレス下に敷く）
異常時にはアラート
人感センサー
温湿度センサー
データ
アドバイス
東京疲労・睡眠クリニック
本人や介護者のスマートフォンなどに届く

※1「Internet of Things」の略。パソコンやスマートフォンなどの情報通信機器に限らず、さまざまな「モノ」がインターネットを通じて接続され、遠隔モニタリングやコントロールを可能にするシステムのこと

※2 大阪市立大学医学部疲労医学教室とエコナビスタが共同開発したIoTシステム。一般住宅だけではなく、老健施設や高齢者向けマンション、スポーツ関連施設になどにも導入されている。異常時は即時にアラートが届くので、離れて暮らす親世帯の見守りツールとしても活躍する

寝始めの3時間に深く眠る

日常生活の疲れを癒し、一日の活力を回復させる最高の特効薬といえば睡眠です。日中の活動で傷ついた細胞の修復が進むのは睡眠中だからです。細胞を修復して、しっかりと疲労を回復させるには、十分な睡眠時間を確保するとともに、睡眠の質を改善させなければなりません。人は深い眠りと浅い眠りを繰り返しながら眠っているのですが、疲労回復を促す成長ホルモンが多く分泌されるのは、深く眠っているときです。一番深い眠りは〝寝始めの3時間〟に訪れ

深く眠り、スッキリ目覚める 寝室の4つのポイント

① エアコンの風が直接体に当たらない位置にベッドを置く

良質な睡眠をとるためには、適度な温熱環境を保ちたい。夏は25℃、冬は16～19℃を目安に室温をコントロールする。エアコンを朝までつけっぱなしにしておけば室温は調整しやすいが、風が直接体に当たると冷えや乾燥、だるさの原因になるのでベッドの配置に注意する

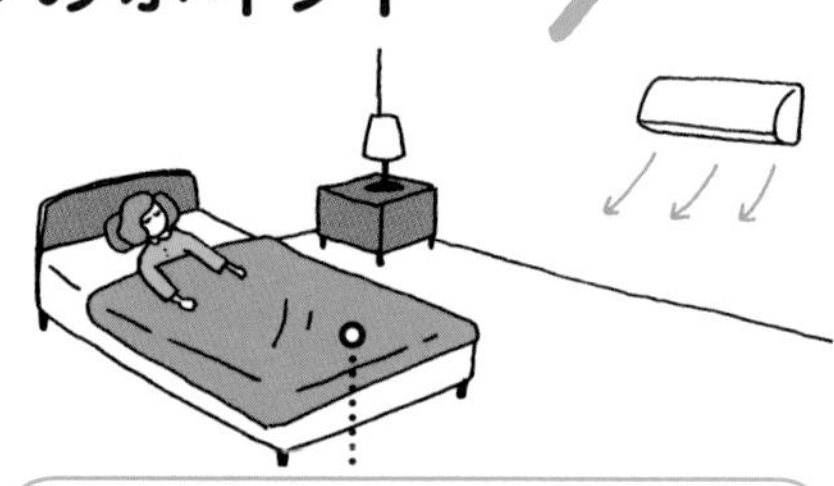

睡眠中の発汗は、自律神経にとっては運動と同じ状態。寝室が暑苦しいと疲労につながるので避けたい

② 夫婦別床で快適に過ごす

人が快適だと感じる室温には性差がある。一般的に、筋肉量が多い男性は低めの室温を好み、女性は高めの室温を好む傾向が強い。夏場はこの差が問題になりやすいので、シングルベッドを2台並べてその間をカーテンで仕切り、エアコン側に男性が寝るなど工夫するとよい

いびきなど音の問題がある場合は、スペースが許せば夫婦の寝室自体を分けることも有効な選択肢

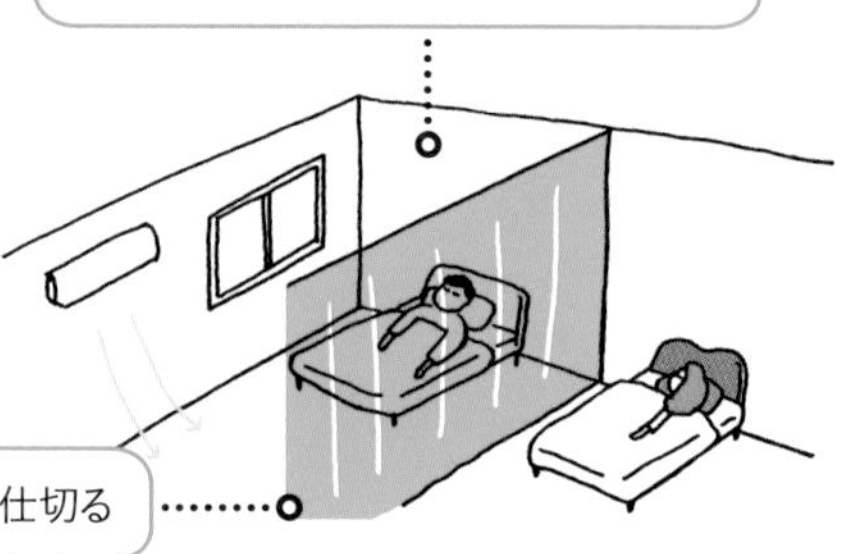

カーテンなどで仕切る

るので、体のリズムを整えてスムーズな入眠を促すことが、良質な睡眠にはとても重要なのです。

よく眠れる環境をつくる

体のリズムをつくっているのは交感神経と副交感神経の働きです。交感神経は覚醒を促し、副交感神経は交感神経をなだめる役割を果たしていますが、交感神経が優位な状態が続くと体のリズムが乱れて睡眠の質が低下します。この体のリズム（自律神経）を整えるうえで重要なポイントが「光」です。人には朝日で目覚め、夕焼け色の光で眠る準備を始める本能があります。そのため、夜の時間

③ 朝は太陽の光で目覚める

朝は一日の生体リズムがリセットされる時間。まぶたを通して太陽の光を感知し、徐々に覚醒するのが理想的な目覚めの状態だ。そのため、可能であればベッドは窓際に配置したい。カーテンを少し開けた状態で眠ると、朝の光で心地よく目覚めることができる［※4］。ただし、夏場など日の出時間が早い時期に無理な早起きをする必要はない

※4 窓越しに入る太陽光の照度は2,500ルクス以上。この強い光によって、生体リズムがリセットされる

街灯などの余計な光が外から入らないよう、遮光カーテンが好ましい。理想をいえば、朝になると自動で開く電動式のカーテンがお薦め。導入する場合は窓の脇にコンセントを設けておきたい

④ 夜間用のフットライトや照明を設置する

明るい場所では、睡眠を促すメラトニン［56頁］が十分に分泌されないため、良質な眠りが得られない。しかし、完全に真っ暗な状態では不安を感じて交感神経が高ぶり、睡眠の質が悪くなる人もいる。その場合は、寝室に色温度の低い間接光のフットライトを設置するとよい。また、夜間にトイレに行けるように、眩しさを感じない程度に調光できる照明を設置する

カーテンを少し開けておき、月明かりを室内に取りこむ方法も有効

色温度の低いフットライトを設置する

を昼光色の明るい照明のもとで過ごしてしまうと、自律神経が乱れ、睡眠潜時［※3］が長くなって睡眠の質が低下するのです。また睡眠は温度や湿度にも大きく影響を受けます。睡眠時の温熱環境が快適になるような配慮が寝室には求められます。

監修：東京疲労睡眠クリニック」院長
元 大阪市立大学大学院医学研究科疲労医学講座特任教授
梶本修身

※3 ベッドに入ってから眠るまでの所要時間のこと

実例

熟睡の秘訣は緩やかにつながる寝室

どんなに仲のよい夫婦でも、好ましい睡眠環境には個人差があるもの。近年は睡眠の質に配慮して、ベッドを分ける夫婦も少なくない。特に、年を重ねた夫婦の場合は、夫婦別室を希望するケースもある。別室とした場合でも、それぞれの部屋に緩やかなつながりをもたせておけば、お互いの状態や気配を程よい距離で感じることができるので安心。夫婦の寝室を検討する際のポイントはエアコンを共有するのか、個別に使うのかだ。これによって部屋の設えが変わる。

①共用のエアコンを設置する

両方の部屋から出入りできる供用のウォークインクローゼット（W.I.C.）で寝室を緩やかに2分割した例。エアコンは1台だが、W.I.C.の引戸の開け閉めで温度を調節できる。ベッド脇には外の光を取り込むための小さな開口部を設けている

W.I.C.内に設けたエアコン1台で寝室の室温を調節する。W.I.C.のなかなので送風が直接当たる心配もない

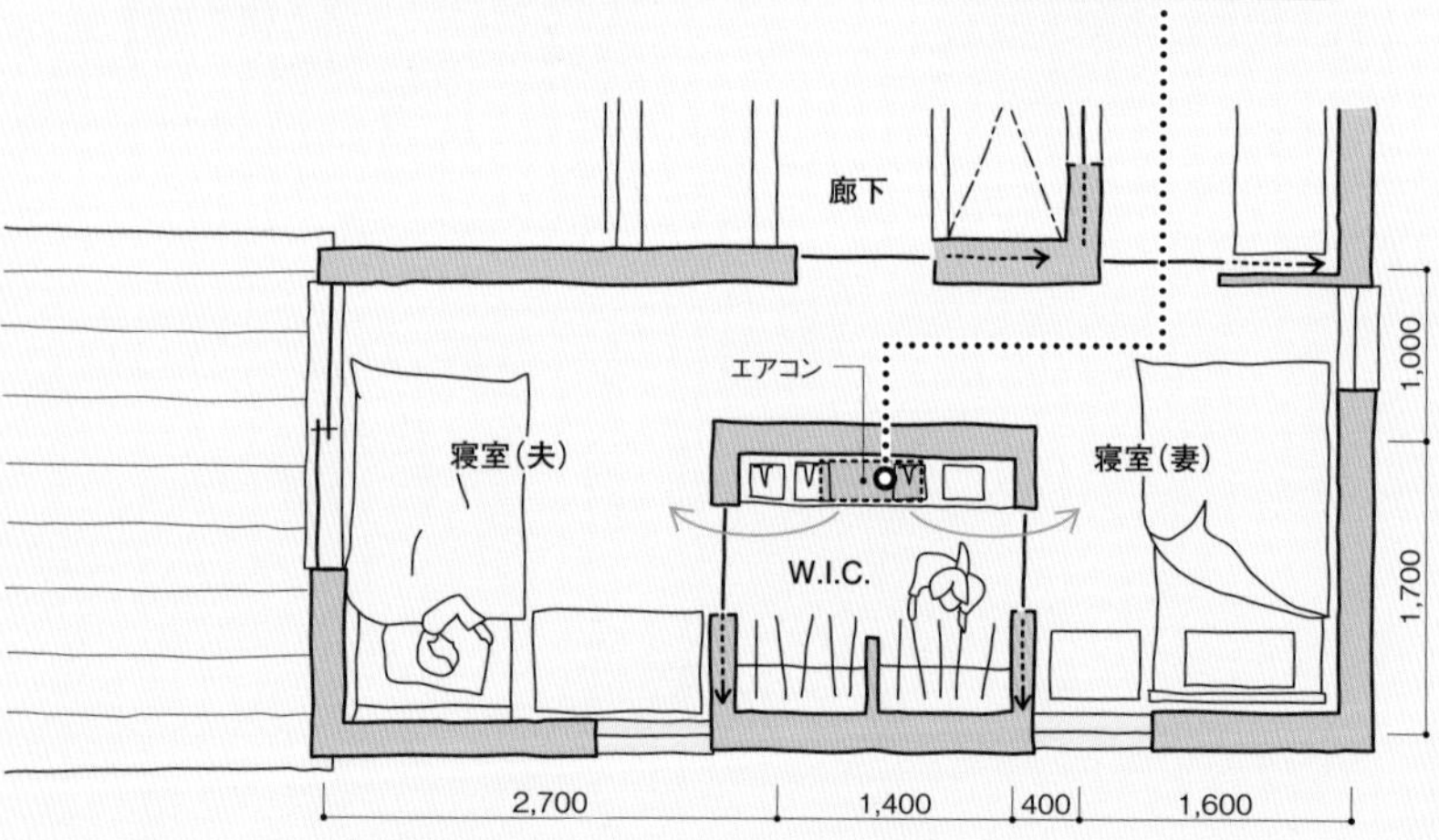
廊下
エアコン
寝室（夫）
寝室（妻）
W.I.C.
1,000
1,700
2,700
1,400
400
1,600

寝室平面図［S=1:80］

② それぞれの部屋にエアコンを設置する

造作のデスクと本棚で寝室を2分割した例。デスク脇の引戸からお互いの様子がうかがえる。エアコンは風が直接体に当たらない位置に設置。各部屋に1台ずつ設けられているため、各自で温度調節ができる

＼長寿ポイント／

各部屋のデスク脇に設けた引戸付きの小窓で夫婦の寝室がつながっている。朝になると障子窓からやわらかな朝の光が差し込む

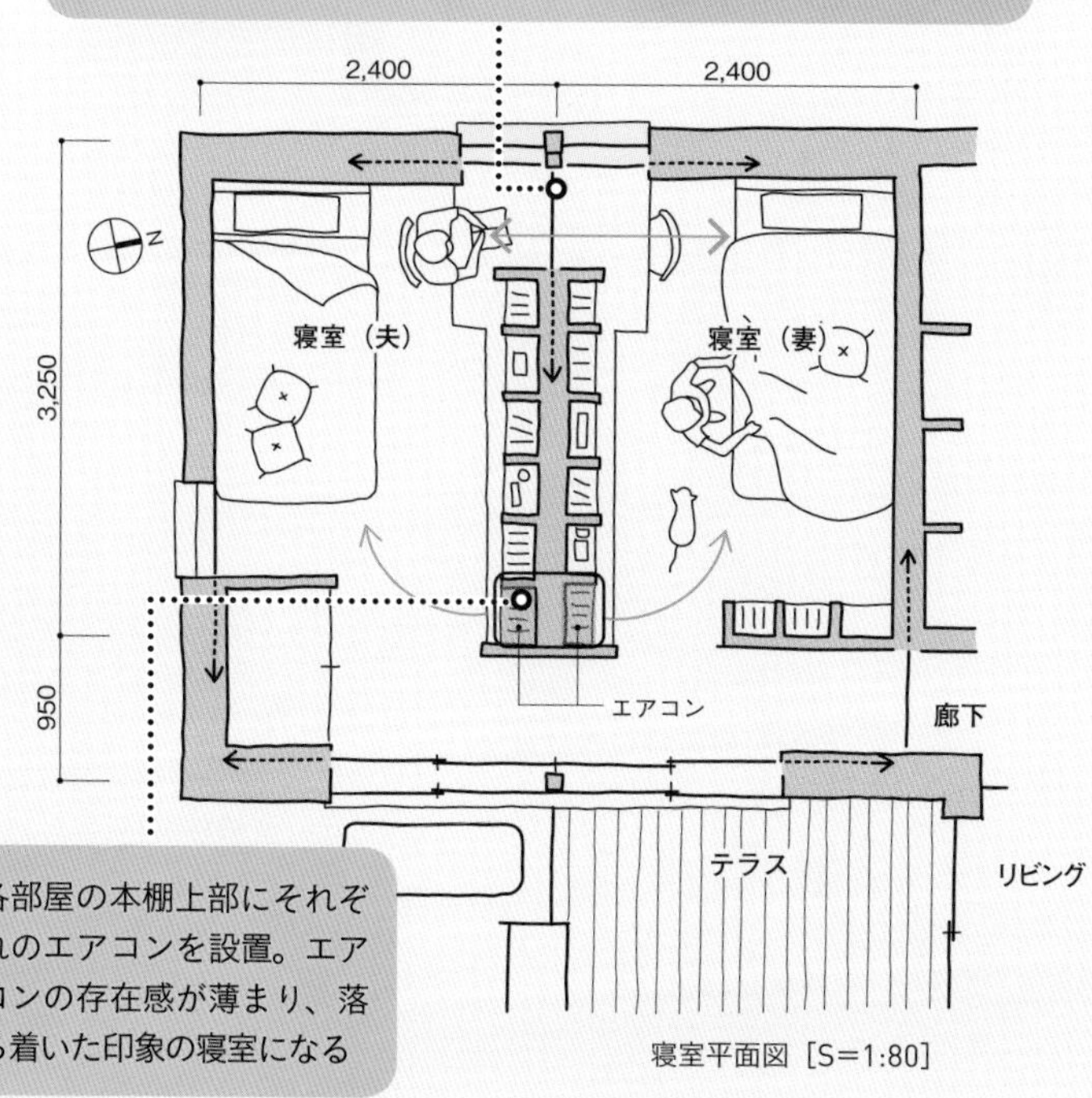
2,400
2,400
3,250
950
寝室（夫）
寝室（妻）
エアコン
廊下
テラス
リビング

各部屋の本棚上部にそれぞれのエアコンを設置。エアコンの存在感が薄まり、落ち着いた印象の寝室になる

寝室平面図［S=1:80］

「府中の家」設計：ブライシュティフト、写真：富田治

2章

運動

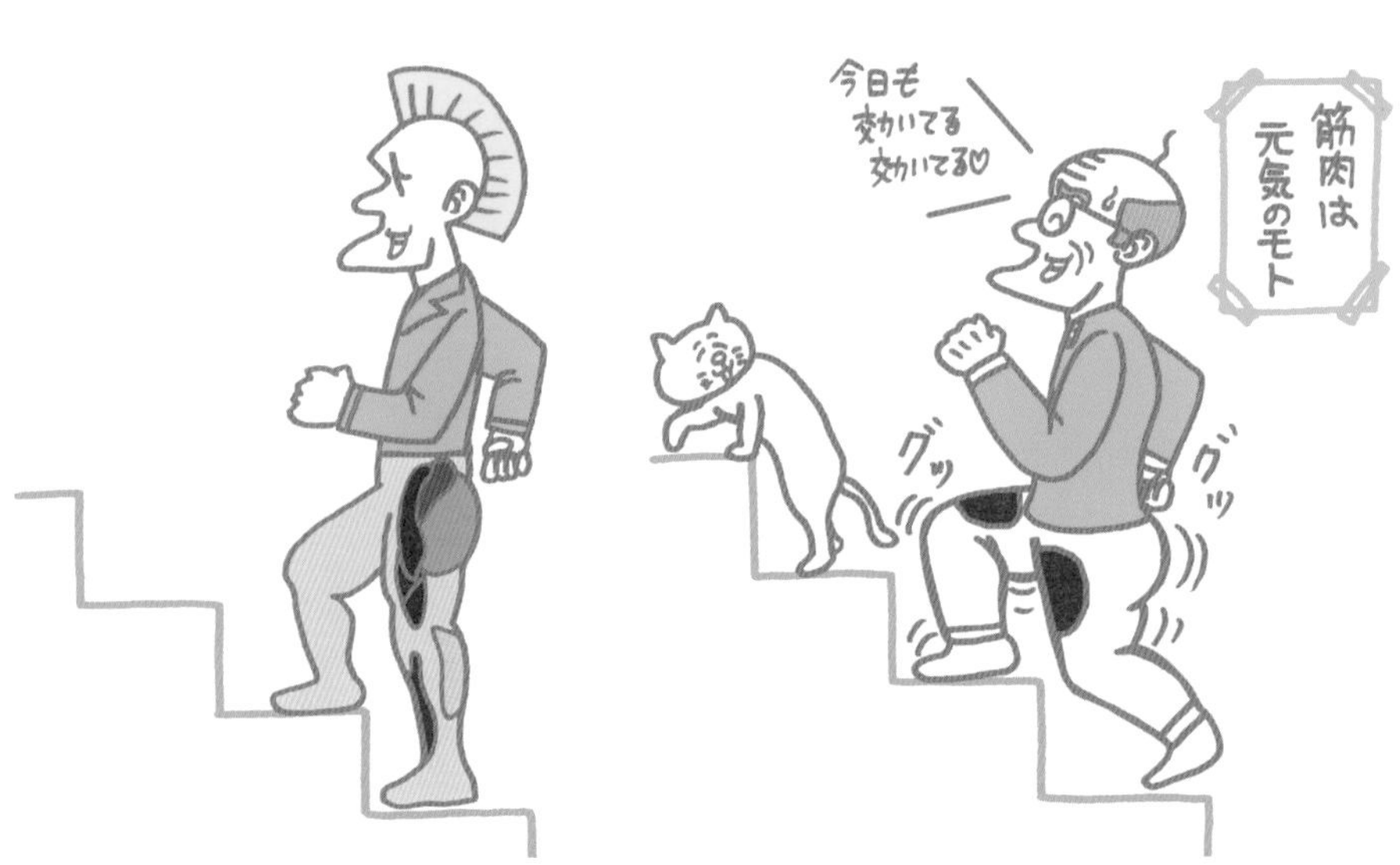
今日も
効いてる
効いてる♡
筋肉は
元気のモト
グッ
グッ

運動しやすい家でいつまでも元気に！

体力は健康長寿に欠かせない重要な要素です。どうすれば体力を維持し、健康状態を長く保持することができるのでしょうか。当然のことながら、体力の維持には体を積極的に動かすことが一番の近道です。しかし、つらい運動を無理して続ける必要はありません。大切なのは適度な運動を日常的に行うことです。バリアフリーにも配慮しつつ、自然と体が動く家のあり方について考えてみましょう。

老化を予防する歩き方

CASE 10

健康長寿への近道は1日8000歩と早歩き！

生活習慣病の予防には、1日8,000歩以上と中強度の運動（早歩きなど）を20分以上行うことが効果的

8,000歩
早歩き20分
普段より少し速めに

背筋を伸ばす

膝の悪い人は無理をしない

腕を大きく振る

膝を伸ばす

大股で歩く

着地はかかとから

普段より少し速めに、大股で歩くように心がける。自然に背筋が伸びて、腕を大きく振れるようになる。転倒を予防するためにつま先を上げてかかとから着地するように歩くことが大切

Point!

- 高齢者になるほど歩行運動が大切になる
- 衰えやすい短距離型筋線維は中強度運動で鍛えよう
- 筋力は無理せずゆっくり高めるべし

年をとると身体能力の独立性が弱くなる

筋力
バランス感覚はないけどカ持ち！
柔軟性
歩行
持久力
平衡性
筋力が下がって歩くのも疲れちゃう…
歩行
筋力
柔軟性
持久力
平衡性

体力は一般的に、筋力、柔軟性、持久力、平衡性、そして歩行能力（全身協調性）から成り立っている。若い人は、体力要素がそれぞれ独立している。たとえば走るのは速くても、体は硬いというような状態

年齢を重ねるにつれ、5つの能力は互いに関連性が強くなり、体力が全般的に低下する。そして、高齢者は歩行能力が特に重要になってくる

健康長寿に最も効果的な歩数とは？

健康維持に運動が欠かせないことはいうまでもありませんが、病気を予防し健康寿命を延ばすために最も効果的な体の動かし方は、「1日平均8000歩以上の歩行と中強度の運動（早歩きなど）を20分以上行うこと」であることが、20年以上にわたる研究から明らかになりました[85頁図1]。よく1日1万歩といった歩数だけを目標にして、運動強度や内容は問わない指標が広まっていますが、アンチエイジングの観点からいうと、運動は質と量のバランスが大切な

歩数と中強度活動時間が増えれば健康効果が高まる

左頁の図1 は、歩数（1日当たりの平均）と中強度活動時間（1日当たりの平均）が高齢者の健康状態とどう関連するかを示したもの。1日の歩数と1日の中強度活動時間は、相互に有意な関係があることが分かる。つまり、歩数が増すほど中強度活動時間も増加する。また、0歩・0分の人は寝たきり（もしくは寝たきりに近い状態）、4,000歩未満・5分未満の人は閉じこもり（もしくは閉じこもりの傾向）などと分類でき、歩数・中強度活動時間が増えるごとに病気などの予防効果が高まることが分かる

活動強度3段階の目安

高強度活動（強めの運動）＝ 6METs以上
ランニング、雪かきなど

中強度活動（適度な運動）＝ 3～6METs未満
掃除、階段の上り下り、うっすら汗ばむ程度の早歩き、ラジオ体操、自転車、農作業など

低強度活動（弱めの運動）＝ 3METs未満
ゆっくりとした家事、ゆっくりした散歩、ヨガ、ストレッチなど

のです。

年齢を重ねるとともに、体力全般は必ず衰えていきます。衰えをできるだけ抑えるためにも、中強度の運動を習慣化しましょう。そうすれば、寝たきりや脳卒中、認知症、糖尿病、高血圧などを防ぐことができるのです。

家の階段で強めの運動を実践

目標歩数の８０００歩には、通勤や買い物などの歩行を含めても大丈夫です。また、20分以上の中強度活動も連続して行う必要はなく、1日の合計が20分以上になればよいのです。となれば、住宅を

【図1】高齢者における歩数・中強度活動時間と病気の関係

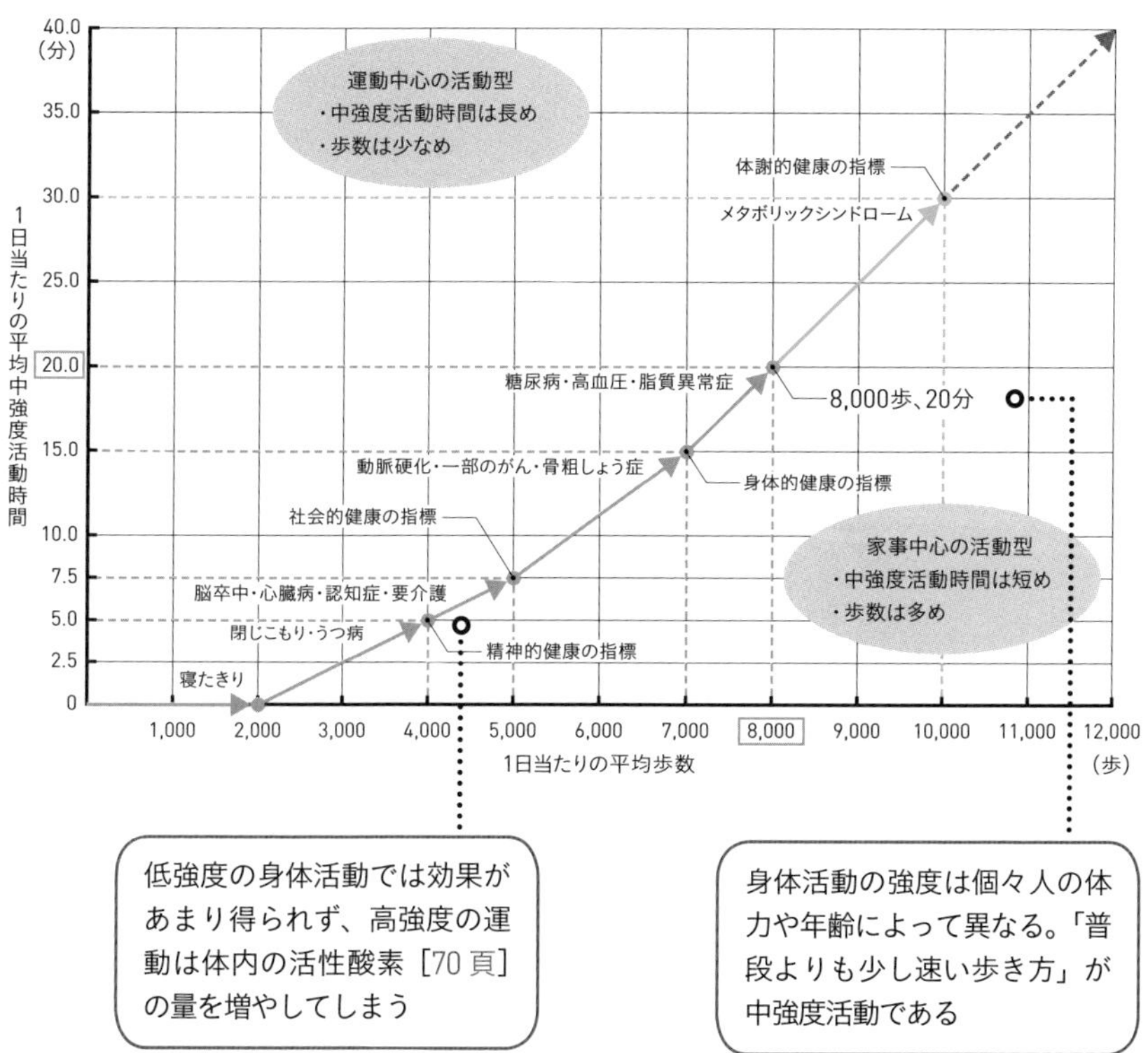
40.0
(分)
35.0
30.0
25.0
20.0
15.0
10.0
7.5
5.0
2.5
0
1日当たりの平均中強度活動時間
運動中心の活動型
・中強度活動時間は長め
・歩数は少なめ
体謝的健康の指標
メタボリックシンドローム
糖尿病・高血圧・脂質異常症
8,000歩、20分
動脈硬化・一部のがん・骨粗しょう症
身体的健康の指標
社会的健康の指標
家事中心の活動型
・中強度活動時間は短め
・歩数は多め
脳卒中・心臓病・認知症・要介護
閉じこもり・うつ病
精神的健康の指標
寝たきり
1,000
2,000
3,000
4,000
5,000
6,000
7,000
8,000
9,000
10,000
11,000
12,000
1日当たりの平均歩数
(歩)
低強度の身体活動では効果があまり得られず、高強度の運動は体内の活性酸素［70頁］の量を増やしてしまう
身体活動の強度は個々人の体力や年齢によって異なる。「普段よりも少し速い歩き方」が中強度活動である

＊研究調査の対象は、重篤な認知症や寝たきりの人を除いた65歳以上の約5,000人
出典：青柳幸利『あらゆる病気は歩くだけで治る！』SBクリエイティブ

活用しない手はありません。

屋内でやや強めの運動をするなら、階段をうまく使ってください。階段を上り下りする程度では運動にならないと思われるかもしれませんが、継続は力なり。毎日少しずつでも続けることが健康の秘訣です。ただし、階段は設けたとしても、リビングなどの居室空間はきちんとバリアフリー化するよう注意してください。意識的に越える必要がある大きな段差とは異なり、目立たない小さな段差は、思わぬケガにつながりやすいからです。転倒→骨折→寝たきり、というありがちなパターンにはまりやすくなります。

年をとると脚の筋肉が落ちやすい

若い時は長距離型の筋線維と短距離型の筋線維がバランスよく筋肉を構成しているが、年をとると中強度以上の運動を日常的に行っていなければ、短距離型の筋線維が衰えやすくなってしまう

【図2】加齢に伴う下肢筋力の低下

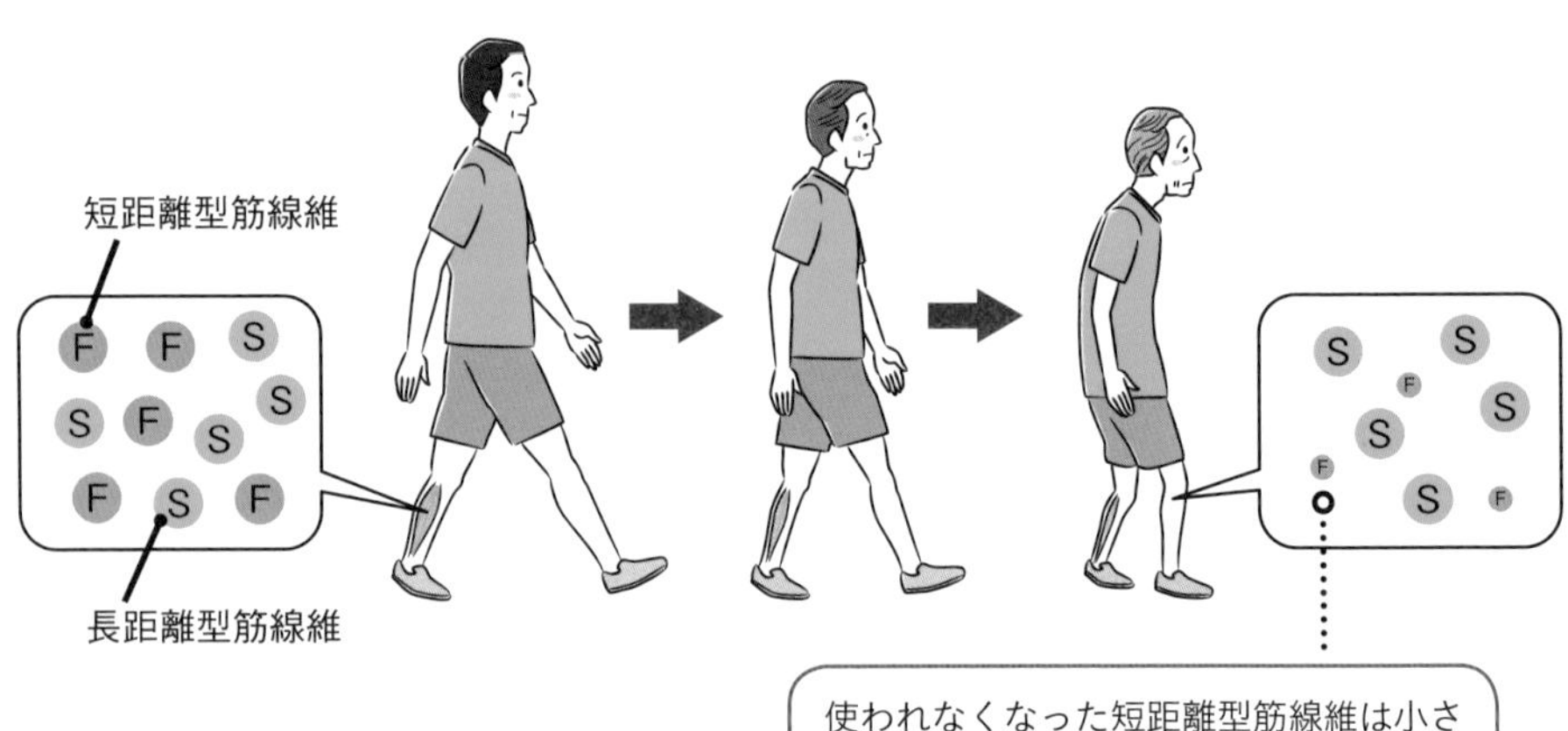
短距離型筋線維
長距離型筋線維
使われなくなった短距離型筋線維は小さくなったり消えてなくなったりする

短距離型筋線維の衰えを防止することが大切

人の体は約400個の骨格筋（筋肉）で構成されていて、それぞれの筋肉は筋線維と呼ばれる非常に細長い細胞が何万本、何十万本と束になってできています。この筋線維は大きく長距離型と短距離型の2種類に分けられます。

運動不足や加齢に伴って歩行速度が遅くなると、脚の筋肉のうちほとんど長距離型の筋線維しか使われなくなってしまい、短距離型の筋線維は衰えて小さくなったり消えてなくなったりします【図2】。その結果、脚の筋肉が目に

【図3】加齢に伴う筋肉量（腕・脚）の推移

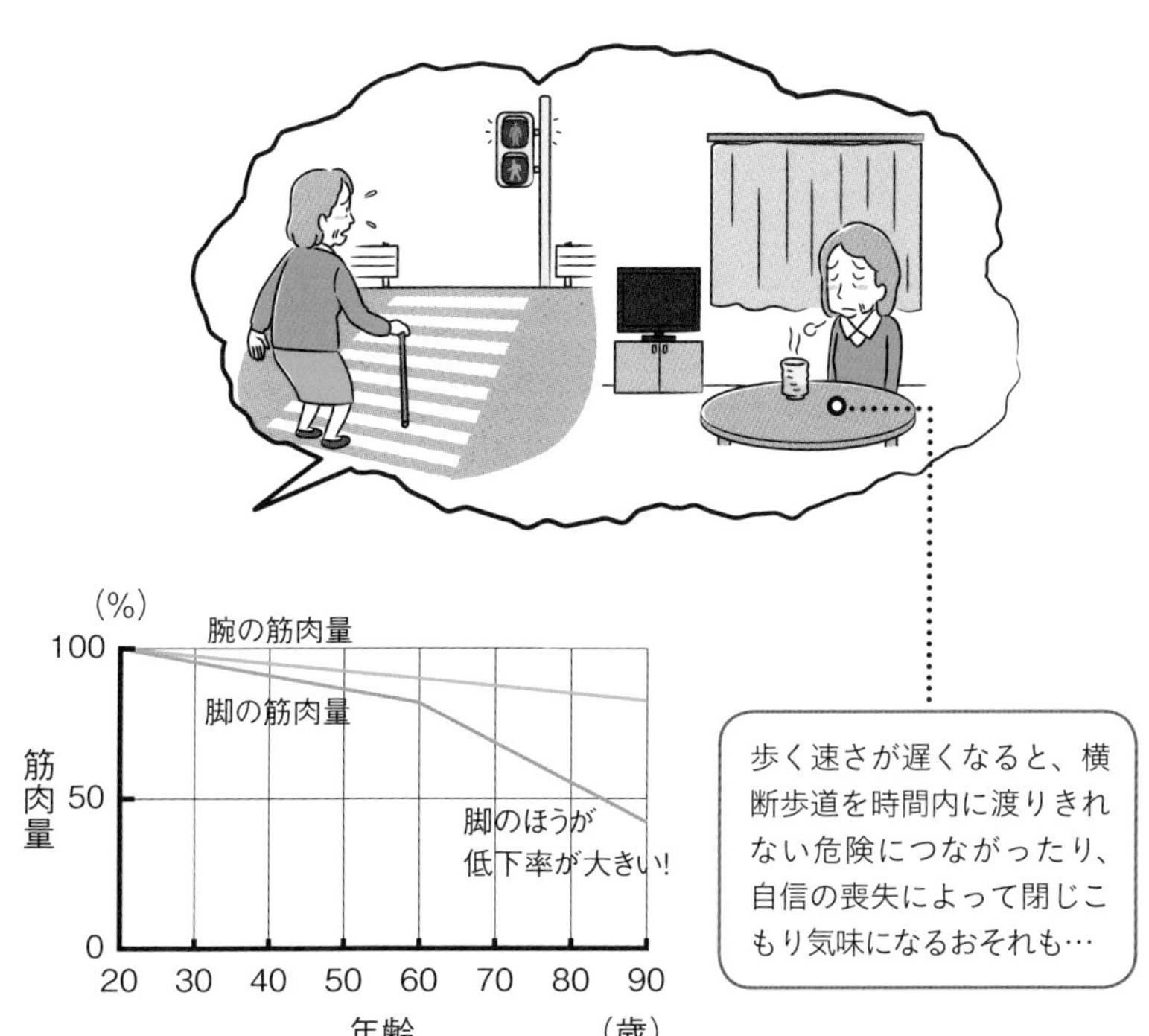

（%）
腕の筋肉量
脚の筋肉量
筋肉量
100
50
0
20 30 40 50 60 70 80 90
年齢 （歳）
脚のほうが
低下率が大きい!
歩く速さが遅くなると、横断歩道を時間内に渡りきれない危険につながったり、自信の喪失によって閉じこもり気味になるおそれも…

見えて細くなり、道でつまずくなど、いざというときに大きな力が出せなくなってしまい、転倒事故などにつながってしまうのです［図3］。

体を「速く」「力強く」動かそう 短時間でもＯＫ

長距離型と短距離型両方の筋線維をより多く使って足腰を丈夫に保つためには、家の中でも「速く」「力強く」歩く機会を日常的に設けることが大切です。ごく短時間の運動だったとしても、漫然と散歩するのに比べれば、短距離型の筋線維は、より多く使われるようになります。

朝よりも夕方に歩こう 歩数が少ない日があってもOK

運動は健康増進にとても効果的だが、無理をすると疲労が溜まったり、思わぬ事故や体の故障につながりかねない。筋肉は高齢になっても鍛えれば増やすことができるので、自分のペースで焦らず着実に運動量を増やしていけるように心掛けることが重要なのだ

【図4】朝の激しい運動は控える

え？
STOP
朝起きてすぐに散歩をする人がいるが、起床後1時間以内は心筋梗塞や脳卒中などの心血管系の異常が最も多く発生する時間帯なので、できれば避ける。中強度活動は、朝よりも夕方に行うとよい

自分の体と相談しながら歩く

「1日平均8000歩以上、中強度活動を20分以上」は手軽な運動ですが、より持続的に行うためにはポイントがあります。夕方に行い、雨の日や寒い日は無理をせず、歩き過ぎによる慢性疲労やケガを引き起こさないように注意することです【図4】。

ちなみに、身体活動量計を使うと、それだけで歩数が約2000歩も増えることが分かっています。客観的なデータをもとに自分自身の生活を振り返りながら、無理なく歩数増につなげましょう。

【図5】焦らずじっくり運動量を上げていく

今の生活スタイルで、1日の平均歩数が8,000歩に満たなくても焦りは禁物。いきなり8,000歩を目指す必要はないので、無理せず少しずつ歩数を増やしていこう。一般的にたくさん歩くほど健康によいと思われているが、病気を防ぐ効果は12,000歩で頭打ちになるという研究結果も出ている。歩きすぎは慢性疲労につながり、ケガや病気の原因となるので注意

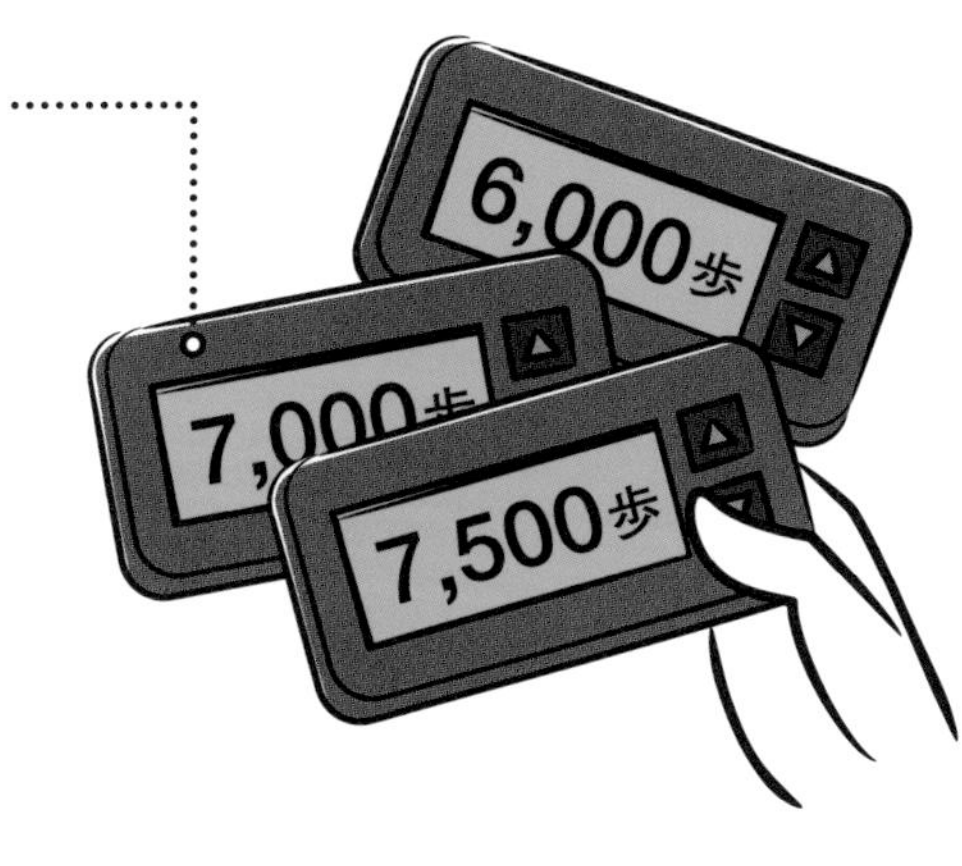
6,000歩
7,000歩
7,500歩

今日は
本でも
読むか…
建築知識

「1日8,000歩、中強度活動20分」の指標は、あくまでも1年間の平均値。雨の日や猛暑日、寒い日などの無理は危険。あらかじめ季節ごとの歩数や中強度活動の目標値を決めておくことをお勧めする

監修：東京都健康長寿医療センター研究所 青柳幸利

実例

1階洗濯機から2階バルコニーへ 毎日運動ができる家!

改 修で階段を南北逆に架け替えた住宅。改修前は、洗面脱衣室を出て廊下を通り玄関ホールへいたり、そこから階段を上がり、2階ホールから振り返って廊下を歩き、バルコニーに出るという間取りだった。改修前のほうが移動による運動量が多かったが、あまりにも長すぎる家事動線は運動への意欲を削いでしまう。ここでは、階段の向きを変えることで、洗濯機からバルコニーまでがほぼ直線でつながり、階段を使った中強度活動にストレスを感じないようにした。

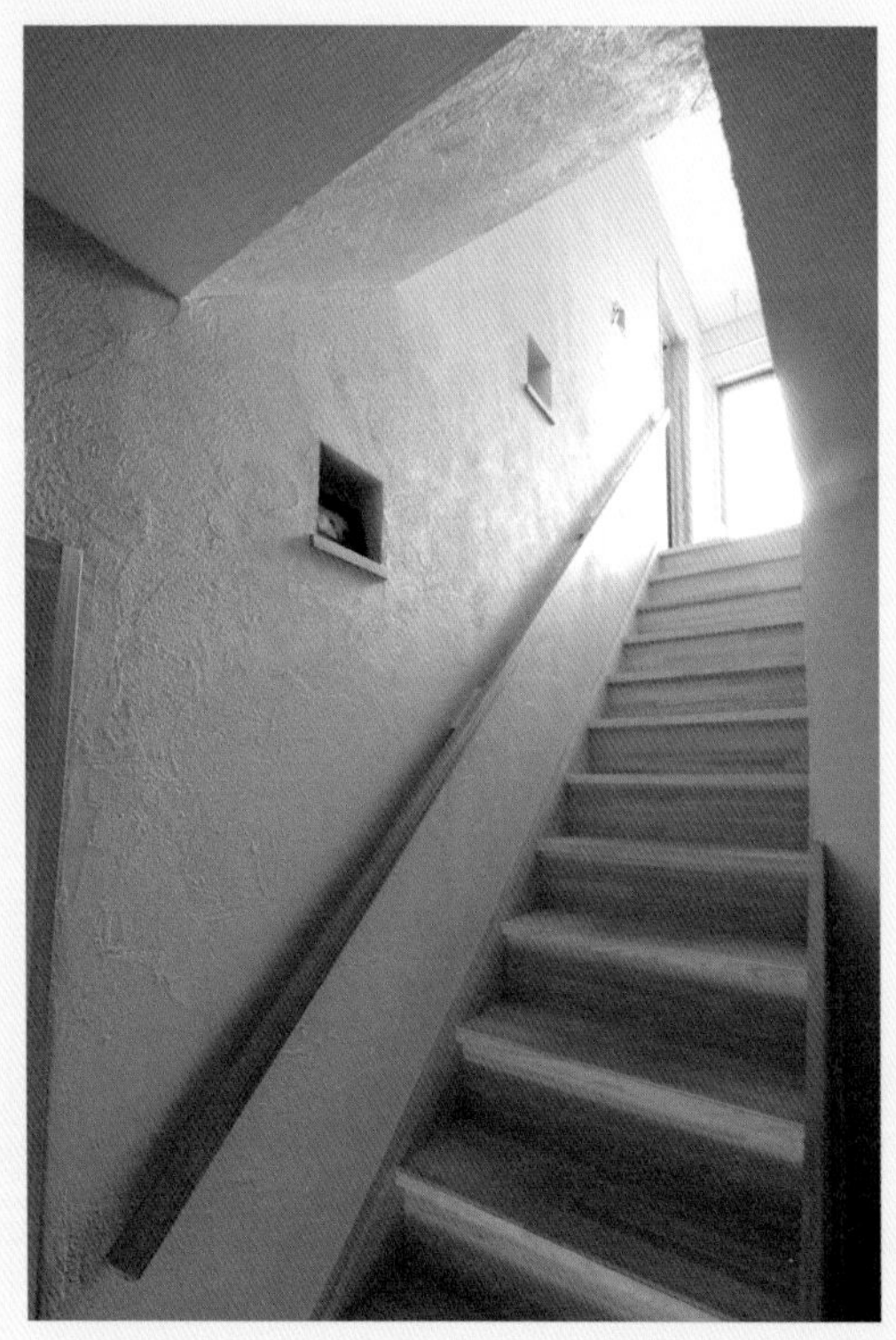

バルコニーからの明るい光が1階まで差し込んでくる。階段の安全性を高めるためには、踏面を大きく蹴上げは小さくするのが基本。筆者の場合、蹴上は200㎜以下、踏面は230㎜(飲込み部分を足すと260㎜)以上を目安としている。さらに、段鼻に滑り止めのパーツを付けるとより安心

「FK邸」設計・写真:アトリエ・ヌック建築事務所

2

運動

早歩き

\ 長寿ポイント /

1階の洗濯機から2階のバルコニーへ上がる階段で中強度運動ができる。頻繁に行き来するキッチンと洗面脱衣室は近くに配置

バルコニーは全長約9mで洗濯物を一気に干せる。干した洗濯物はすぐに各部屋に片づけることができる

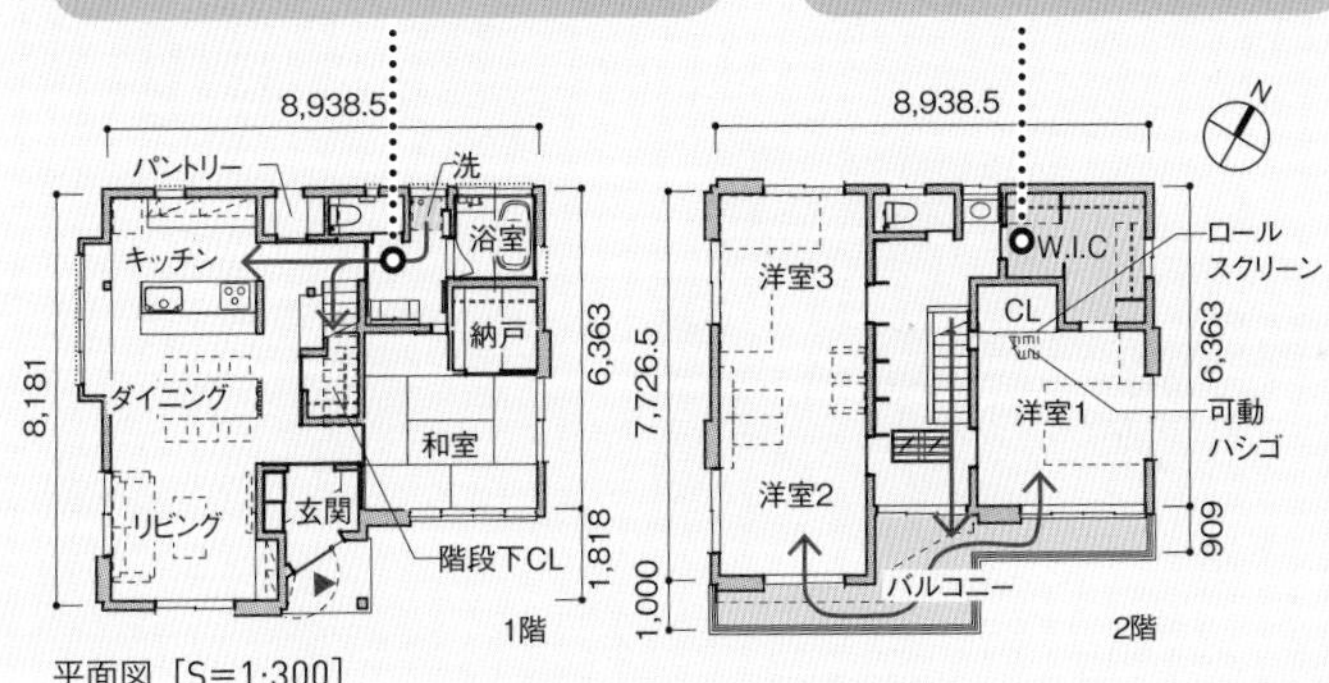

8,938.5
パントリー
洗
浴室
キッチン
納戸
ダイニング
和室
リビング
玄関
階段下CL
8,181
6,363
1,818
1階
8,938.5
洋室3
W.I.C
ロール
スクリーン
CL
洋室1
可動
ハシゴ
洋室2
バルコニー
7,726.5
6,363
909
1,000
2階

平面図［S＝1:300］

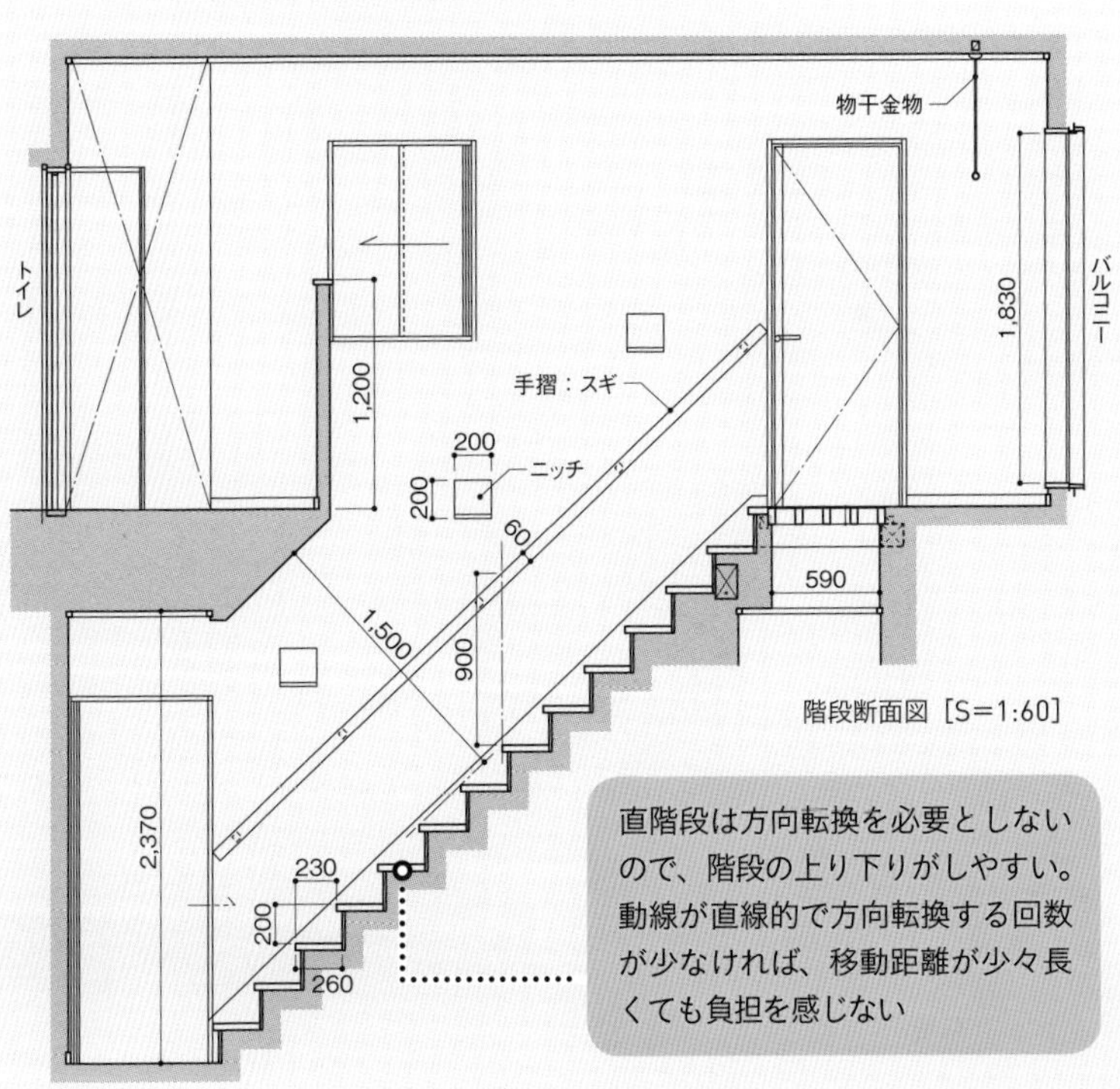

物干金物
レイト
バルコニー
1,830
1,200
手摺：スギ
200
ニッチ
200
60
590
1,500
900
2,370
230
200
260

階段断面図［S＝1:60］

直階段は方向転換を必要としないので、階段の上り下りがしやすい。動線が直線的で方向転換する回数が少なければ、移動距離が少々長くても負担を感じない

実例

ゆったりと長いアプローチで外出と歩行を促す

飛び石と緑を配した長いアプローチ。十分な幅があり、歩きやすい

勾配が急で歩きづらい階段は外出する意欲を削いでしまい運動量の減小につながりやすい。階段の段差を緩やかにして緑を設けるなど、外出（運動）を促す環境を建物で整えることが大切だ。

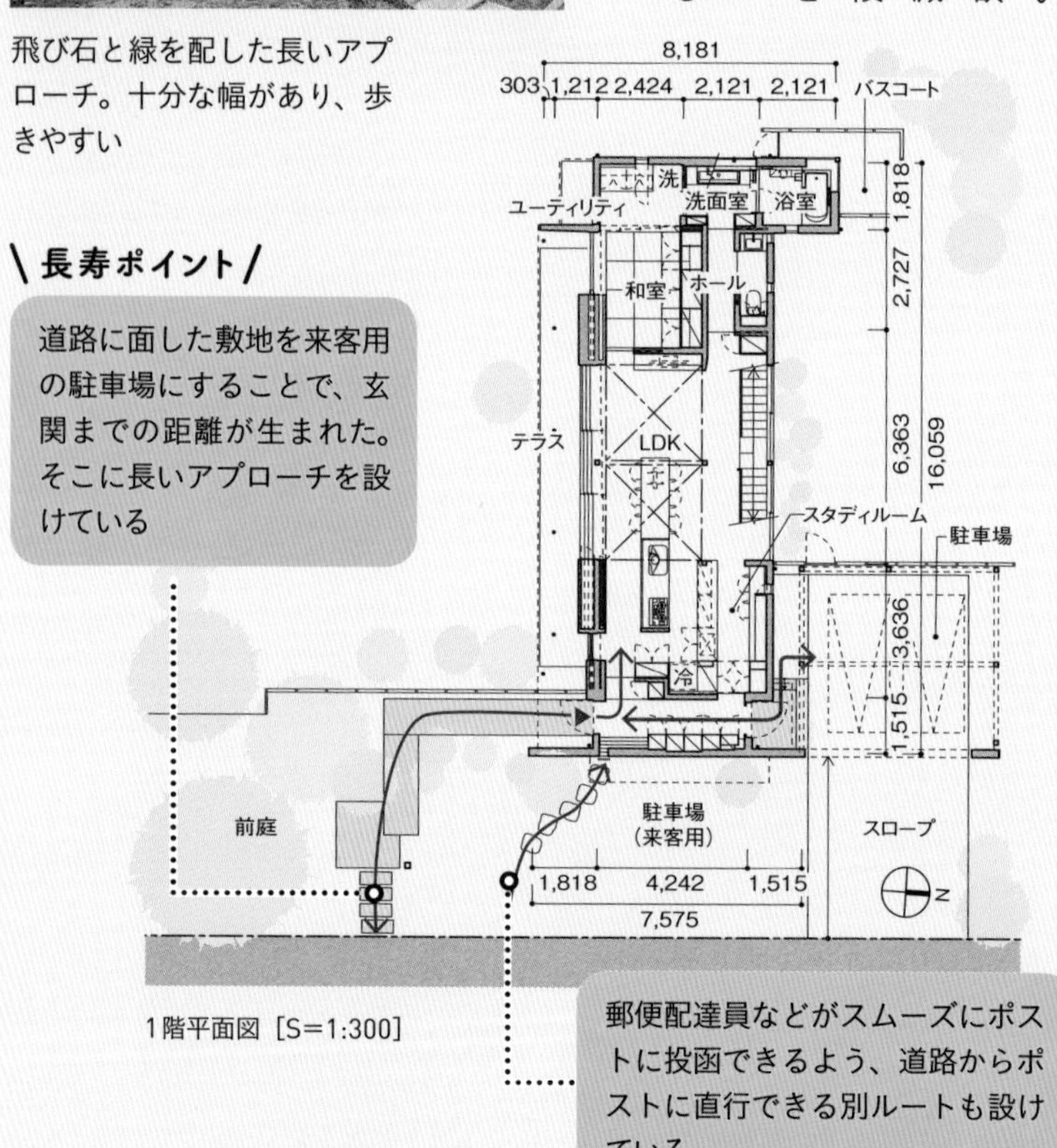

8,181
303
1,212
2,424
2,121
2,121
バスコート
洗
洗面室
浴室
ユーティリティ
1,818
2,727
和室
ホール
テラス
LDK
6,363
16,059
スタディルーム
駐車場
3,636
冷
1,515
前庭
駐車場
（来客用）
スロープ
1,818
4,242
1,515
7,575
N

1階平面図［S=1:300］

長寿ポイント

道路に面した敷地を来客用の駐車場にすることで、玄関までの距離が生まれた。そこに長いアプローチを設けている

郵便配達員などがスムーズにポストに投函できるよう、道路からポストに直行できる別ルートも設けている

玄関ポーチは壁の下部をオープンにすることで太陽の光と緑を取り込み、足元に明るさを確保している

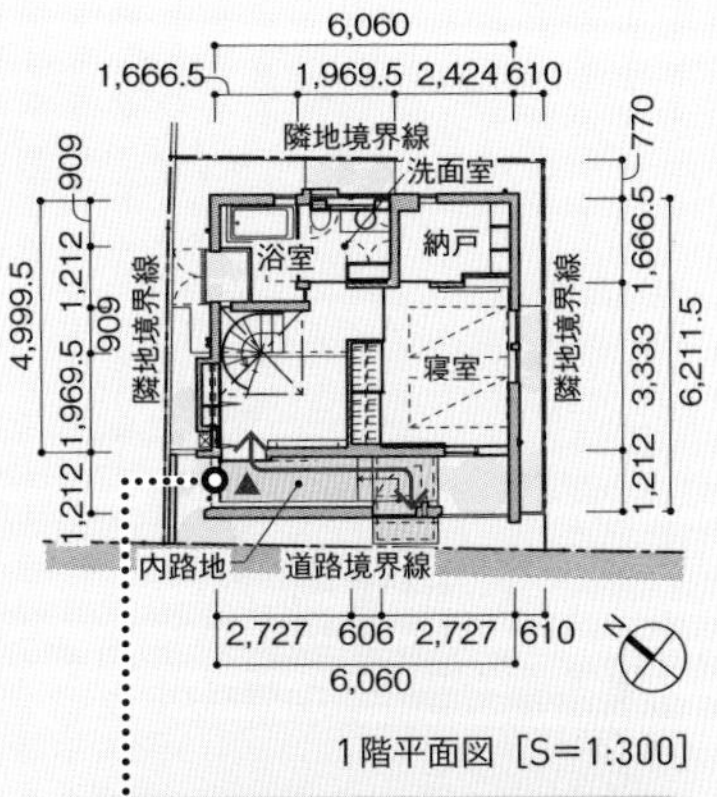
6,060
1,666.5
1,969.5 2,424 610
隣地境界線
洗面室
770
909
浴室
納戸
4,999.5
1,212
909
1,969.5
隣地境界線
寝室
隣地境界線
1,666.5
3,333
6,211.5
1,212
1,212
内路地
道路境界線
2,727 606 2,727 610
6,060

1階平面図［S=1:300］

18坪弱の敷地に建つ小さな住まいではあるが、道路と並行して半屋外の玄関ポーチ（アプローチ）を設けることで、家と街の間に歩ける距離をとっている

玄関ポーチのなかの小さなスペースに植物を植えてアプローチ空間に潤いを与えている

玄関ポーチの足元を開ければ、プライバシーは守りつつ明るく風通しのよい空間になる

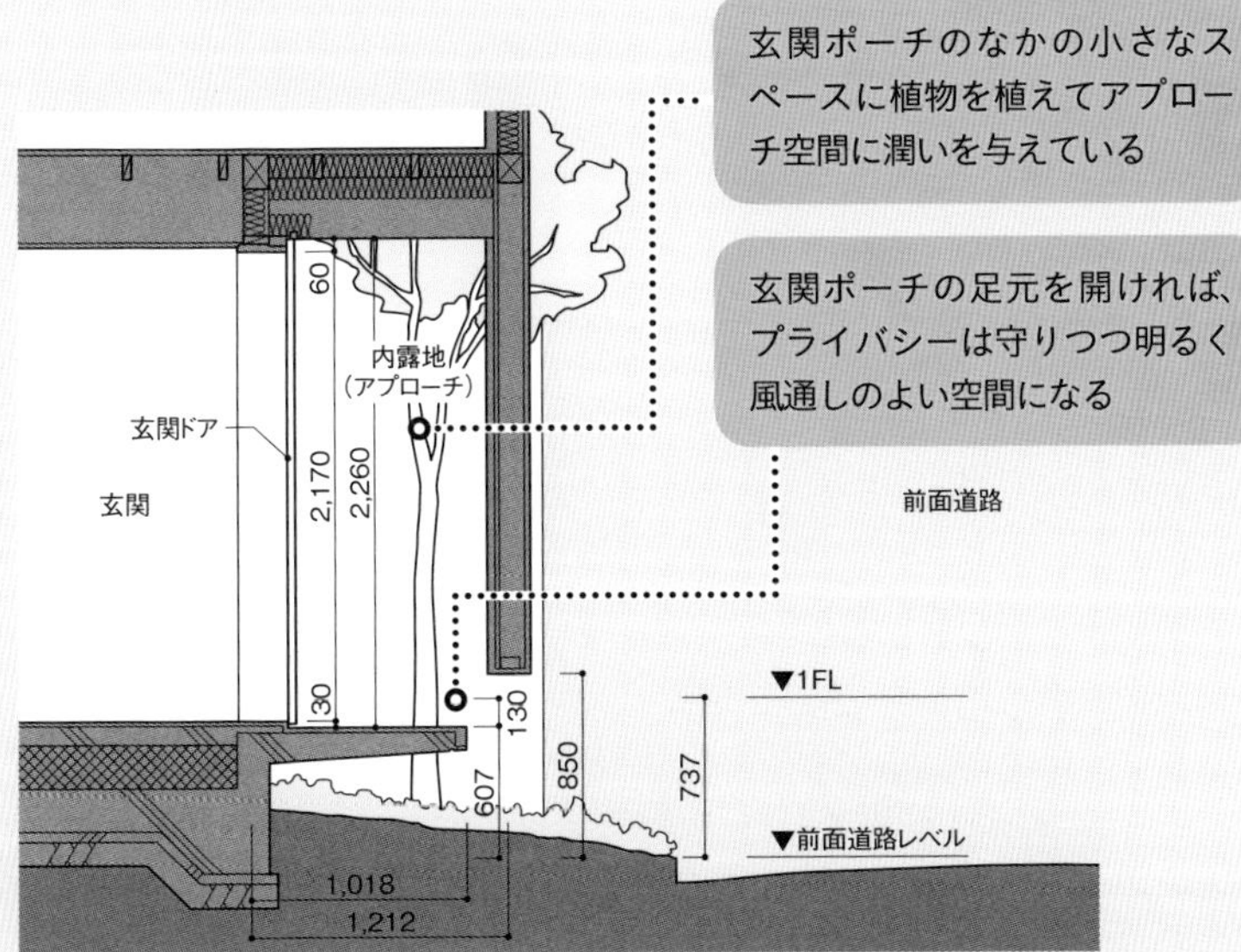
60
内露地
（アプローチ）
玄関ドア
玄関
2,170
2,260
前面道路
30
130
▼1FL
607
850
737
▼前面道路レベル
1,018
1,212

断面図［S=1:60］

 「内露地の家」設計・写真：遊空間設計室

実例

広々スロープ階段で暮らしに運動を取り込む

大胆に、建物の幅いっぱいに階段を設けることで、階段室を居室のように使っている。上下移動だけの場所になりがちな階段がくつろぎの場となり、上り下りの運動も増える一石二鳥の住宅である。階段の一部をスロープにすれば、年をとってからの上下階の移動も安心だ。

広々とした階段を上った先には、高さを抑えた開口部から光と緑が見える。光と緑は人を呼び込み、運動を促す効果がある

\ 長寿ポイント /

建物の幅いっぱいに設けた階段とスロープ。ダイニングテーブルの半分は階段に乗っており、階段に座っても使うことができる。階段が身近にあれば、中強度活動が自然と促される

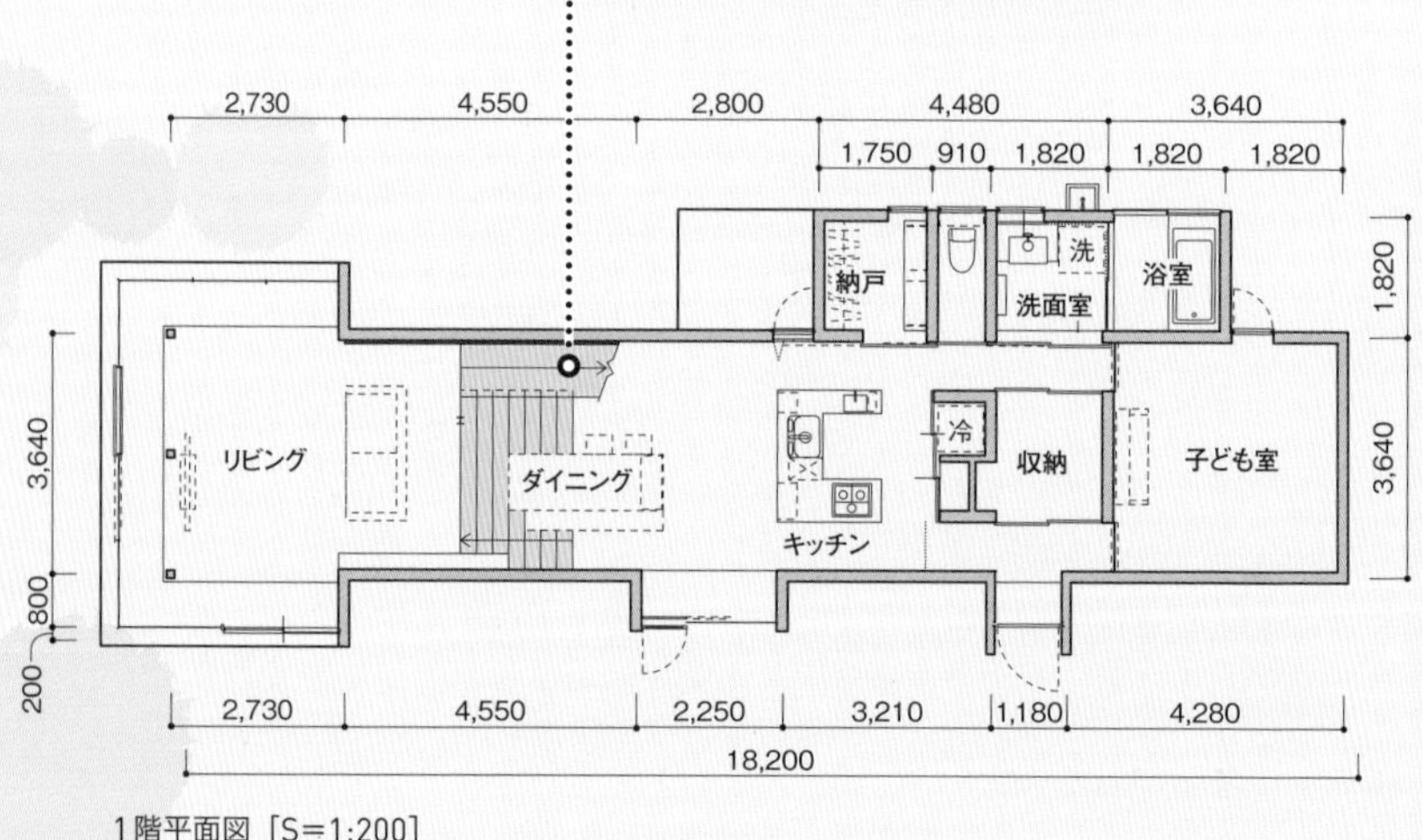
2,730
4,550
2,800
4,480
3,640
1,750
910
1,820
1,820
1,820
納戸
洗
洗面室
浴室
1,820
冷
リビング
ダイニング
キッチン
収納
子ども室
3,640
3,640
800
200
2,730
4,550
2,250
3,210
1,180
4,280
18,200

1階平面図［S=1:200］

「A邸」設計・写真：服部信康建築設計事務所

＼長寿ポイント／

キッチン、ダイニング、リビング、寝室に間仕切はない。スキップフロアの高低差でほどよくつながり、「ちょっとあっちに行こう」と積極的に移動を楽しめる断面計画となっている

この階段とスロープは、一般的な住宅に比べて勾配が緩やか。高齢者や子どもでも安全に上り下りできる

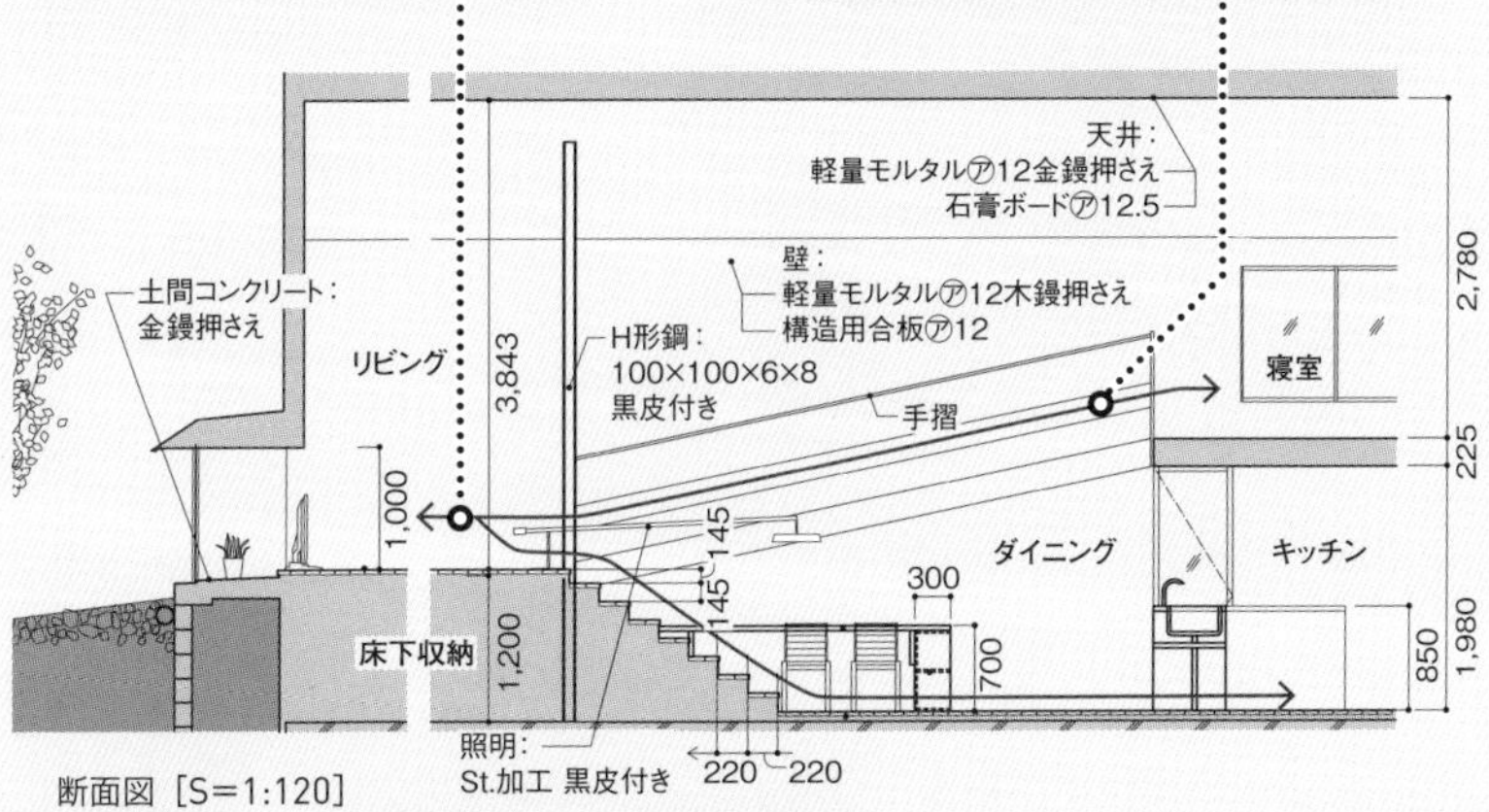
天井：
軽量モルタル㋐12金鏝押さえ
石膏ボード㋐12.5
壁：
軽量モルタル㋐12木鏝押さえ
構造用合板㋐12
土間コンクリート：
金鏝押さえ
リビング
H形鋼：
100×100×6×8
黒皮付き
手摺
寝室
3,843
1,000
145
145
300
ダイニング
キッチン
床下収納
1,200
700
850
1,980
2,780
225
照明：
St.加工 黒皮付き
220
220
断面図［S＝1:120］

階段の段板が飛び出したようなダイニングテーブル。リビングの床から延びる印象的な照明がテーブルの上を照らす

CASE 11

太ももが太い人は長生き!? 自宅で楽しく筋トレする

階段の昇降で使われる筋肉
階段の踏み面は広め（200㎜以上）に取る。照明は足元灯を設けるなどして安全性を確保する
大腿四頭筋
中臀筋
大臀筋
腓腹筋
前脛骨筋
階段の昇降にはさまざまな筋肉がかかわっている。太もも前側の「大腿四頭筋」はこの動作で鍛えやすい筋肉。大きな筋肉なので、ここを鍛えることで体全体へのよい影響が期待できる
太ももの太さは全身の筋肉量の指標になる

Point!

- 筋肉を大きくしてエネルギー消費を上げよう
- 階段は少し腰を落としてゆっくり上るのがポイント

下半身の筋トレに効果的な階段の上り方

筋肉は元気のモト
今日も効いてる効いてる♡
グッ
グッ

階段の上り方をひと工夫して、太ももの前側の筋肉を鍛える

腰を心持ち低く下げ、通常の2倍程度の時間をかけて1段をゆっくり上る。何度か繰り返すと大腿四頭筋に負荷がかかり、少し熱くなる感覚を覚える

日常生活のなかで筋肉を育てる

人の健康に関わる筋肉の働きには、大きく分けて次の3つがあります。1つ目は、体の動きの源になる「運動器」としての働き。2つ目は、体温を生み出す「熱源」としての働き。3つ目は「内分泌器官」［※1］としての働きです。

さまざまな役割を担っている筋肉ですが、加齢に伴い筋肉量は減少します。特に下半身の筋肉の減少は顕著で、この筋肉が衰えると日常的な動作に大きな支障が出てしまいます。また、体積の大きな足腰の筋肉が減ると、熱源として

太ももが太い人ほど長生きする!?

太ももの太さは全身の筋肉量の指標になるが、このグラフを見ると太ももが細い人ほど死亡率が高いことが分かる。「内分泌器官」としての筋肉の働きはまだ十分には解明されていないが、ショウジョウバエを使った実験では筋肉から血液中に分泌される生理活性物質（マイオカイン）の量が寿命に影響するという研究結果もある。足腰をしっかり使う生活を心掛けよう

【図1】男性の太ももの太さと死亡率の関係［※2］

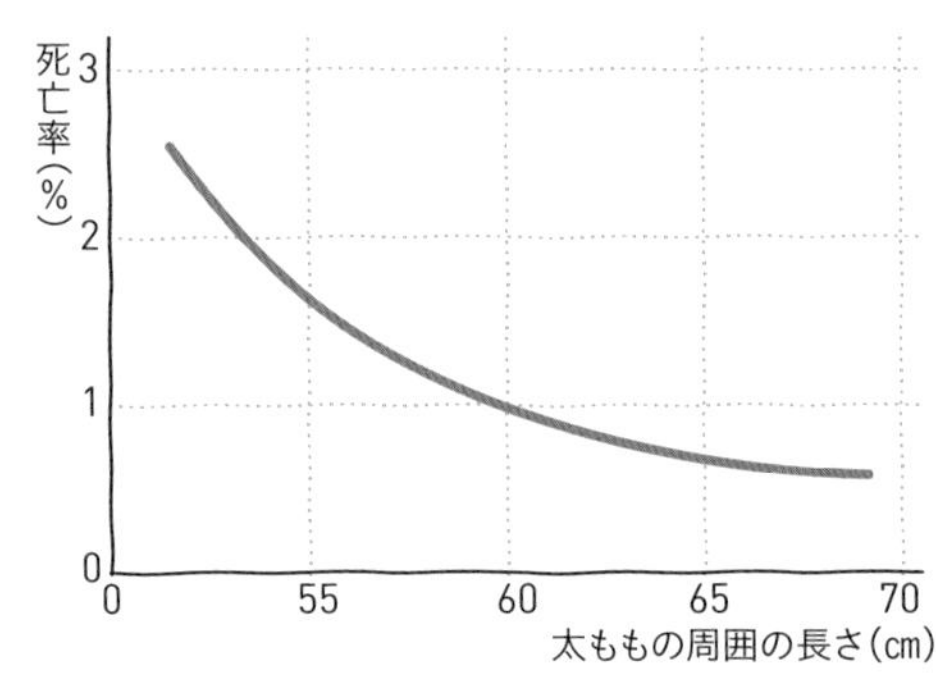
死亡率（%）
3
2
1
0
0
55
60
65
70
太ももの周囲の長さ（cm）

※2 デンマークにおける12年間の調査結果から運動習慣や喫煙、BMI（肥満度の指標）などの影響を除き、補正したもの
出典：Heitmann Frederiksen P.(2009).Thighcircumference and risk of heart disease and premature death:prospective cohort study.を元に作成

の役割が大きく低下します。この機能が低下するとエネルギー消費量が減少するため肥満や糖尿病を招き、脳卒中や認知症などにもつながりやすくなります。

筋肉の減少を防ぐには、定期的な「中強度運動」が効果的です［82頁］。これを住宅内で実践するには階段が最適。ただ上り下りを繰り返すだけではなく、腰を少しだけ下げて、重心を落とすような姿勢で、心持ちゆっくりと階段を上ると効果的です。これにより太もも前側の大きな筋肉（大腿四頭筋）の負荷が上がり、運動の効果がアップします。

なお、自宅内にトレーニング

太ももの筋肉量は加齢とともに大きく減る

太ももの大腿四頭筋から筋線維を採取し筋線維48本あたりの断面積を調べたところ、20代をピークに加齢とともに断面積が大きく減少していることが分かった。運動をしなければ、足の筋肉はどんどん衰えていってしまうのだ。しかし、筋トレを3カ月程度継続すれば、80歳を超えても、筋線維の断面積を5〜10％増加させられることも実験で明らかになっている

【図2】年齢と太ももの筋肉量の関係

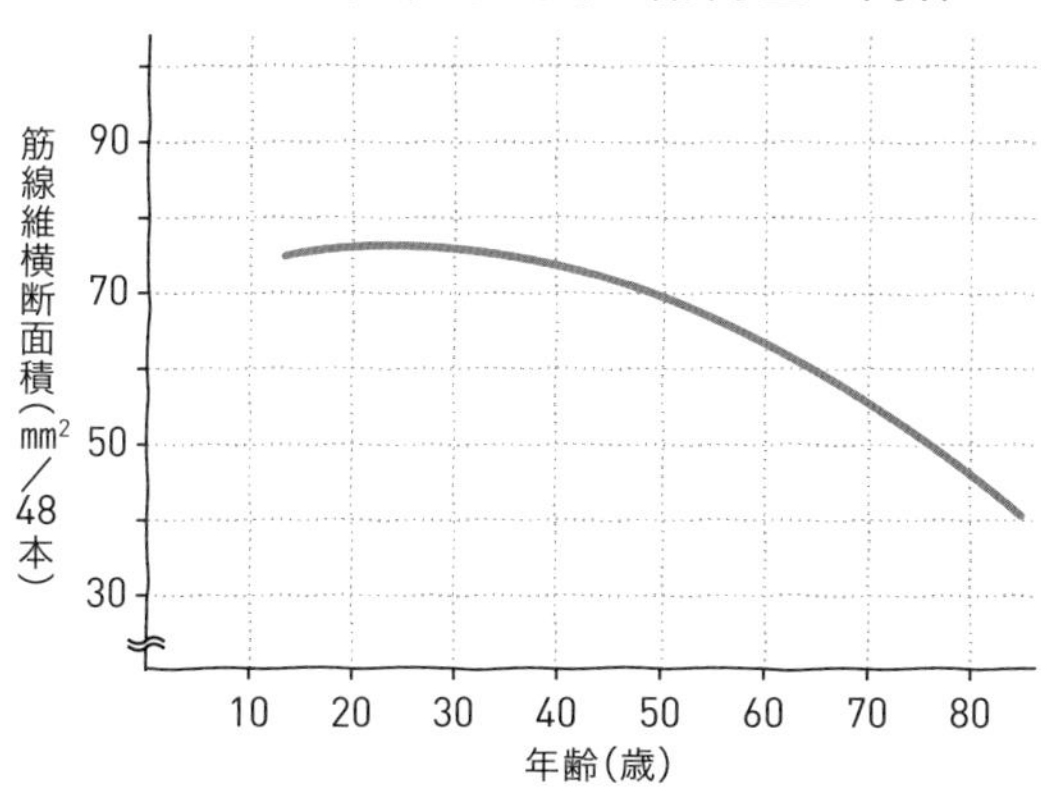
筋線維横断面積（㎟／48本）
90
70
50
30
10
20
30
40
50
60
70
80
年齢（歳）

出典：Lexell, J. Taylor, C.C. and Sjostrom, M. 1988. What is the cause of the ageing atrophy? Total number, size and proportion of different fiber types studied in whole vastus lateralis muscle from 15- to 83-year-old men. J Neurolog Sci 84: 275–294.

ルームを設ける場合は、LDKなどから離れた場所にあっても活用されなくなることが多いです。それよりも毎日必ず行き来する場所にぶらさがり棒やクライミングウォールなどを設けて、運動を習慣的に取り入れやすくするとよいでしょう。手の力で体を引き上げる動きは日常動作では鍛えにくいのでお薦めです。

監修：東京大学名誉教授　石井直方

※1　筋肉をよく動かすことで、「マイオカイン」と総称される生理活性物質が分泌される。現在盛んに研究が行われているが、マイオカインのなかには脂肪の減少を促すものや、動脈硬化を予防するものがあることが徐々に分かってきている

実例

階段を利用したぶらさがり棒で背中の筋肉を鍛える

木造3階建て住宅の階段部分にぶらさがり棒を設けた。朝起きた直後に背中と腰を伸ばし、すっきりと心地よく一日を始められるようにと寝室の出入口に設置している。懸垂（順手）は広背筋を鍛えるのに有効な運動。広背筋は日常生活ではなかなか鍛えにくい筋肉だ。

階段から寝室を見る。上部の黒いバーがぶらさがり棒

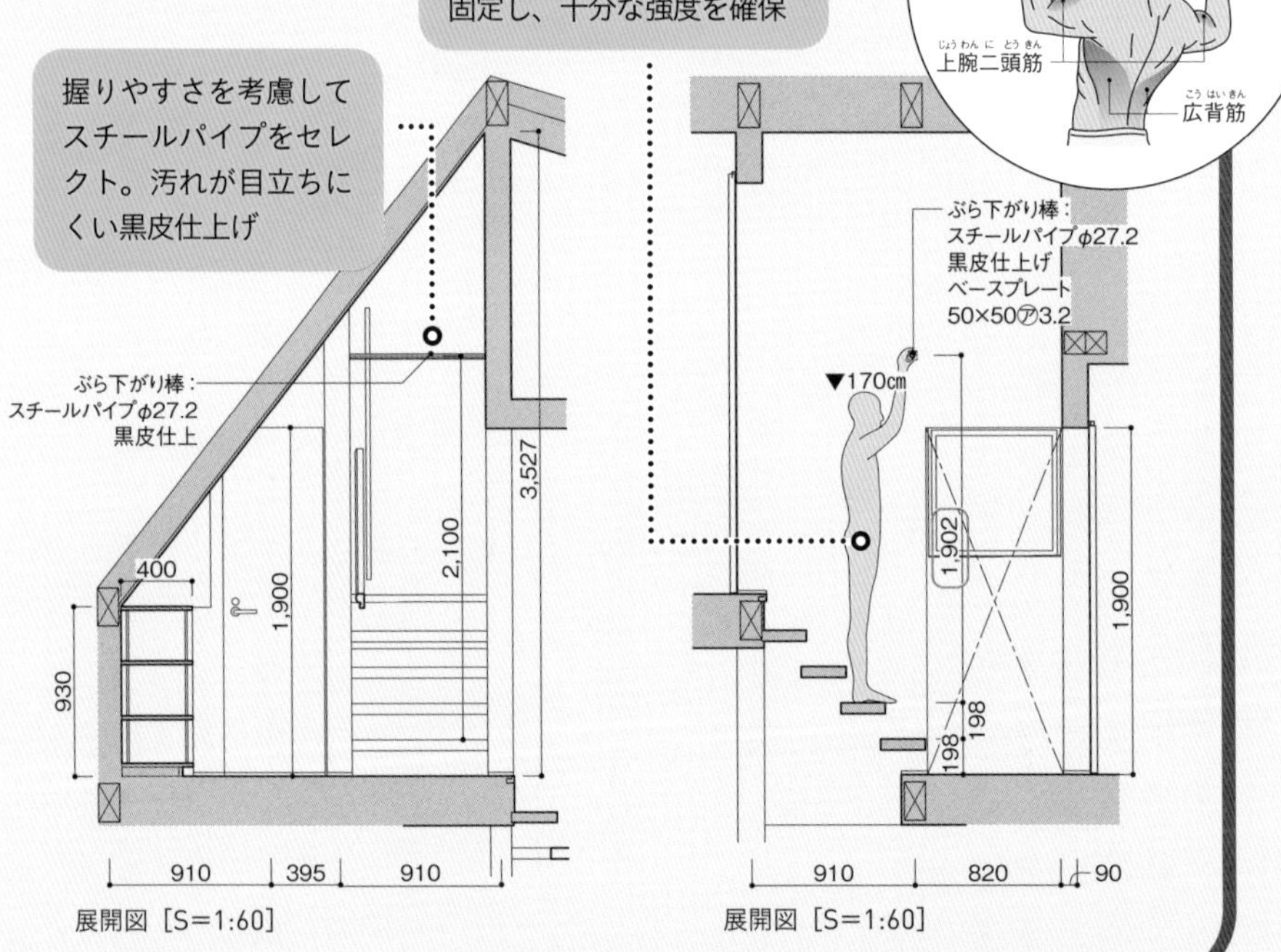

身長170cmの住まい手が階段の2段目に立って使用することを想定し、棒の高さを決定。柱を利用して棒を固定し、十分な強度を確保
握りやすさを考慮してスチールパイプをセレクト。汚れが目立ちにくい黒皮仕上げ
鍛えられる主な筋肉
手は肩幅より少し広めの位置で握る
上腕二頭筋
広背筋
ぶら下がり棒：
スチールパイプφ27.2
黒皮仕上
ぶら下がり棒：
スチールパイプφ27.2
黒皮仕上げ
ベースプレート
50×50㋐3.2
▼170cm
400
930
1,900
2,100
3,527
1,902
1,900
198
198
910
395
910
820
90

展開図［S=1:60］

展開図［S=1:60］

「MSH」設計：充総合計画、写真：充総合計画

ボルダリングで背中や腕の筋肉をバランスよく鍛える

住まい手の希望でガレージの吹抜けにクライミングウォールを設置。小さな子どもを含む、家族全員で楽しめる。ボルダリングは全身の筋肉をバランスよく使う運動だが、特に背中や腕の筋肉が鍛えられる。

クライミングウォールは安全のために床にマットが必須

三角筋後部
大円筋
僧帽筋
広背筋
鍛えられる主な筋肉

910×1,820㎜を基本モジュールとして割付けを決定。ガレージ天井のケイカル板の下端から3㎜チリを取ったところから追い出し、基準点を決めた

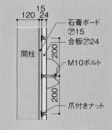

120
15
24
石膏ボード㋐15
合板㋐24
間柱
200
M10ボルト
200
爪付きナット

厚さ15㎜の石膏ボードの上に、厚さ24㎜のシナ合板を227.5㎜ピッチでビス止めして張り、強度を確保。ビス痕はダボ埋めしている。ホールド（手掛部分）は市販のボルダリングキットを使用

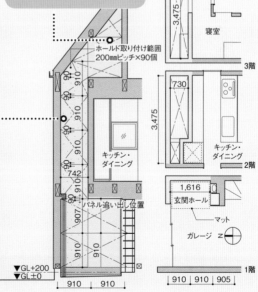

ホールド取り付け範囲
200㎜ピッチ×90個
キッチン・ダイニング
パネル追い出し位置
▼GL+200
▼GL±0
910　910

クライミングウォール部断面図［S＝1:100］

1,656
3,475
寝室
3階
730
3,475
キッチン・ダイニング
2階
1,616
玄関ホール
マット
ガレージ
1階
910　910　905

平面図［S＝1:150］

「四谷三丁目の家」設計・写真：レベル・アーキテクツ

CASE 12

浴室の安全性を左右する 手摺の適切な配置方法

横手摺だと安心…

安全かつスムーズに浴槽まで移動できるように、腰をかがめなくてもつかみやすい高さに横手摺を設置する（高さ760㎜程度）

イイネ！
イイネ！
イイネ！
イイネ！

可能であれば出入口近くにも横手摺を設ける。出入口付近で万が一つまずいても安心

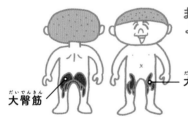

またぎ動作でよく使う筋肉

大臀筋

大腿四頭筋

Point!

- 体を安定させるには横手摺が効果的
- 浴槽の出入口は引戸にして幅650㎜以上にする
- 浴槽側の壁にも横手摺を設置するとさらに安心

浴室でのすべり・転倒の危険

【図1】浴室でのヒヤリ・ハットや危害の体験

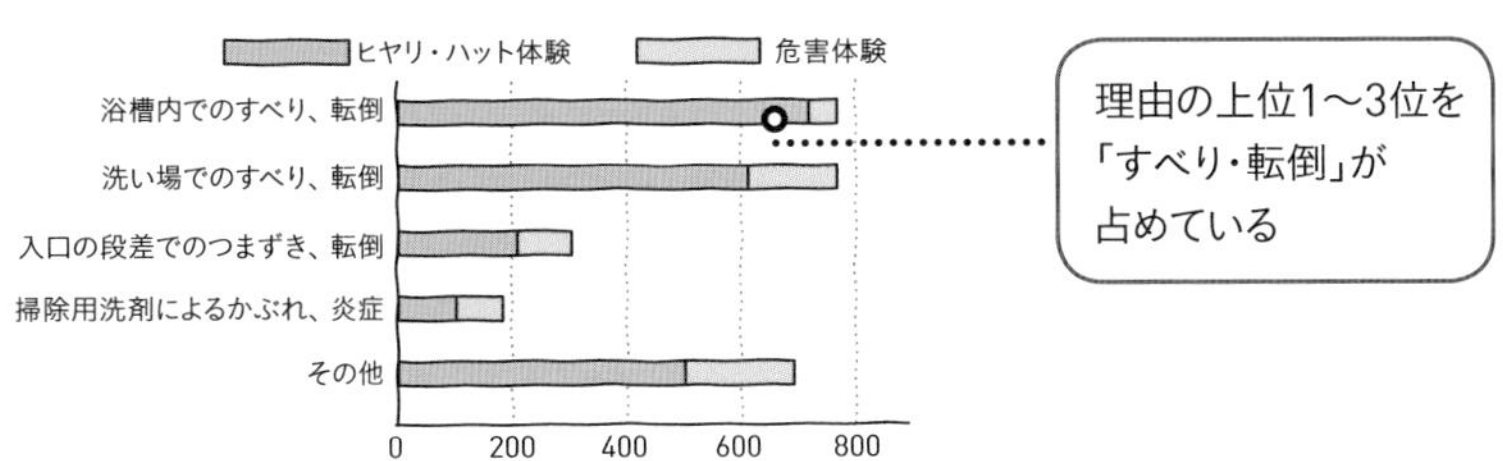
ヒヤリ・ハット体験
危害体験
浴槽内でのすべり、転倒
洗い場でのすべり、転倒
入口の段差でのつまずき、転倒
掃除用洗剤によるかぶれ、炎症
その他
0
200
400
600
800
理由の上位1〜3位を「すべり・転倒」が占めている

すべり・転倒は高齢者に限らない

【図2】浴室でのヒヤリ・ハットや危害の経験年齢

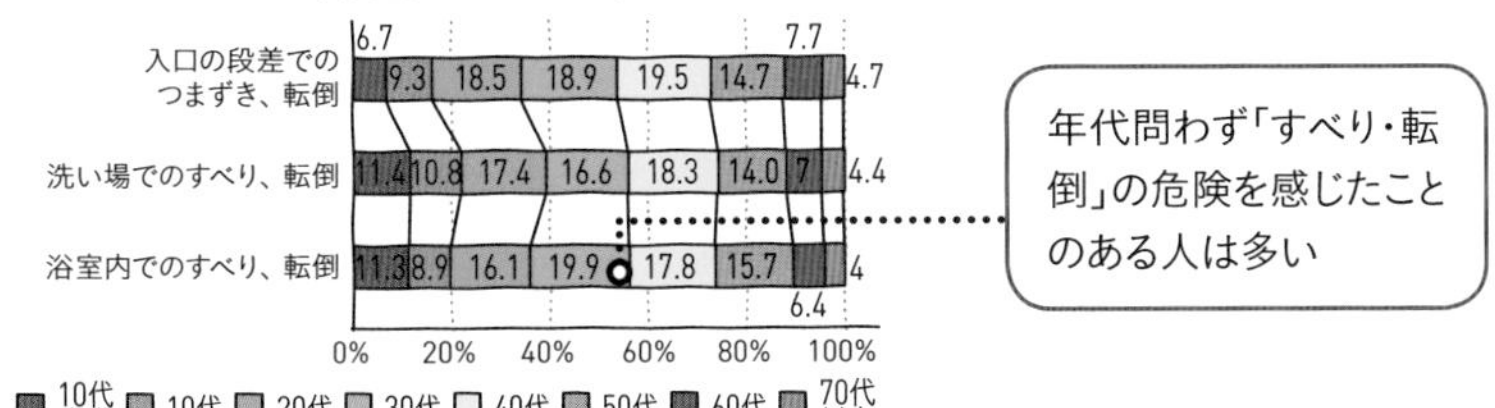
入口の段差でのつまずき、転倒
6.7
9.3
18.5
18.9
19.5
14.7
7.7
4.7
洗い場でのすべり、転倒
11.4
10.8
17.4
16.6
18.3
14.0
7
4.4
浴室内でのすべり、転倒
11.3
8.9
16.1
19.9
17.8
15.7
6.4
4
0%
20%
40%
60%
80%
100%
10代未満
10代
20代
30代
40代
50代
60代
70代以上
年代問わず「すべり・転倒」の危険を感じたことのある人は多い

図1・2出典：東京都生活文化局消費生活部生活安全課調べ「浴室等に潜む危険」

浴室での移動は油断禁物！

浴室は、住まいのなかでも特に安全性が気になる場所です。東京都が都内在住の男女400人に行った調査［図1・2］［※1］によると、浴室における「ヒヤリ・ハット」［※2］や危害（事故）体験の件数は2124件。同時に調査した洗面所の911件に比べて2倍以上の数字でした。半数以上の人が「浴槽内や洗い場でのすべり・転倒の経験あり」と回答しています。

浴室内でのすべり・転倒の危険性は、高齢者に限ったことではあ

横手摺は縦手摺に比べて体のサポート力が高い

TOTOは、浴槽をまたいで入浴する際の浴室での動作を三次元動作解析と筋骨格解析から検証。その結果、大腿四頭筋や大臀筋などの主要な筋群が活動している［※4］ことが分かった。システムバスの「サザナFタイプ」は横手摺を適切な位置に配置することで、浴室内の移動や浴槽またぎが楽になるように、デザインされている。この横手摺は、シャワー用のベンチカウンターの背もたれとしても機能する形状になっているので、浴室内で悪目立ちせず、その存在が意匠的に気にならない

「サザナＦタイプ」（TOTO）に設けられた横手摺の様子。窓側の壁に設けられた浴槽用の横手摺だけでなく、奥の壁に設けられたベンチカウンター用の白い背もたれも横手摺として使用できる

※4　浴槽をまたぐ動作では、細かく見れば非常に多くの筋肉が使われる。ここでは「着地時」の動作に絞り、その際に使われる主要な筋群を取り上げている

りません。子どもから大人まで、満遍なくヒヤリ・ハットを経験していることが図2の調査結果から読み取れます。浴室には誰もが使いやすく安心して使えるための工夫が必須なのです。

浴室内での転倒を予防するには移動や立ち座り、またぎ動作をサポートする手摺が有効です。手摺がある場合とない場合で洗い場から浴槽内に移動する人の動きを詳細に検証［※3］したところ、手摺を使うことでより安定して移動できることが分かりました。特に、洗い場や浴槽廻りは縦手摺ではなく横手摺を使用すると、体を支える領域が広がり、サポート時

【図3】縦手摺と横手摺のサポート時間と体を支える領域の違い

縦手摺

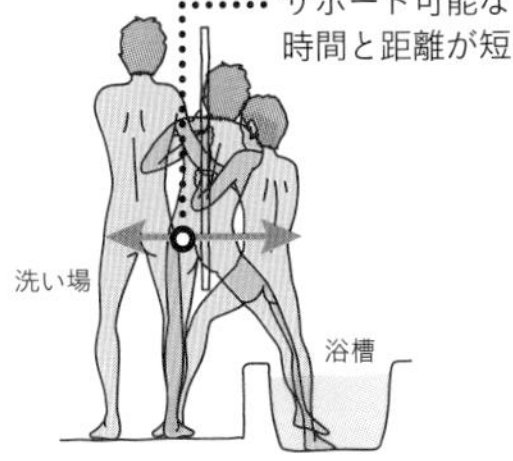
サポート可能な
時間と距離が短い
洗い場
浴槽

体を支える領域が狭い

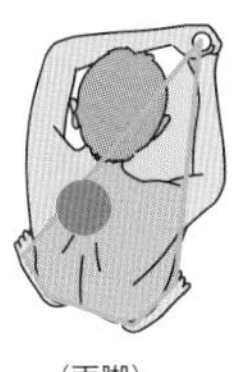
（両脚）

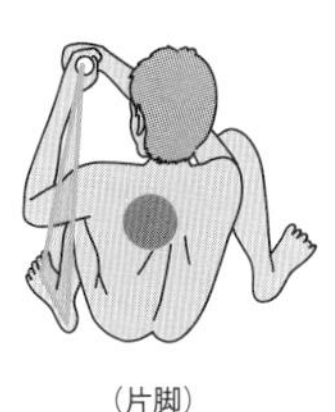
（片脚）

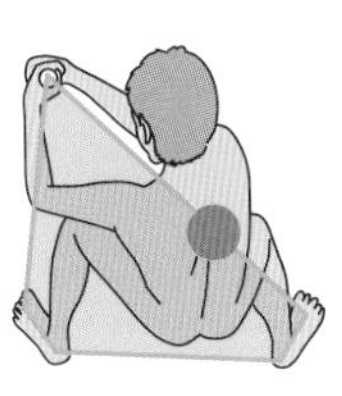
（両脚）

横手摺

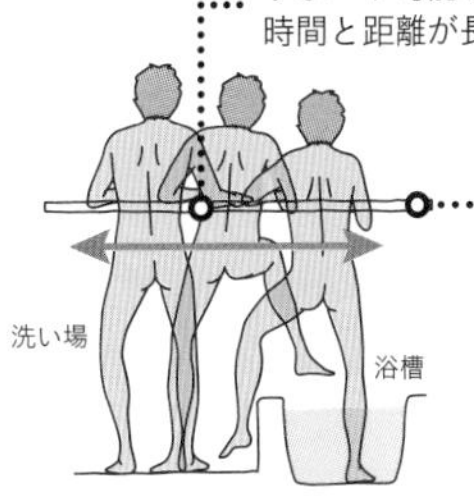
サポート可能な
時間と距離が長い
洗い場
浴槽

体を支える領域が広い

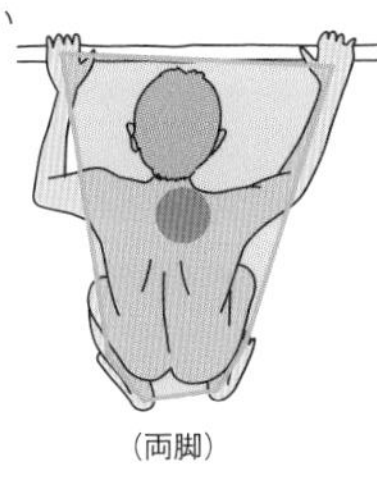
（両脚）

（片脚）

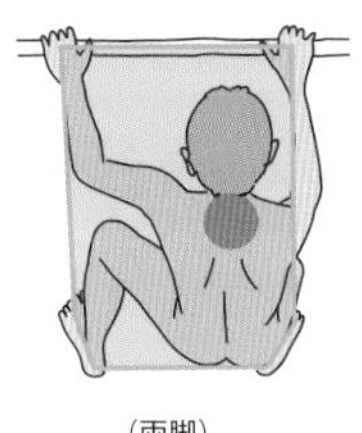
（両脚）

指先の力
引っ掛かり 10㎜
10°

手の平側をフラットにして、指先にかかる部分に10°ほどの傾きをつけると、握る際に力を込めやすくなる

資料提供：TOTO総合研究所
（協力：東北大学病院）

間も延びるため、かなり動きが安定することが検証されています【図3】。横手摺は浴槽などのラインに沿って設置すれば、意匠的になじませやすいのも利点です。

監修：TOTO

※1 回答者は、都内に在住する満20歳以上の男女4000人。男女比は男性51.9%、女性48.1%。年代属性は20代、30代、40代、50代がそれぞれ20.8%、60代以上が17.0%となっている

※2 結果的に重大な事故にはいたらなかったものの、事故に直結してもおかしくなかった事例のこと

※3 人物や物体の動きをデジタルで記録するモーションキャプチャー技術を使い、東北大学病院協力のもと、TOTO総合研究所が行った実験

子どもから高齢者まで 使いやすい浴室を選ぼう［※5］

裸で使用する浴室は、誰もが無防備になる場所。すべりや転倒による事故を未然に防ぐためには、手摺の設置だけではなく、床材や小さな段差にも細かく気を配り、安全性に配慮する必要がある。また、ヒートショック［14頁］を予防するために温熱環境にも留意しておきたい

照明はメンテナンス性がよく、十分な明るさのあるものを選ぶ。光源が直接目に入らないタイプであれば目にも優しい

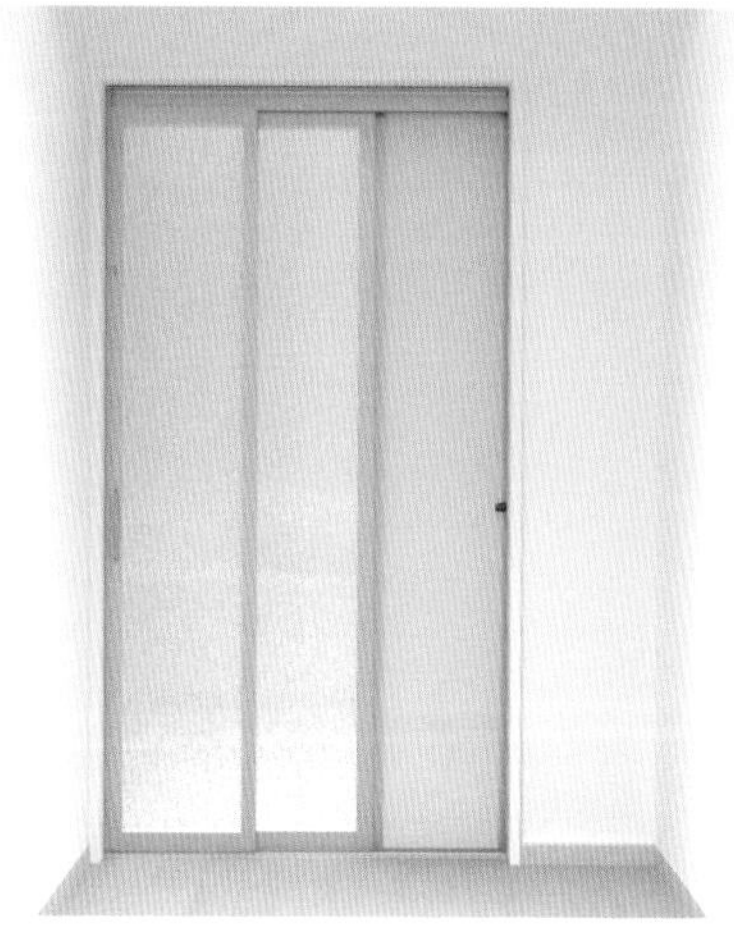

出入口の段差はなくす。有効開口幅は650㎜以上を確保すると、介護が必要になった際に介助者がサポートしながら入浴できる。ドアはスペースを取らず、立ち位置を変えずに楽に開閉できる引戸がお薦め。2連引戸にすれば戸袋がコンパクトになり余計なスペースを取らない

※5　この頁の内容は「TOTOバリアフリーブック 住まいの水まわり編2019」をもとに編集部が作成

【図4】横手摺の浴室プラン

窓・温熱環境
窓は断熱窓とする。冬場の寒さに配慮し、浴室暖房装置も設置するとよい

横手摺
窓側の壁だけでなく、浴槽内や出入口付近にも横手摺を設置

背もたれ兼横手摺
シャワーベンチの背もたれは浴槽をまたぐ際の横手摺としても使える。高さは洗い場の床から750～850㎜に設定。立ってまたぐ動作が難しい場合は、シャワーベンチからおしりを滑らせて浴槽内に入ってもよい

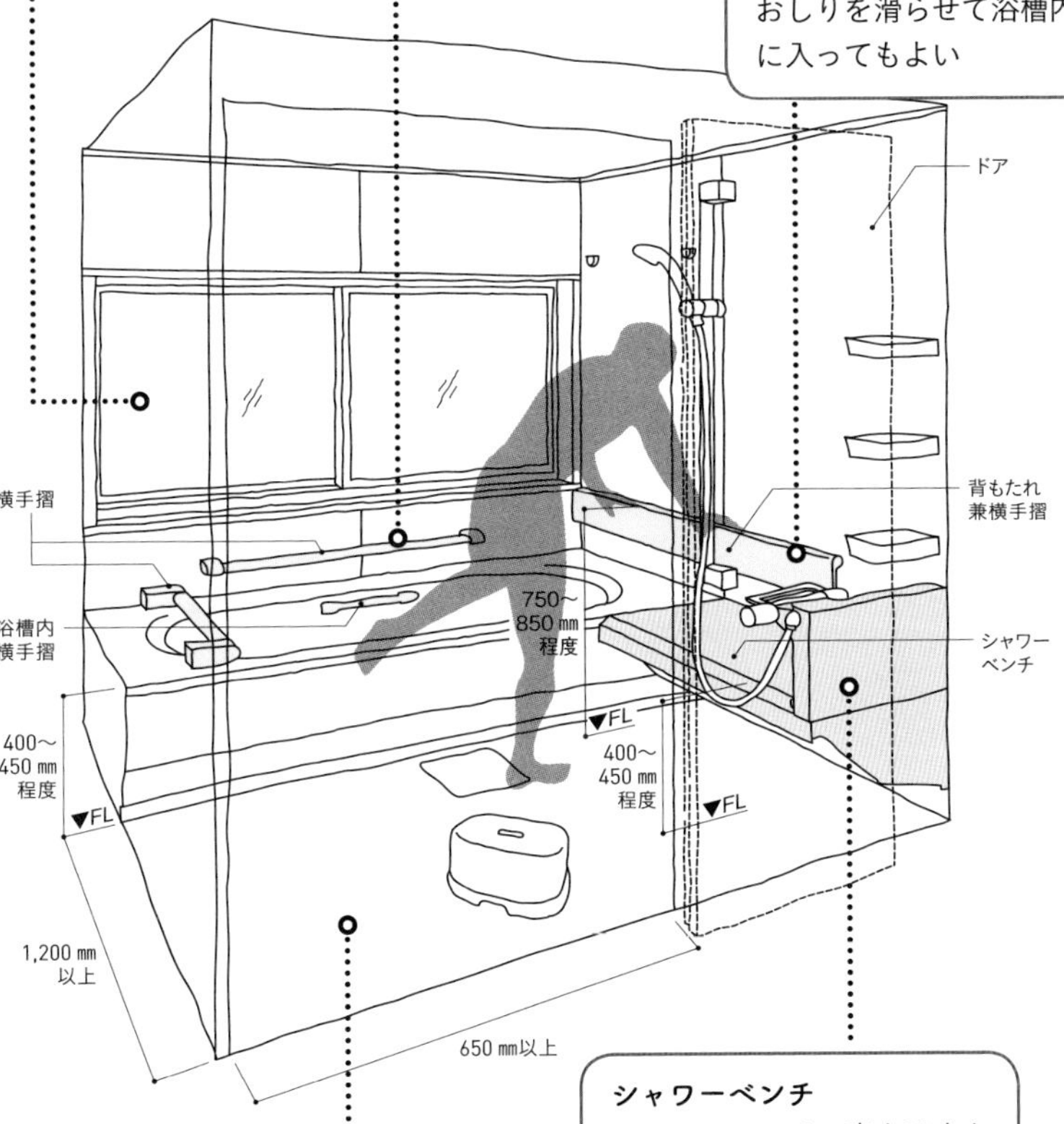
ドア
横手摺
背もたれ
兼横手摺
750～
850㎜
程度
浴槽内
横手摺
シャワー
ベンチ
400～
450㎜
程度
▼FL
400～
450㎜
程度
▼FL
▼FL
1,200㎜
以上
650㎜以上

広さ・床材
浴室スペースは、戸建住宅の場合1坪程度、マンションの場合0.75坪程度を基本として考え、滑りにくく清掃性のよい床材を選ぶ。また、冬場でもヒヤッとしない柔らかい床材が好ましい

シャワーベンチ
シャワーベンチの高さは立ち座りのしやすさを考慮して400～450㎜程度の高さに設定。この高さはベンチを洗い場として使う場合にちょうどよく、浴槽の上面と同じ高さなので、おしりを滑らせて移動しやすい

CASE 13

将来を見据えた寸法計画でストレスフリーなトイレに

ケガをすると若者でもトイレは使いづらい

HELPME!
た、立てない
困った!
Young Forever
400

手摺は、高齢者や妊婦に限らず、あらゆる年代の立ち座りをサポートし、足腰の負担を減らしてくれる。若者でもケガをしたときなどに、手摺があれば安心

現在日本で使用されている一般的な便器の座面高さは400㎜。床に足が着くので踏ん張りやすく、排泄しやすい

便器前のスペースが狭いと立ち座りの際にかがみにくく、足腰に負担がかかりやすい

Point!

- 便器の隣には手摺を設置する。頑丈な棚でもOK!
- 便器の前には500㎜以上のスペースを確保する
- トイレの出入口は長辺の壁に設けて、引戸にする

手摺を設置するのに心理的・意匠的な抵抗がある場合は、手摺の代わりに、体重をしっかり支えられる頑丈な棚を設けてもよい
便器前のスペースは500㎜以上確保し、余裕をもって動けるようにしておくとよい
ホッ
備えあればうれいなし

下半身の筋肉は20歳代から衰えていく

【図1】年齢に伴う下肢筋肉量の変化〔※1〕

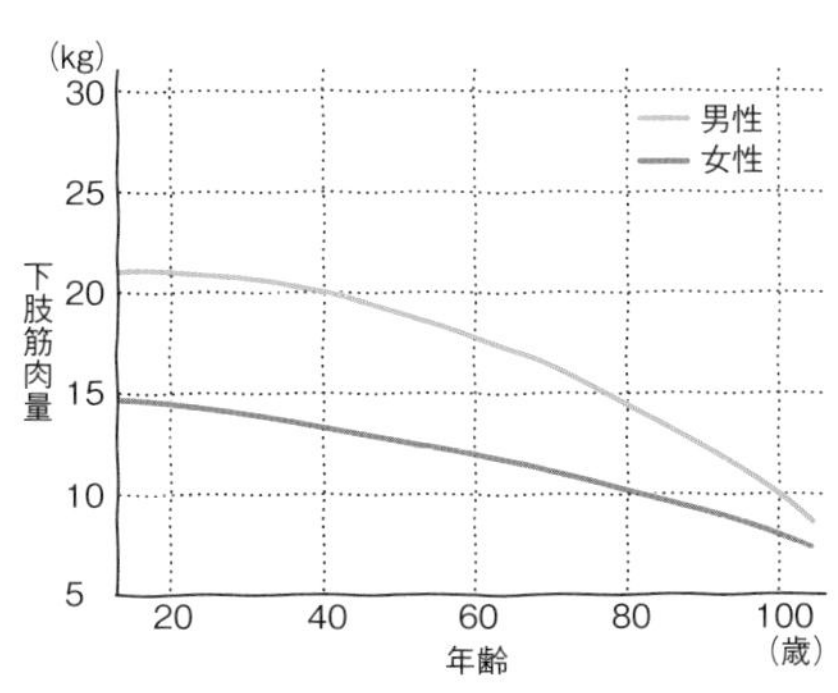
(kg)
30
25
20
15
10
5
下肢筋肉量
男性
女性
20
40
60
80
100
(歳)
年齢

筋肉の量は、加齢に伴い減少する。特に立ち座りや歩行、段差の昇降などに重要な役割を果たす下肢の筋肉量は男女ともに20代から減少が認められ、高齢期には大きく減少する。そのため、早期から筋肉量の低下予防に取り組むこと［82～101頁］が大切だ。それと同時に住宅内には筋肉量の低下を補うためのサポートも必要になる

※1 18歳以上の日本人約4,000人を対象に筋肉量
出典：「日本人筋肉量の加齢による特徴」日本老年医学会雑誌47巻1号

引戸にすれば介助者のスペースも確保しやすい

トイレのドアは引戸にすれば、廊下やトイレ内の物で開閉が妨げられることがなく、スペースも広く確保できる。3枚引戸や、車椅子も楽に入れる「ひきドア」(DAIKEN)などを、状況に合わせてセレクトしたい

【図2】トイレの引戸のパターン

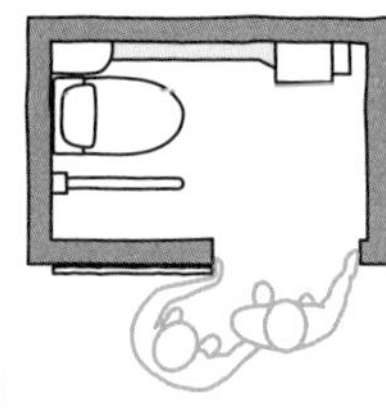

【引戸】
ドアの軌跡を気にせず開閉可能

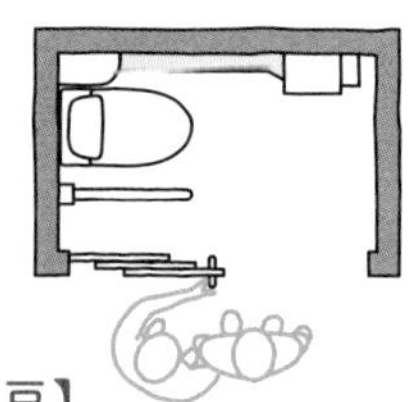

【3枚引戸】
有効開口幅をさらに広く確保できるので、掃除などもしやすい

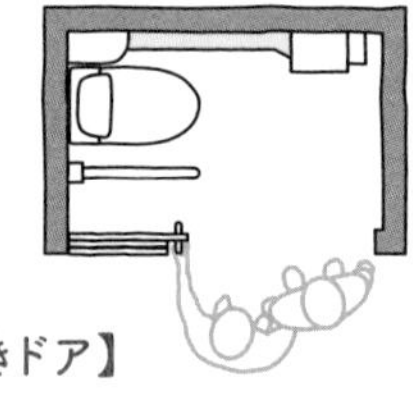

【ひきドア】
3 枚引戸の状態で閉まり、通常使用時は 2 枚扉で出入り可能。間口が狭くても引戸と同じ様に使える

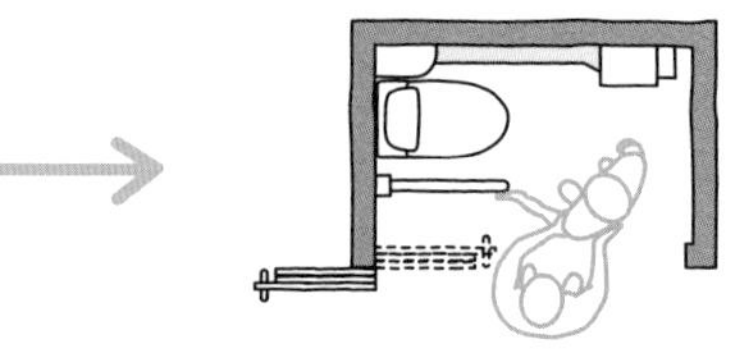

フルオープンにすればさらに有効開口幅が広がる。廊下側を介助スペースとして使用できて、掃除も楽

トイレは転倒しやすい場所

狭い空間で立ったり座ったりするトイレは、思っている以上に体のバランスを崩しやすい場所です。普段なにげなく行なっている立位や立位歩行［※2］は、実はかなり難易度の高い動きで、筋肉や神経に少しでも異常が生じると、途端に不安定になってしまいます。

多くの50代後半〜60代の方は自分が年をとったとは思っていないので、「手摺などの補助具はまだまだ必要ない」と、設置に心理的な抵抗を感じるかもしれません。しかし、立ち座りに必要な下肢の

便器前スペースと有効開口幅が使い勝手のキモになる

便器前のスペースを広めに確保しておけば、腰痛や筋肉痛などで体がつらいときに普段より大きく前に屈むことができ、立ち座りの動作をしやすくなる。また、有効開口幅を広く取るためにドアはトイレの長辺に設置したい。ドアの有効開口幅を750㎜以上確保できれば、住宅性能表示制度「トイレ」出入口幅員の「等級3〜4」にあてはまる

【図3】トイレ内の有効寸法

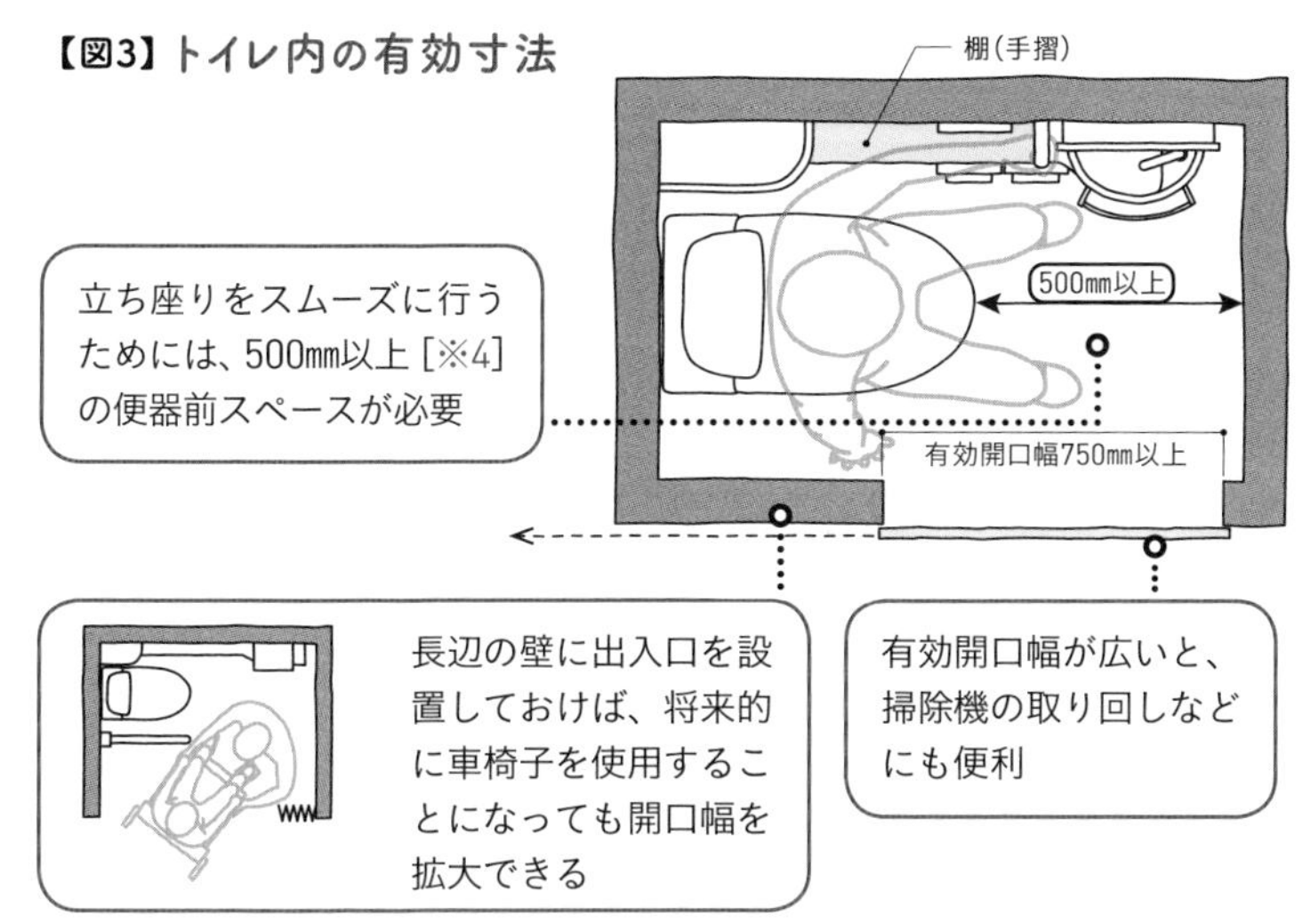
棚（手摺）
500㎜以上
有効開口幅750㎜以上
立ち座りをスムーズに行うためには、500㎜以上［※4］の便器前スペースが必要
長辺の壁に出入口を設置しておけば、将来的に車椅子を使用することになっても開口幅を拡大できる
有効開口幅が広いと、掃除機の取り回しなどにも便利

※4 身づくろいに配慮すると、600㎜以上が望ましい

筋肉量は加齢に伴い緩やかに減少し続けています［99頁図2］。そのため、若いころに比べてとっさの踏ん張りが利きにくく、ちょっとしたことでも転倒につながりやすくなるのです。

そこで、トイレのプランニングに際しては、便器横に細い棚［カウンター］を設置するのがお勧めです。体荷重を支えられるだけの強度［※3］があれば、立ち座りの際の補助具として十分に役立ち、膝にかかる負担も軽減できます。足が床に着きにくい子どもも、この棚を利用すればバランスを取りやすくなります。普段は飾り棚としても使えるので見た目も気にな

子どもから高齢者までストレスフリーに使えるトイレの寸法とポイント［※5］

トイレは家族全員が毎日必ず利用する場所だからこそ、ストレスなく使えるよう設えておきたい。大切なのは、安全性と快適性への配慮だ。ここでは、一般的な0.5坪のトイレプランを想定し、限られたスペースを最大限有効に活用しつつ、使い勝手を高めるために必ず押さえておきたいポイントを紹介する。また、加齢やケガ、病気などによる将来的な身体能力の低下を念頭におき、もしもの場合の改修も考慮したプランニングをお勧めしたい

照明は十分な明るさ（75ルクス程度）［※6］を確保する。夜間の使用時のまぶしさを抑えるための間接照明や、時間帯で明るさを調節できる照明器具などを用いるとよい
写真は「レストパルF」（TOTO）

りません。
たとえ若者でも、発熱やケガなどで足元がおぼつかなくなる状況はままあります。世代を問わず安全に過ごせる住宅には、トイレのひと工夫が欠かせない要素なのです。

監修：TOTO

※2 2本の脚で立った状態で歩くこと
※3 棚の耐荷重は600Nが目安。下地には12㎜厚以上の構造用合板を用いてしっかり固定すること

【図4】0.5坪のトイレプラン

収納
無理のない姿勢で手が届きやすい場所に設置する

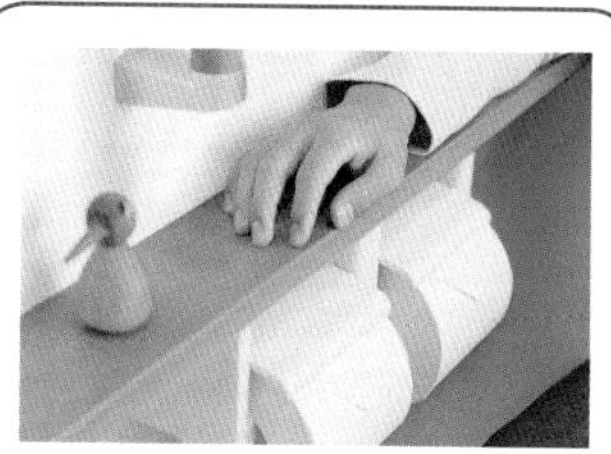

便器横に棚や手摺など便器の立ち座りをサポートできる補助具を設置する。紙巻器と棚を一体化させたものを利用するのもよい。写真は「レストルームドレッサーセレクトシリーズ」（TOTO）

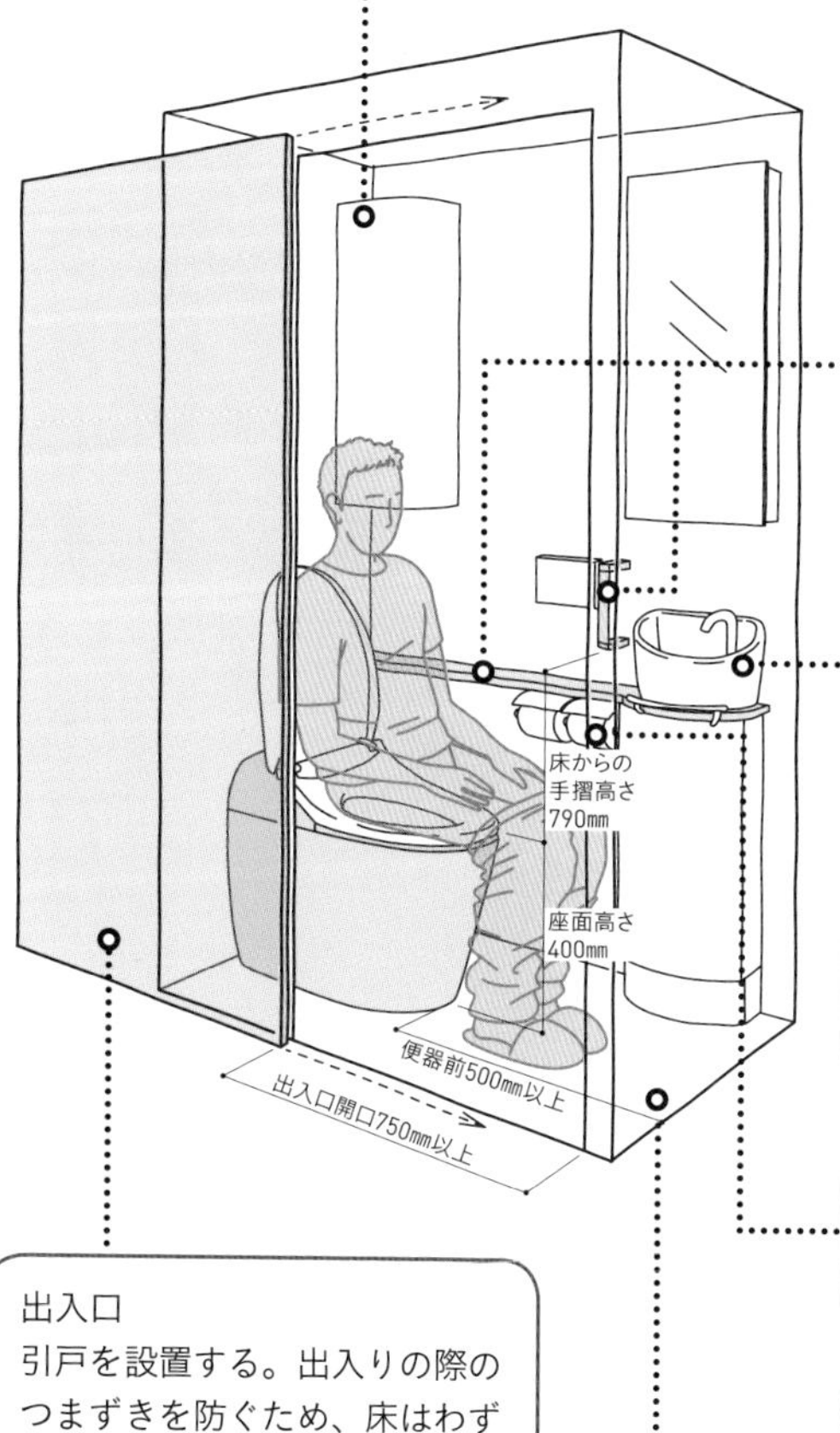
床からの
手摺高さ
790mm
座面高さ
400mm
便器前500mm以上
出入口開口750mm以上

手洗器
便座から立ち上がってすぐに使える場所に設置すると便利。タンク式よりも楽な姿勢で使うことができ、腰への負担が少ない。排泄後の手洗いは感染症予防の点でも重要なポイント。電気温水器付きのものにすれば冬でもストレスなくしっかり手を洗える

紙巻器
片手でセットし、片手で簡単に切れるタイプの紙巻器がお薦め

出入口
引戸を設置する。出入りの際のつまずきを防ぐため、床はわずかな段差もなくしておく

床材
清掃性がよく、すべりにくい床材を選ぶ

※5 この頁の内容は「TOTOバリアフリーブック　住まい編2017」をもとに編集部が作成
※6 JIS照度基準による

CASE 14

「すべらず歩きやすい床」は3世代みんなの安全を守る!

バリアフリーイコール高齢者とは限らない

要
65
75
85
90

高齢者・要介護者用のバリアフリー設備は、子育て時に求められる安全性と共通する部分が多い。子育ての時期が終わると親の介護の時期に入り、その終盤には自分の介護の時期に入るというように、途切れることなく家族の誰かがバリアフリー設備を必要とする

住宅にバリアフリー設備は必須

高齢者、障害者、妊婦、ケガ人などの移動や公共施設利用の利便性、安全性の向上を促進するために、「バリアフリー法」[※1]が2006年に施行されました。'12年にはすべりによる骨折や入院、死亡事故を回避するために、「床のすべり」についての内容も追加されています。「高齢者、障害者等の円滑な移動等に配慮した建築設計標準」には、すべりに対する推奨値(案)が記されており、東京都都市整備局なども、各素材のすべりやすさをまとめているので、

Point!

・親世帯や高齢者だけでなく、子育て世帯にも床の安全性は重要

自分
親

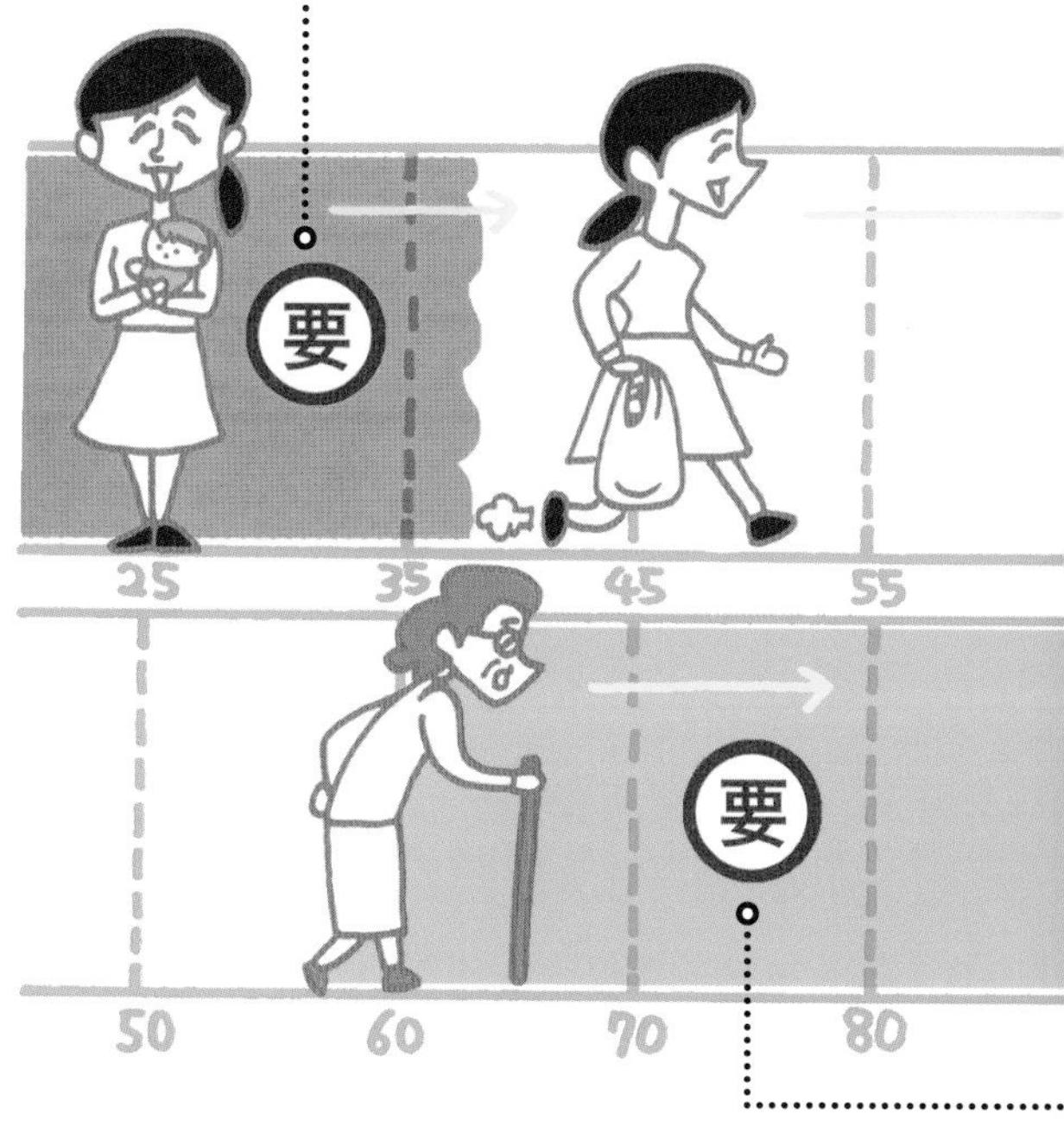
妊娠中で体型が変化する時期や子どもを抱っこする時期は、日常とは異なる姿勢・視野で動作を行うため、事故が多くなりがち
要
25
35
45
55
要
50
60
70
80

床材を選定する際の参考にするとよいでしょう［116頁図1・2］。

住宅でバリアフリー設備が必要になるのは高齢者だけと思われがちですが、育児中で幼児を抱っこして歩く人にとっても必要になることがあります。バリアフリー設備は家族みんなのための配慮だと心得え、誰でも気軽に利用できるよう、新築時に設えておくことが望ましいのです。

使う人によって「最適」は変わる

床は壁や天井よりも、生活の安全性や快適性に大きく影響する部位だといえます。床にはさまざま

バリアフリーでは「床のすべりやすさ」も重要チェックポイント

バリアフリー法には「床のすべり」の推奨値が示されている。すべり抵抗係数（C.S.R.）を用いて床面に対する基準を設けたもので、通常の床では0.4程度、浴室などでは0.6〜0.7程度とされている。東京都都市整備局では住宅における各床仕上げのすべりやすさをまとめている

【図1】居室の床素材のすべりやすさ

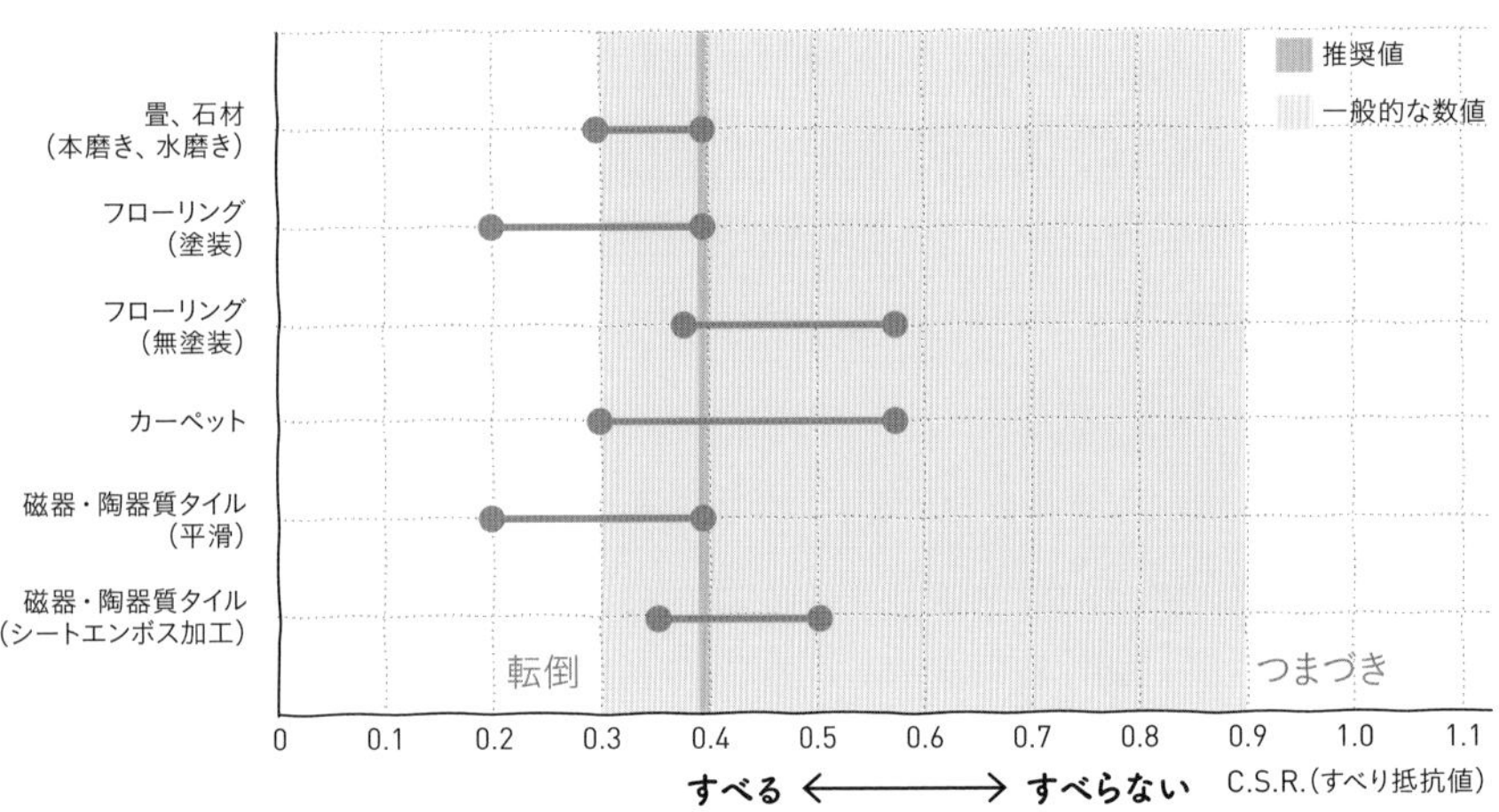
推奨値
一般的な数値
畳、石材
（本磨き、水磨き）
フローリング
（塗装）
フローリング
（無塗装）
カーペット
磁器・陶器質タイル
（平滑）
磁器・陶器質タイル
（シートエンボス加工）
転倒
つまづき
0
0.1
0.2
0.3
0.4
0.5
0.6
0.7
0.8
0.9
1.0
1.1
すべる
すべらない
C.S.R.（すべり抵抗値）

な性能評価方法や安全基準が設定されていますが、基準を満たす床材でも、使う人の状態によっては最適とはいえないことがあります。

「床のすべり」は専用の試験機を用いて測定される、すべり抵抗係数（C・S・R・）［※2］で表します。最適値は素足で0.4程度。図3（118頁）は、さまざまなすべり具合の床サンプルの上を、大勢の検査員が歩行して求めたすべり感の回答を数値化した結果（縦軸）と、それぞれの床サンプルのすべり抵抗係数（横軸）との関係をまとめたものです。物を持たずに歩いた場合のすべり抵抗係数の最適値は約0.4ですが、幼児を抱いた状態で

【図2】浴室などの床材のすべりやすさ

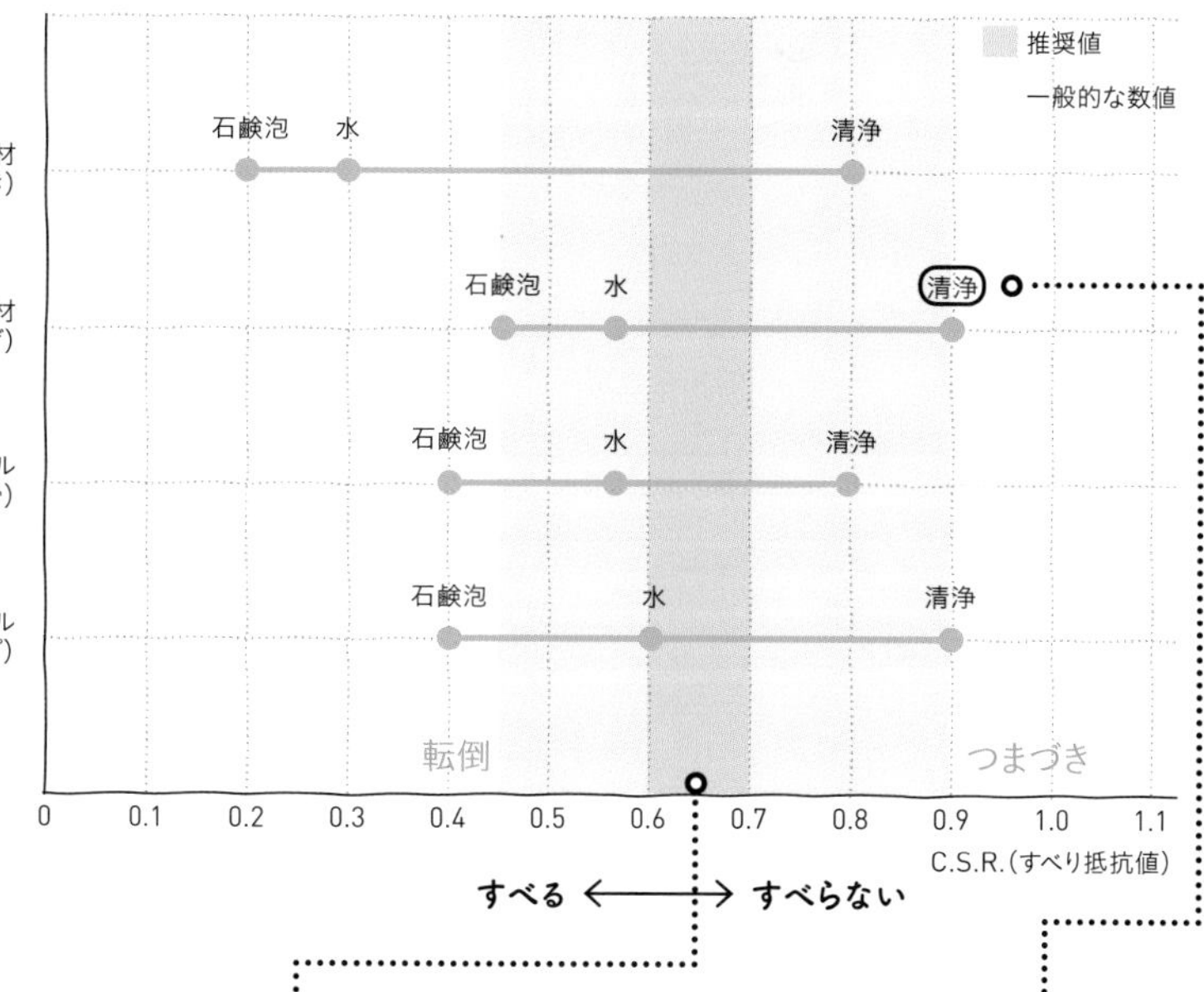
推奨値
一般的な数値
石材
（本磨き、水磨き）
石鹸泡
水
清浄
石材
（バーナー仕上げ）
石鹸泡
水
清浄
磁器・陶器質タイル
（施釉、平滑）
石鹸泡
水
清浄
磁器・陶器質タイル
（無釉、ノンスリップ）
石鹸泡
水
清浄
転倒
つまづき
0
0.1
0.2
0.3
0.4
0.5
0.6
0.7
0.8
0.9
1.0
1.1
C.S.R.（すべり抵抗値）
すべる ⟷ すべらない
濃い色の部分が最適値とされている。居室では0.4程度、浴室では0.6～0.7程度。塗装しているフローリングや平滑なタイルはすべりやすいことが分かる
清浄とは乾燥してきれいな状態のこと。この状態ではすべりにくくても、石鹸水がかかるとすべって転倒しやすくなる

図1・2出典：東京都都市整備局「身近なバリアフリーハンドブック」

は、すべり抵抗係数が0.5程度以上ないと安全性を感じないという結果になりました。このことから、一般的な基準（C.S.R.＝0.4以上）は守りつつ、住まう人に配慮した床材を選定することが重要であることが分かります。

執筆：東海大学工学部准教授　横井健

※1　高齢者、障害者等の移動等の円滑化の促進に関する法律
※2　単なる摩擦係数ではなく、歩行時の床材や靴底の変形なども考慮した人の感覚と一致する指標

子どもを抱っこしていると すべりにくい床ほど歩きやすい

すべりやすい床材からまったくすべらない床材までさまざまなサンプルを大勢の検査員に素足で歩行してもらい、すべり感についての回答を数値化した。下図はその結果（縦軸）とC.S.R.測定値（横軸）の関係をグラフ化したもの。何も持たずに歩行した場合の最適値は0.4程度［※3］だったが、抱っこした状態ではC.S.R.値が0.5程度以上で安全に感じることが分かった［※4］

【図3】すべりの評価とすべり抵抗係数C.S.R.の関係

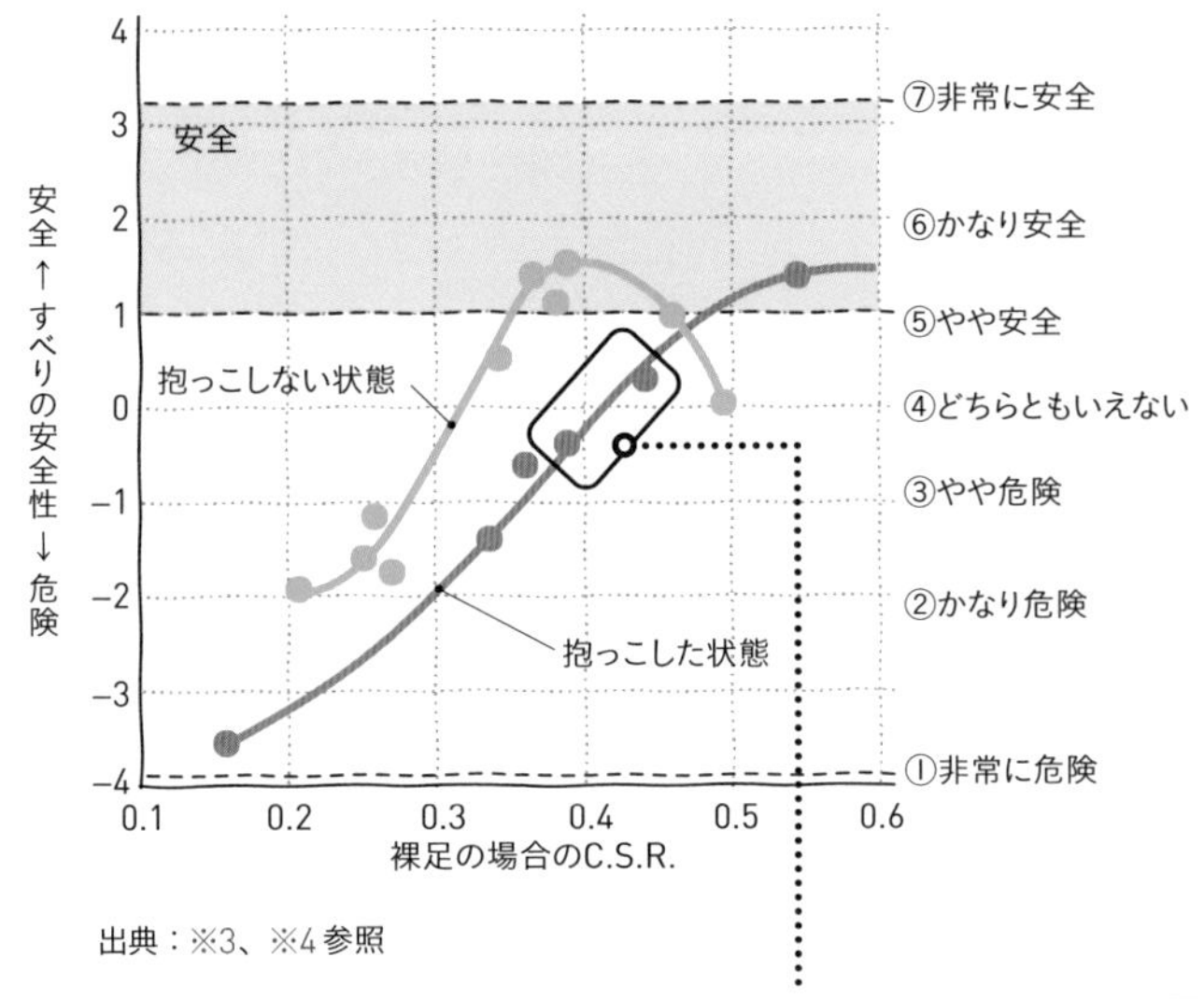

安全↑すべりの安全性↓危険
4
3
2
1
0
−1
−2
−3
−4
安全
⑦非常に安全
⑥かなり安全
⑤やや安全
④どちらともいえない
③やや危険
②かなり危険
①非常に危険
抱っこしない状態
抱っこした状態
0.1
0.2
0.3
0.4
0.5
0.6
裸足の場合のC.S.R.

出典：※3、※4参照

子どもを抱っこした状態での歩行は、身体の可動範囲の変化、子どもの影による死角部分の増加により、0.4の最適値に近い床でもすべって怖いと感じることがある

※3 小野英哲、須藤拓、竹田清（1985.10）「床のすべりの評価指標および評価方法の提示、その4 床のすべりおよびその評価方法に関する研究」日本建築学会構造系論文報告集 第356号 1-8頁
※4 横井健、藤井佑太朗（2015.9）「育児の観点からの建築物内各部位の安全性の評価方法に関する基礎的研究、その4 育児配慮住宅に関する指針の調査および育児特有の姿勢にともなう評価の変化に関する考察」日本建築学会大会学術講演梗概集、材料施工 979-980頁

COLUMN

バナナの皮は本当にすべるのか

バナナの皮で人は本当にすべるのか。2014年にイグノーベル賞（物理学）を受賞した北里大学医療衛生学部の馬淵清資名誉教授は、これを科学的に解明している［※5］。摩擦測定装置を用いて摩擦係数を測ると、バナナの皮の摩擦係数は0.066となり、歩幅が15cmを超えるとすべって転倒しやすいことが分かった。安全工学では、摩擦係数が0.1以下になると9割の確率で転倒することが知られている［※6］。通常の歩行では歩幅は15cm以上となることから、やはりバナナの皮で人はすべるということになる。なお、摩擦角より小さな歩幅で歩けば、バナナの皮はもちろん氷面でも転倒しない

【図4】歩行の安全条件

摩擦係数が0.066の場合、摩擦角は3.8°であるから、歩幅が約15cmを超えると危険。ちなみに、バナナの皮の白い筋はどちらかというとすべりにくく、道に落ちた皮が容易に動かないように固定している。しかし、踏みつぶされることで皮のなかのぬめり物質が出きてすべりやすくなるのだ

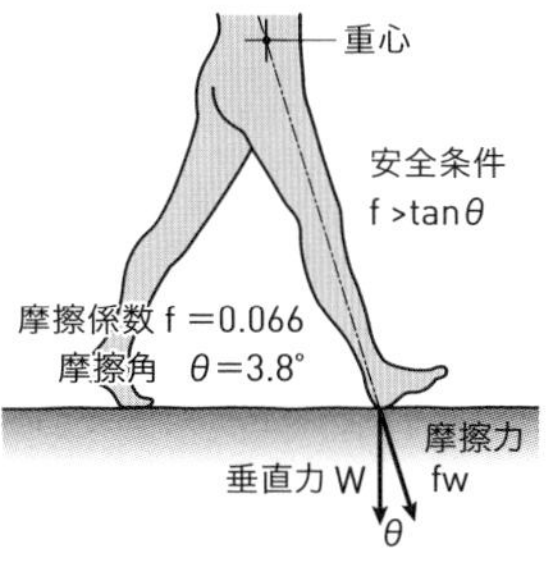
重心
安全条件
f >tanθ
摩擦係数 f =0.066
摩擦角 θ=3.8°
摩擦力
fw
垂直力 W
θ

出典：馬淵清資「ヒトはなぜバナナの皮で滑るのか」建材試験センター 建材試験情報8'15

【図5】いろいろな材料の摩擦係数

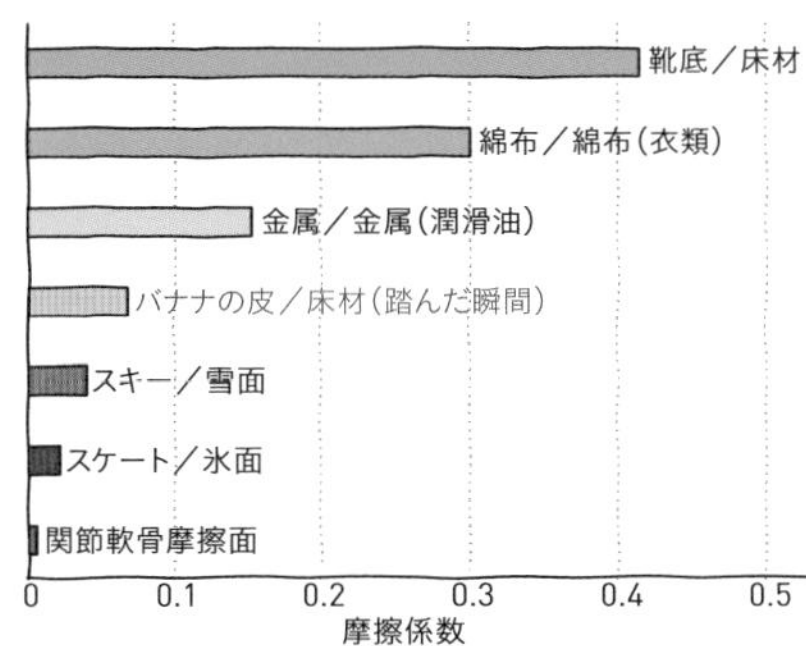
靴底／床材
綿布／綿布（衣類）
金属／金属（潤滑油）
バナナの皮／床材（踏んだ瞬間）
スキー／雪面
スケート／氷面
関節軟骨摩擦面
0
0.1
0.2
0.3
0.4
0.5
摩擦係数

摩擦測定装置を用いて、踏んだ瞬間の摩擦を測定。60回の測定平均の結果、靴と床材料（リノリウム）の間の摩擦係数は0.412で、バナナの皮の場合は0.066だった

出典：Mabuchi, K, Tanaka, K, Uchijima, D, Sakai, R: Frictional coefficient under banana skin. Tribology Online, 7（3）: pp. 147-151, 2012. 9

※5 馬淵清資「ヒトはなぜバナナの皮で滑るのか」建材試験センター 建材試験情報8'15
※6 長田久雄（2011）「駅床での転びとトライボロジー」トライボロジスト、56, 4, 199-204頁

CASE 15

住宅内事故は健康長寿の大敵！その多くは居室で起きている

高齢者の住宅内事故ランキング

第1位 居室 45%

ぐあっ

室内では椅子や脚立からの転落が多い。照明器具の電球の交換などが事故につながりやすい

Point!

・照明のメンテナンスや高い場所の物の出し入れが事故につながりやすい

・階段や廊下は夜間でも暗くなりすぎないようにする

・寝室にはコンセントが8口あると便利

第2位 階段 18.7%

うわっ
うわっ

小さな段差にもつまずくことが多い

第3位 台所・食堂 17.0%

あ〜〜〜っ
あっ
高い場所の収納物を出し入れする際に転落・転倒するケースが多い

事故が起きそうな場所と実際に起こる場所は違う

事故は思わぬところで起こるものです。家のなかで事故が起こりそうな場所をたずねた調査では、50%以上が玄関と玄関までの屋外通路と回答しました［122頁図1］。ところが実際に高齢者の事故が起きている場所をみると居室が最も多く約45%、次いで階段、台所・食堂がそれぞれ20%弱でした［123頁図2］。住まい手の危機意識と、実際の事故の発生場所にはズレがあるようです。

では、事故はどのような状況で起こるのでしょうか。独立行政法

住まい手は玄関廻りに危険を感じている

高

齢者に自宅で事故が起こりそうだと感じる場所についてたずねると「玄関」という回答が最も多かった。一方、居間や台所、居室と回答した人は全体の16％程度と比較的に少ない結果となっている

【図1】 家（一戸建て）のなかで事故が起こりそうだと感じる場所

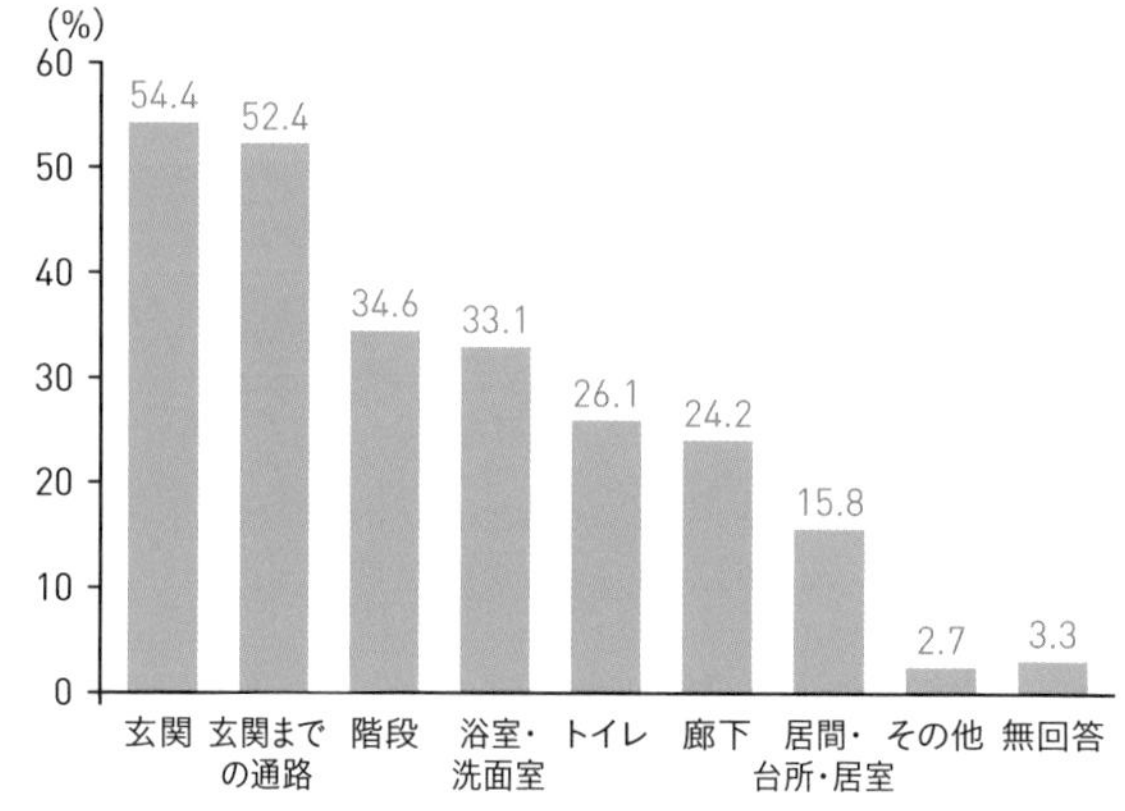
(%)
60
50
40
30
20
10
0
54.4
52.4
34.6
33.1
26.1
24.2
15.8
2.7
3.3
玄関
玄関までの通路
階段
浴室・洗面室
トイレ
廊下
居間・台所・居室
その他
無回答

出典：東京福祉保健局（2016）「平成28年度東京都福祉保健基礎調査報告書」

人国民生活センターの報告によると、住宅内で発生する事故のうち、高齢者では転落・転倒が全体の半数を占めています［124頁図3］。居室では、転倒とともに脚立（きゃたつ）や椅子からの転落が多く、高い場所の荷物の出し入れや電球の交換などの際に起きた事故だと考えられます。収納を設ける位置、照明器具のメンテナンスのしやすさには配慮が必要といえるでしょう。

また、転倒事故は夜間にも多く発生するので夜に屋内を移動する際に足元が暗くならないようにすることも重要です。廊下の照明器具が1箇所にしかないと、歩く方向によっては足元に濃い影ができ

実際の事故は居室が圧倒的に多い

図1では居間・食堂・居室が15.8%だったが、実際には事故の45.0%が居室で起きている。電球の交換時に椅子や脚立から転落・転倒することが多く、食品などの誤飲・誤嚥なども居室で起こることから事故数が多いと考えられる

【図2】 家のなかでの高齢者の事故発生場所

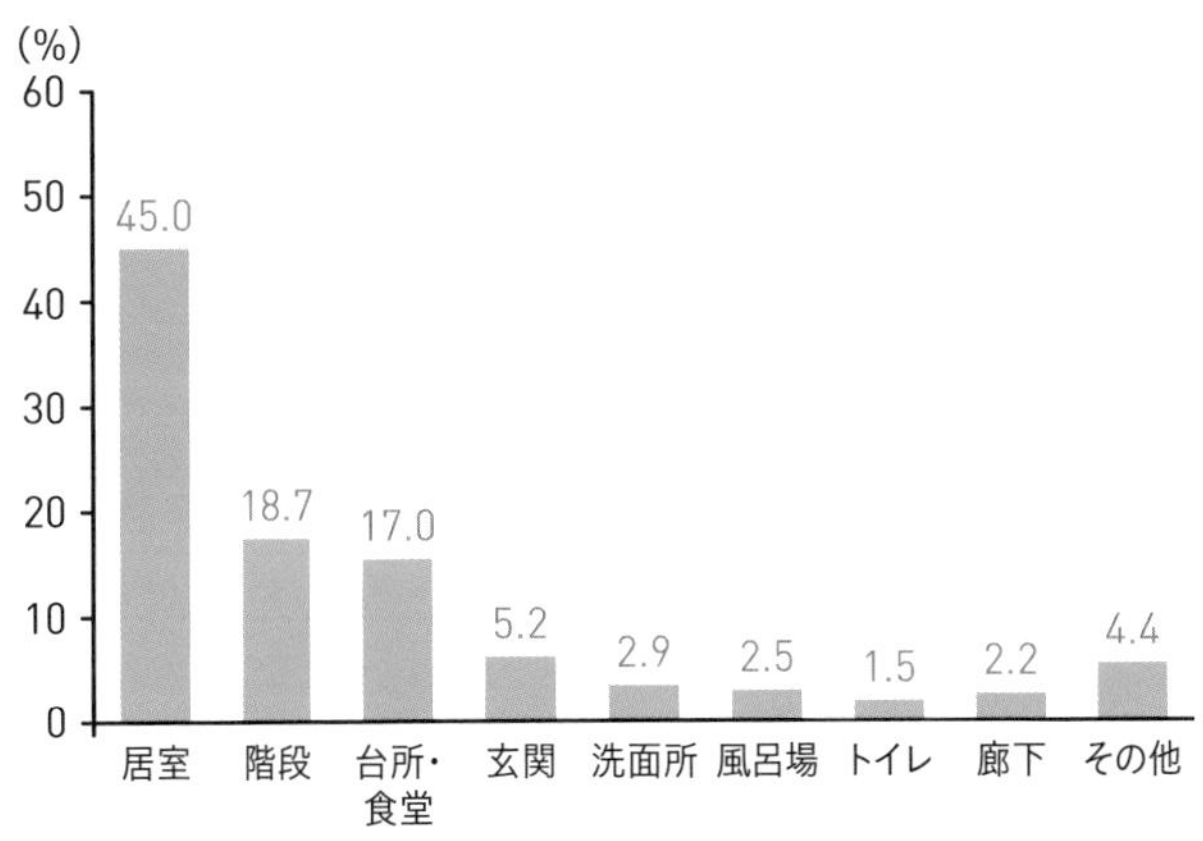
(%)
60
50
40
30
20
10
0
45.0
18.7
17.0
5.2
2.9
2.5
1.5
2.2
4.4
居室
階段
台所・食堂
玄関
洗面所
風呂場
トイレ
廊下
その他

出典：独立行政法人国民生活センター（2013）「医療機関ネットワーク事業からみた家庭内事故」

てしまい、つまずきやすくなるので、分散照明や足元灯を設置しましょう。

介護が必要になっても備えがあれば困らない

さまざまな理由で、家族が要介護者になることはあり得るので、住宅を新築するときは、家で介護をする状況にも備えておくべきです。介護の場所についてのアンケート調査では、約80%の家族が要介護者を自宅で過ごさせてあげたいと答えています［124頁図4］。最近は介護保険制度の普及などにより、介護を受けながら自宅で過ごす時間が長くなっています。長期

家庭内の事故は転落・転倒が過半数

転落が30.4%、転倒が22.1%で、転落・転倒事故が圧倒的に多い。次いで、さわる・接触する（火傷など）が14.5%で3番目に多い

【図3】 家のなかでの高齢者の事故の原因

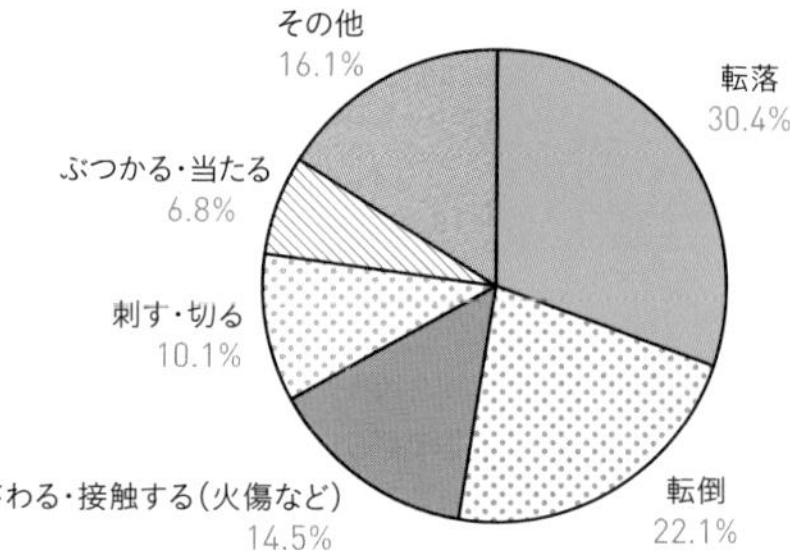
その他
16.1%
転落
30.4%
ぶつかる・当たる
6.8%
刺す・切る
10.1%
さわる・接触する（火傷など）
14.5%
転倒
22.1%

出典：独立行政法人国民生活センター（2013）「医療機関ネットワーク事業からみた家庭内事故」

【図4】 介護の場所に対する家族の希望

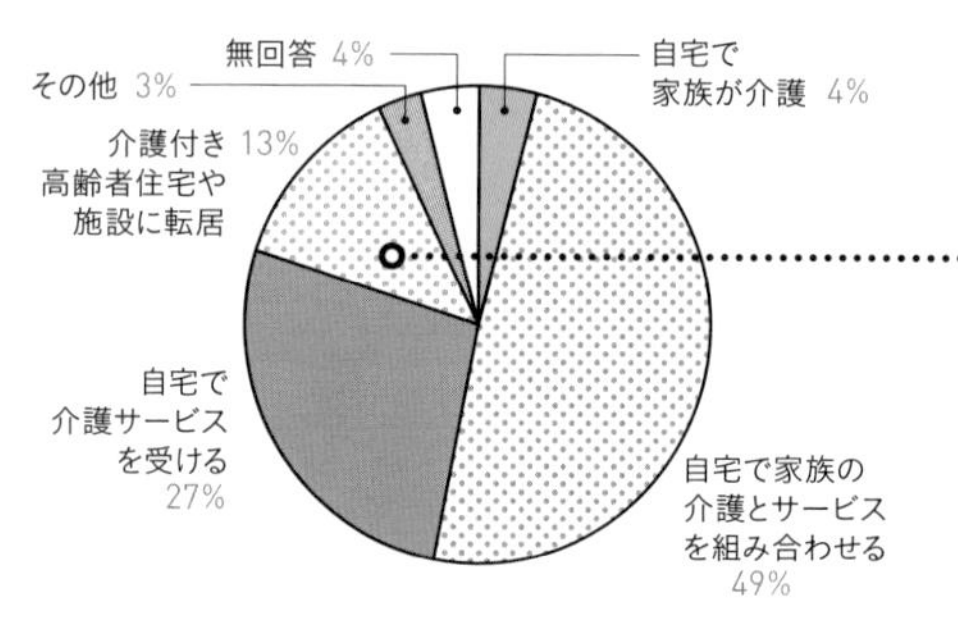
無回答 4%
自宅で
家族が介護 4%
その他 3%
介護付き 13%
高齢者住宅や
施設に転居
自宅で
介護サービス
を受ける
27%
自宅で家族の
介護とサービス
を組み合わせる
49%

要介護者に施設や転居を望む家族は約13%と少ないが、介護を想定して新築住宅を立てるケースも少ない。必要になった時のためにあらかじめ整えておくことは大切

出典：厚生労働省老健局（2010）「介護保険制度に関する国民の皆さまからのご意見」

にわたる介護期間を快適に過ごせる工夫が必要なのです。

そこでポイントになるのが、寝室の定格電力の容量とベッド廻りのコンセント数。介護に用いる福祉用具類は電化が進んでいて、介護用電動ベッドをはじめ、コールスイッチやポータブルトイレなども電源を必要とします。コンセントは、最低でも6口、余裕を見るならベッド周囲を中心に8口を用意しておくとよいでしょう[図5]。

執筆：東京都立大学大学院人間健康科学研究科准教授
橋本美芽

これだけは押さえておきたい 事故が起きにくい住宅

住まい手が要介護者となった場合に寝室1を利用することを想定したバリアフリー住宅。主な動線と方向転換を必要とする箇所に手摺を設けている。ほかの家族には介護は必要ないが、家庭内での事故を予防するために、転落、転倒のリスクとなる要因を極力減らしている

【図5】 事故が起きにくい住宅の例

要介護者が寝室１を利用すると想定した場合の手摺の配置。寝室からトイレまでの動線上に横手摺を配置し、方向転換をする場所には縦手摺を配置する

高い位置の収納から物を出し入れする際に転倒する事故は多い。収納棚は低くつくり、脚立などは使わない設計にする

介護用電動ベッドなど、介護用の電気製品が増えている。寝室のコンセントはベッド周囲を中心に８口は設置しておくとよい

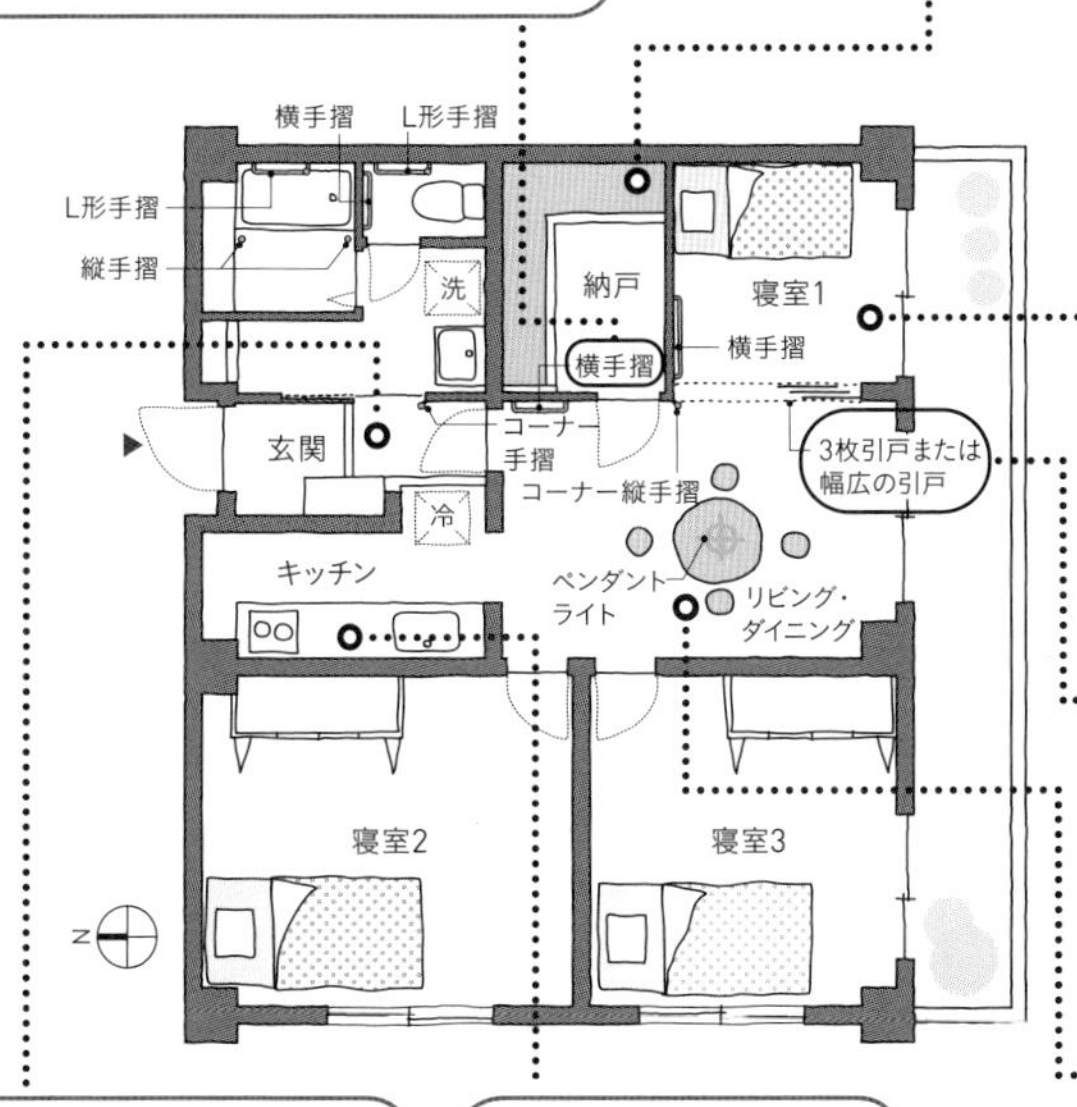
横手摺
L形手摺
L形手摺
縦手摺
洗
納戸
寝室1
横手摺
横手摺
玄関
コーナー手摺
コーナー縦手摺
3枚引戸または幅広の引戸
冷
キッチン
ペンダントライト
リビング・ダイニング
寝室2
寝室3
N

車椅子を使う場合に備えて入口の開口幅は広く確保する

居間での事故は電球換えの際の転倒によるものが多い。照明はLEDとし、電球の交換の頻度を減らす。またペンダントライトなどの低い照明とし、メンテナンス性を高める

分散照明や足元灯を設置し、足元に影が集中しないようにする

キッチン上部の高い収納はなるべく設けないようにする

出典：東京商工会議所（2016）『福祉住環境コーディネーター検定試験２級公式テキスト』東京商工会議所検定センター を元に作図

3章

食事

春はホタルイカじゃわい
私も食べてみようかな～
今日の試合もベンチだった…
気にするな！
まあ、父さんはレギュラーだったけどな！
ちょっとアナタ！
これは共食？
ピコピコ
zzz
し～ん

楽しい食事は健康長寿への近道！

健康的な生活と切っても切り離せないのが食事です。食事の目的は、ただ単に必要な栄養素を摂取することだけではありません。食事は生命維持に必要であると同時に、日常生活において大きな楽しみや満足感を与えてくれる行為でもあります。おいしいものを味わうだけでなく、家族や友人とのコミュニケーションを楽しめる時間でもあるのです。ここでは、食事にピッタリの空間について解説します。

CASE 16

おいしく健康的な食事は アウトドアリビングで！

さて、一番美味しく感じるのは？

①屋内・緑なし

人工的　閉鎖的　退屈

味…ふつう…

屋内の緑地が見えない場所での食事が最も印象評価が低く、「閉鎖的」「退屈」などのマイナスイメージが強い

②屋内・緑あり

質素　閉鎖的

緑が見えればまだいいかもね

屋内でも緑地が見える環境ならば、空間に対する印象が好転する

Point!

- 緑が見えない空間よりも、緑が見える空間の方が食事はおいしい
- 屋内よりも半屋外の方がさらにおいしい。テラスやバルコニーが最適

③屋外・緑あり
健康的
快適
テラスが1番おいしー！
アウトドアリビングなど、一方向が建物に隣接していて、緑地が見えている場所だとリラックスしやすく、飲食が最もおいしく、贅沢に感じられる

④屋外・緑地
健康的
好き
開放的
外で食べるのっておいしい
周辺全体が植物に囲まれていると、飲食は贅沢に感じられるが、③に比べ、安心感は下回る

風景は味覚に影響する

植物が人の健康状態によい影響を与える例として、緑を見ながら食事をするとよりおいしく感じられるという効果があります。

複数の地点で同じ緑茶を飲み、景観と味覚の関係について印象評価にどのような違いが現れるかを検証した実験を見てみましょう。実験は、①緑地が見えない屋内空間、②緑地が見える屋内空間、③緑地が見える半屋外空間、④屋外の緑地の4つの地点で行われました。景観に対する印象では、②〜④緑地が見える空間の方が、①の

植物に近づくほど人は快適に

「①緑地が見えない屋内」「②緑地が見える屋内」「③緑地が見える半屋外」「④屋外の緑地」で風景の印象評価を比較すると、①の空間が、最もネガティブな印象となった。②は①よりもポジティブな印象だが、③や④のように屋外で過ごすほうがより望ましいことが分かる。③と④を比較すると、④のほうが高評価の要素は多いが、「快い」「落ち着く」「安心な」といった慰安的要素では逆転している。③が最もリラックスして緑を楽しめる場所であるようだ

【図1】
SD法［※］による印象プロフィール（景観関連形容詞）

※「快適な」「不快な」などの対立する形容詞を用いて、対象物が与える感情的な印象を数段階に分け、判定する調査方法

出典：岩崎寛「『美味しい風景学』―自然環境下で食べると何故美味しく感じるのか―」アサヒビール学術振興財団研究助成紀要（26）

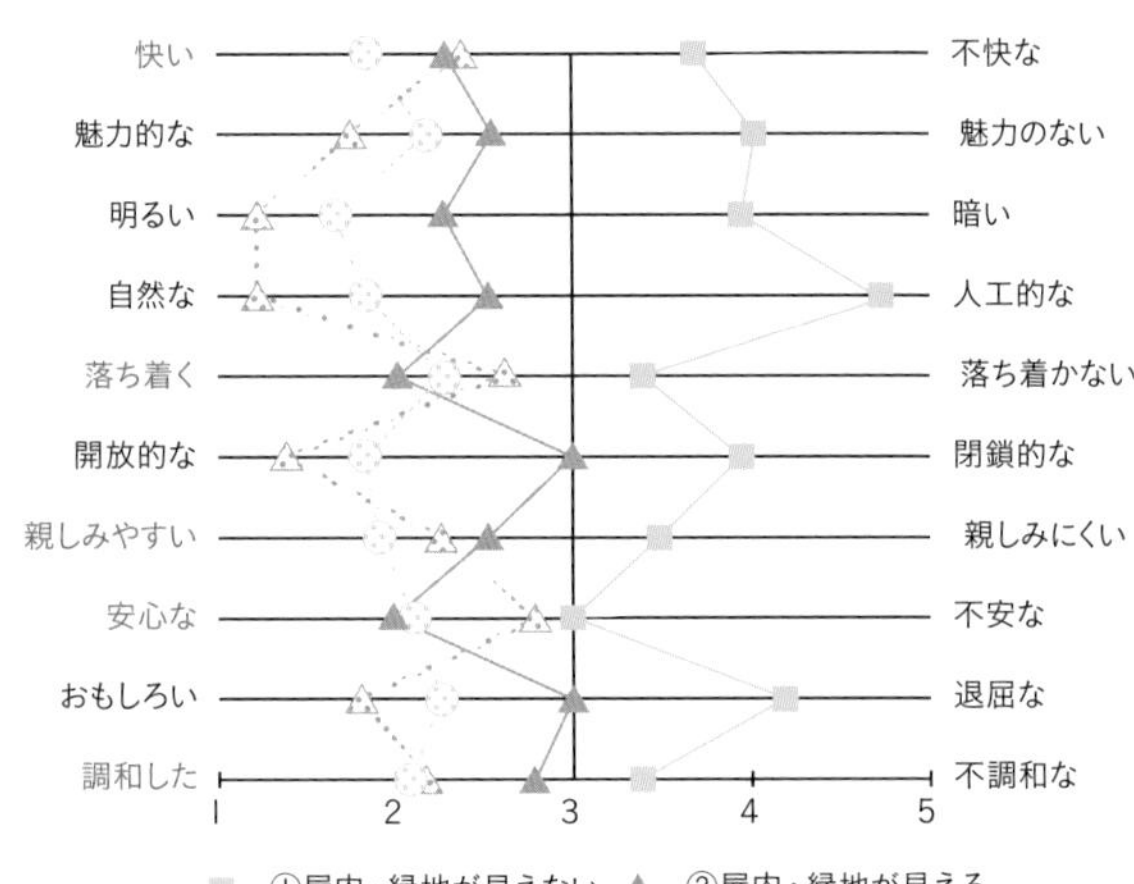

快い
不快な
魅力的な
魅力のない
明るい
暗い
自然な
人工的な
落ち着く
落ち着かない
開放的な
閉鎖的な
親しみやすい
親しみにくい
安心な
不安な
おもしろい
退屈な
調和した
不調和な
1
2
3
4
5
①屋内・緑地が見えない
②屋内・緑地が見える
③半屋外・緑地が見える
④屋外・緑地内

緑地が見えない空間よりも全体的によい印象となり、緑地が見える場合でも、②のような屋内より、③・④の屋外空間の方がよい印象になる、という結果が出ました［図1］。

味覚についての印象では、屋外で緑地の見える空間は「健康的」「贅沢」といった印象を与える傾向があり、①の緑地が見えない屋内空間よりも味覚に対して好印象を与えることが分かりました。さらに同じ屋外でも、周辺全体が緑に囲まれている④のような緑地よりも、③のように一方向が建物に隣接しているテラスなどで緑を見ながら飲食するほうが、よりリラッ

植物を見るだけで味覚は贅沢に

図1で検証した4つの場所における味覚に関連した印象を比較してみると、①と③④の空間では、「健康な・不健康な」「贅沢な・質素な」「好きな・嫌いな」「調和した・不調和な」といった項目で有意な差が見られ、屋内外と緑の有無による違いが顕著となった。緑地が見える空間の、屋内外を比較すると、③や④のように屋外で緑地が見えるほうが「贅沢な」印象をもつことが分かった。植物と人の距離感が味覚に影響を与えていると考えられる

【図2】
SD法による印象プロフィール（味覚関連）

出典：岩崎寛「『美味しい風景学』—自然環境下で食べると何故美味しく感じるのか—」アサヒビール学術振興財団研究助成紀要(26)

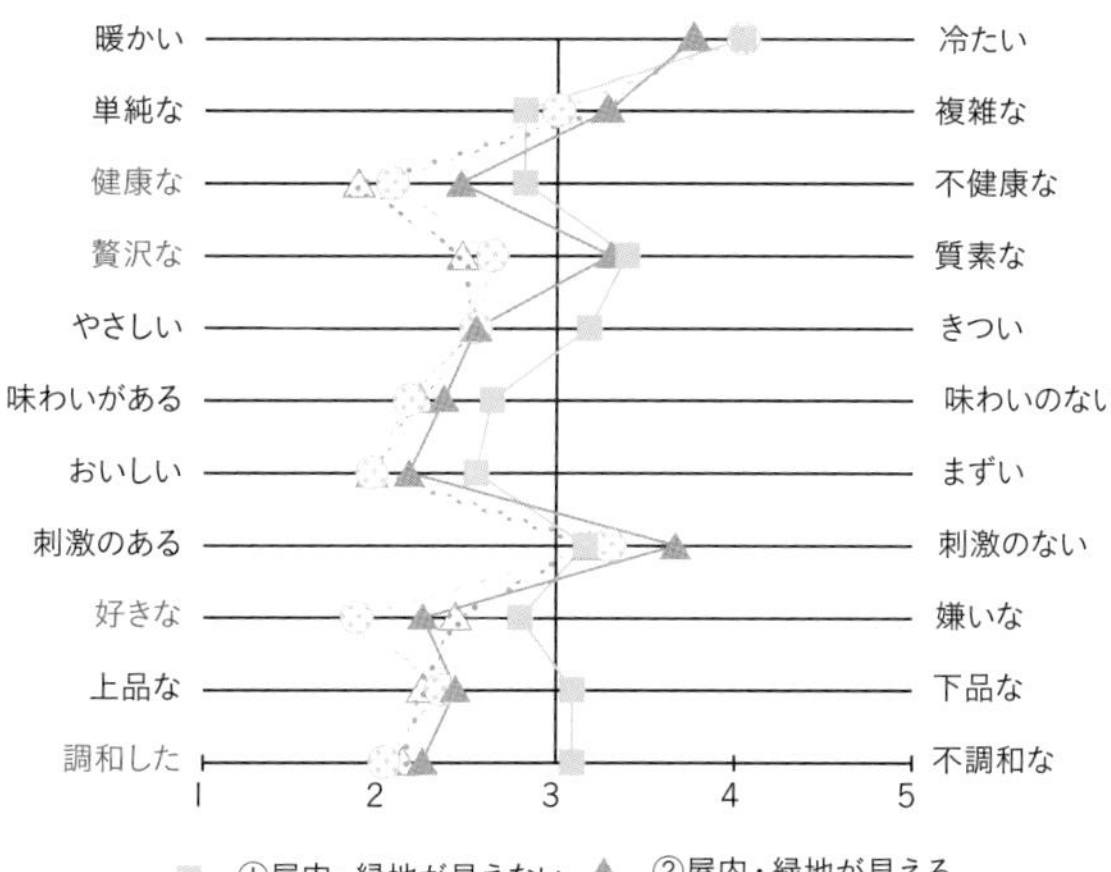
暖かい
冷たい
単純な
複雑な
健康な
不健康な
贅沢な
質素な
やさしい
きつい
味わいがある
味わいのない
おいしい
まずい
刺激のある
刺激のない
好きな
嫌いな
上品な
下品な
調和した
不調和な
1
2
3
4
5
①屋内・緑地が見えない
②屋内・緑地が見える
③半屋外・緑地が見える
④屋外・緑地内

クスでき、おいしく感じられることも明らかになっています。

つまり人が最もおいしさを感じられる環境は、アウトドアリビングやテラスなど、緑地を眺めながら飲食できる半屋外空間であるといえます。リラックスしながらおいしい食事ができ、日々のストレスをやわらげる場所としての効果が期待できるのです。

監修：千葉大学大学院園芸学研究科准教授
岩崎寛

実例

緑が見える4畳半の外部テラスで食事をおいしく健康に

間口3間のうちの1間半が4畳半の広々とした外部テラスになっている住宅。隣地の緑が借景となり、緑に囲まれた、避暑地のテラスのような空間が楽しめる。同じフロアにキッチンがあるため、テラスでの食事が気軽にできる。このテラスはリビングとダイニングの両方に大きな掃出し窓でつながっているので、内と外の行き来がとてもしやすく、室内からでも外に広がる緑をしっかりと眺められる。家のさまざまな場所から緑を感じられる工夫が施されている。

外部テラス。周囲の敷地の緑が借景となって、山のなかにいるような緑に囲まれた空間になる。テラス正面には桜の木が生えており、四季の移ろいを感じさせてくれる

「BBV」設計：彦根建築設計事務所、写真：彦根明

ダイニングからテラス方向を見る。写真左手の家具の向こう側がリビング。屋内からも緑がよく見える

\ 長寿ポイント /

緑の借景を楽しみながら食事ができる4畳半の外部テラス。屋根が架かっているので、雨の日でも食事ができる

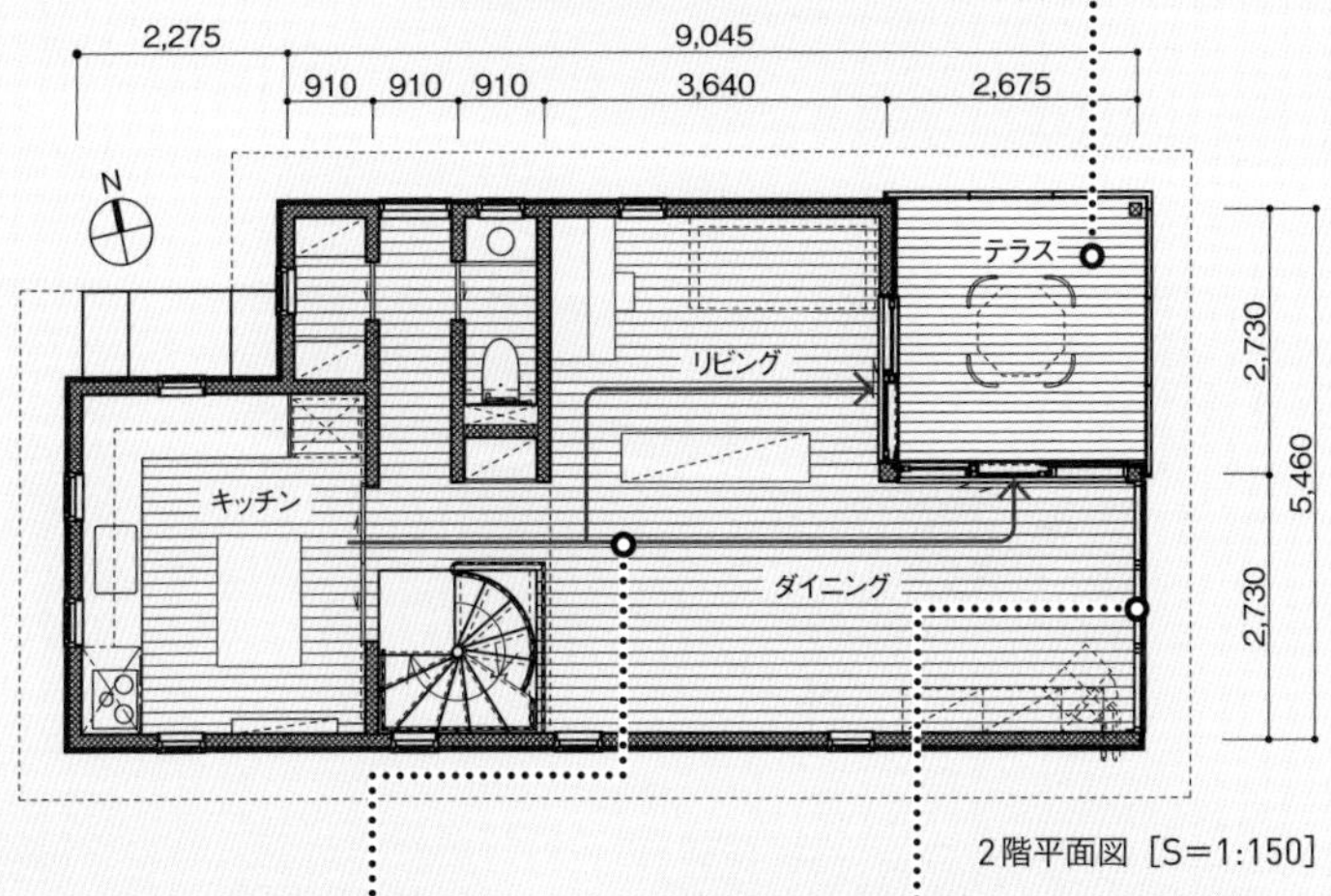
2,275
9,045
910
910
910
3,640
2,675
N
テラス
リビング
キッチン
ダイニング
2,730
2,730
5,460

2階平面図［S＝1:150］

テラスとキッチンをつなぐ2つの動線。準備した料理をキッチンからテラスへ運びやすく、テラスでの食事が容易となる

東側はテラス部分も含め大きく窓を設け、窓いっぱいに緑が広がるようにした。リビング、ダイニングからはもちろん、キッチンやその上のロフトからも外の緑が見えるようになっている

CASE 17

健康長寿につながるのは植物と触れ合えるハーブ園

緑との距離を縮めよう

従来の庭
チラリ…

従来の庭は屋内や地域からの見た目を意識した庭が多く、身近さを感じにくいものも少なくない。実用性や個人の好みを優先すれば庭の緑はもっと親しみやすくなる

植物と触れ合うメリット

植物と実際に触れ合うと、「見る」のほかに「食べる」「触る」「聞く」「嗅ぐ」といった感覚が刺激され、さまざまな側面から健康効果を得られるようになります。とりわけ植物を収穫するという行為は、「植物を育て収穫する」という古来からの人間の生活に根差した営みでもあります。そのため、植物との触れ合いはストレス発散

緑と触れ合える庭
それも
摘んでね
やあ
甘そうだ

日常的に緑と触れ合うことが何よりも大切。プランターでハーブを育てるなど、狭小敷地や共同住宅でも、緑と触れ合う機会を設けよう

収穫や園芸の作業を通し、「見る」「食べる」「触る」「聞く」「嗅ぐ」の五感で緑と触れ合えば、癒やし効果はより高まる

Point!

- **「見る」だけでなく「触れる」ことで効果UP**
- **健康的な庭づくりのポイントは美しさよりも使いやすさ**

や精神の安定につながり、視覚だけで得られる以上の癒やし効果が期待できるのです。

植物と触れ合える庭とは?

従来の住宅の庭は、プライベートな空間であると同時にパブリックな空間として、人目を意識して美しく整えられることが多い場所でした。しかし健康の観点からは、プライベート空間としてリラックスできる庭に設えるのが望ましいといえます。実用性を重視した身近な庭にすることで、より日常的に植物からの恩恵を受けられるようになります。そのためには、庭の広さや植物の多さを重視するの

幅広い層に受け入れられるハーブ

東京郊外の新興住宅地で行ったアンケート調査では、自宅で育てられている植物のうち、割合が最も多かったのが草花で、次いで野菜、ハーブの順だった。植物を育てている目的については、草花や観葉植物は「景観がよい」「落ち着く」といったリラックス効果を期待する回答が多く、果樹や野菜は「収穫できる」「料理に使う」という実用的な回答が多い。これに対しハーブは、理由に偏りがなく、幅広い目的で植えられていることが分かる。ハーブは、リラックス効果や料理への利用などさまざまな用途とニーズに応えられる植物なのだ

【図1】

自宅で植物を育てている目的

景観がよい　落ち着く
収穫できる　料理に使う
香りが好き　管理しやすい
その他

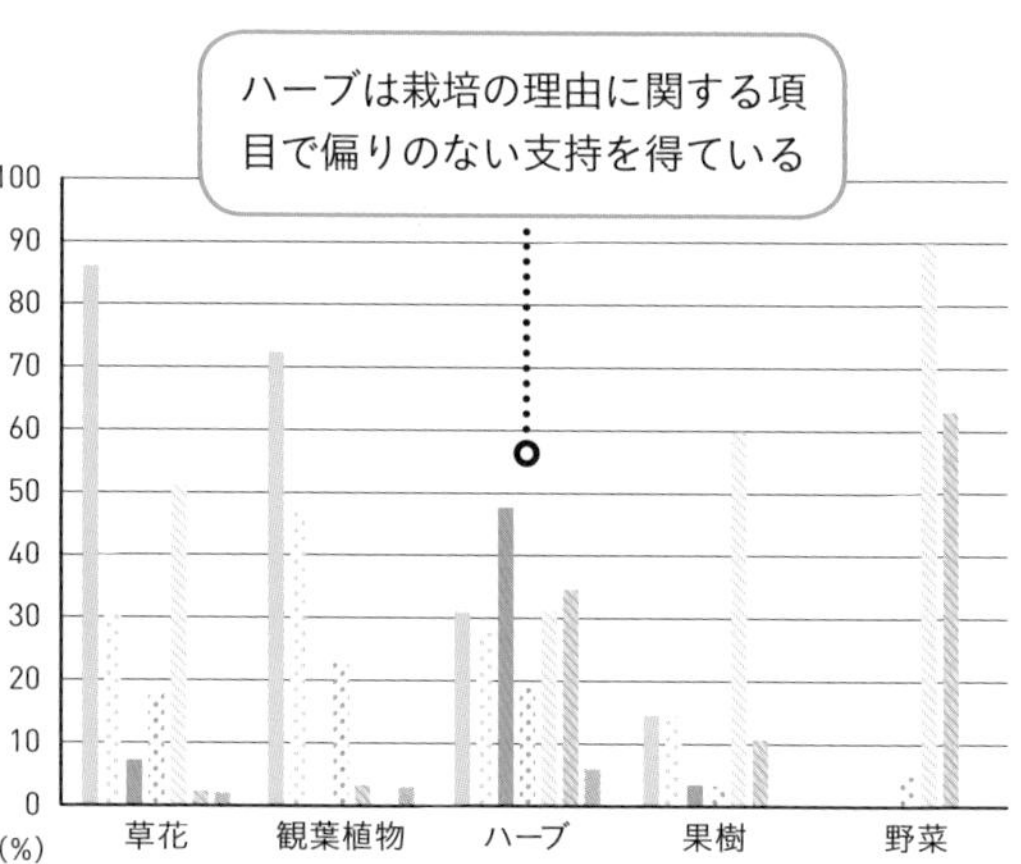

ハーブは栽培の理由に関する項目で偏りのない支持を得ている
100
90
80
70
60
50
40
30
20
10
0
(%)
草花
観葉植物
ハーブ
果樹
野菜

出典：岩崎寛ほか「新興住宅地における戸建て住宅居住者の植物に対する意識～多摩ニュータウンにおける事例」人間・植物関係学会2014年要旨集

ではなく、生活シーンでどのように緑と触れ合えるのかを想定して、植物との距離を近づける工夫が大切になります。

ハーブの健康効果

ハーブは育てやすく、料理にも使えるので、生活に取り入れやすいというメリットがあります。花の場合は、個人によって好みが分かれるので、心理的効果もまちまちですが、ハーブは観葉植物として、また食材などとして、さまざまな理由で栽培できます［図1］。さまざまなな嗜好に幅広く対応できるので、身近に触れ合う植物としてお薦めなのです。

ハーブを植えることで精神状態が回復する

ハーブを植える前後で感情の変化を調べたところ「緊張・不安」「抑うつ・落ち込み」「怒り・敵意」「疲労」「混乱」といった負の感情が作業前よりも減少し、一方、正の感情である「活気」は増加していた。このことから、園芸作業には精神状態を回復する効果があることが分かる。また同時に調査した「ハーブを食べる」行為では、「抑うつ・落ち込み」の項目ではあまり減少は見られなかったものの、そのほかの項目では園芸作業と同様の効果が認められた

【図2】

ハーブを植えた前後の感情の変化

園芸作業後、「活気」以外のすべての感情項目で、心理状態によい影響が及んでいる

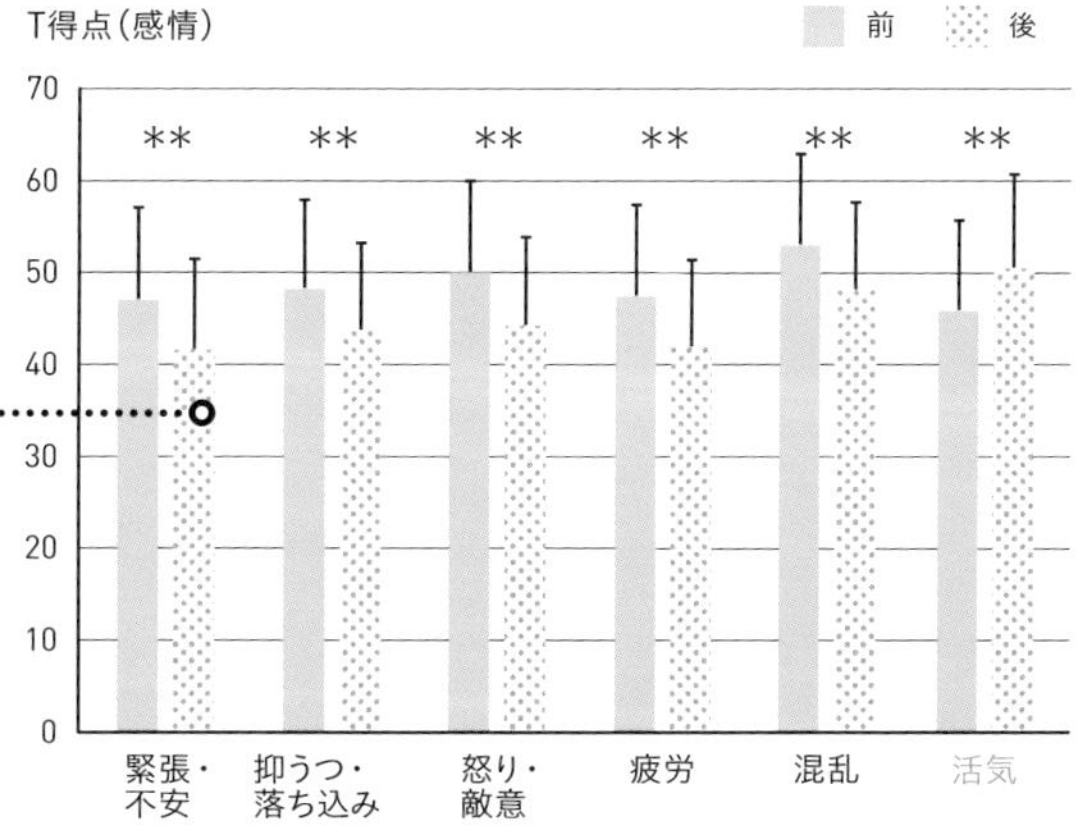
T得点（感情）
前
後
70
60
50
40
30
20
10
0
**
緊張・不安
抑うつ・落ち込み
怒り・敵意
疲労
混乱
活気
**1%水準で有意差あり

出典：岩崎寛ほか「新興住宅地における戸建て住宅居住者の植物に対する意識〜多摩ニュータウンにおける事例」人間・植物関係学会2014年要旨集

ハーブの健康効果については、ハーブを「植える」ことよって、緊張・抑うつ・怒り・活気・疲労・混乱といった負の精神状態を改善する心理的効果が明らかにされています【図2】。同時にハーブを「食べる」効果についても、植える作業と同様に、精神状態を改善することが分かりました。園芸作業に関心がない人でも、ハーブならば自分に合った楽しみ方ができるので、健康長寿へとつながりやすいと考えられます。

監修：千葉大学大学院園芸学研究科准教授　岩崎寛

実例

収穫を楽しめる 緑に囲まれた健康長寿の家

さまざまな植栽が植えられたこの住宅では、実が生る木を多く選んで、収穫を楽しめるような工夫をしている。庭に面して大きく開口部が設けられているため、屋内からでも存分に緑を楽しむことができ、ダイニングから続くデッキを介して気軽に庭に出られるようになっている。季節感を楽しめる落葉樹だけでなく、目隠しのために常緑樹を植えてプライバシーを確保した。

デッキから主庭を見る。右手の外壁に沿ってブルーベリーやハーブが植えられている

「北町の方形」設計・写真：村田淳建築研究室

1階ダイニング側から庭を見る。庭に面して大きく開口が取られているため、写真右側の半地下のリビングからも緑が見え、ストレス緩和につながる［172頁］

アプローチにも下草のヒメリュウやカリンが植えられ、出掛ける際や帰宅時に、緑を感じられる

キッチンとダイニングと主庭が短い動線でつながっているため、庭で収穫した植物を調理に使いやすい

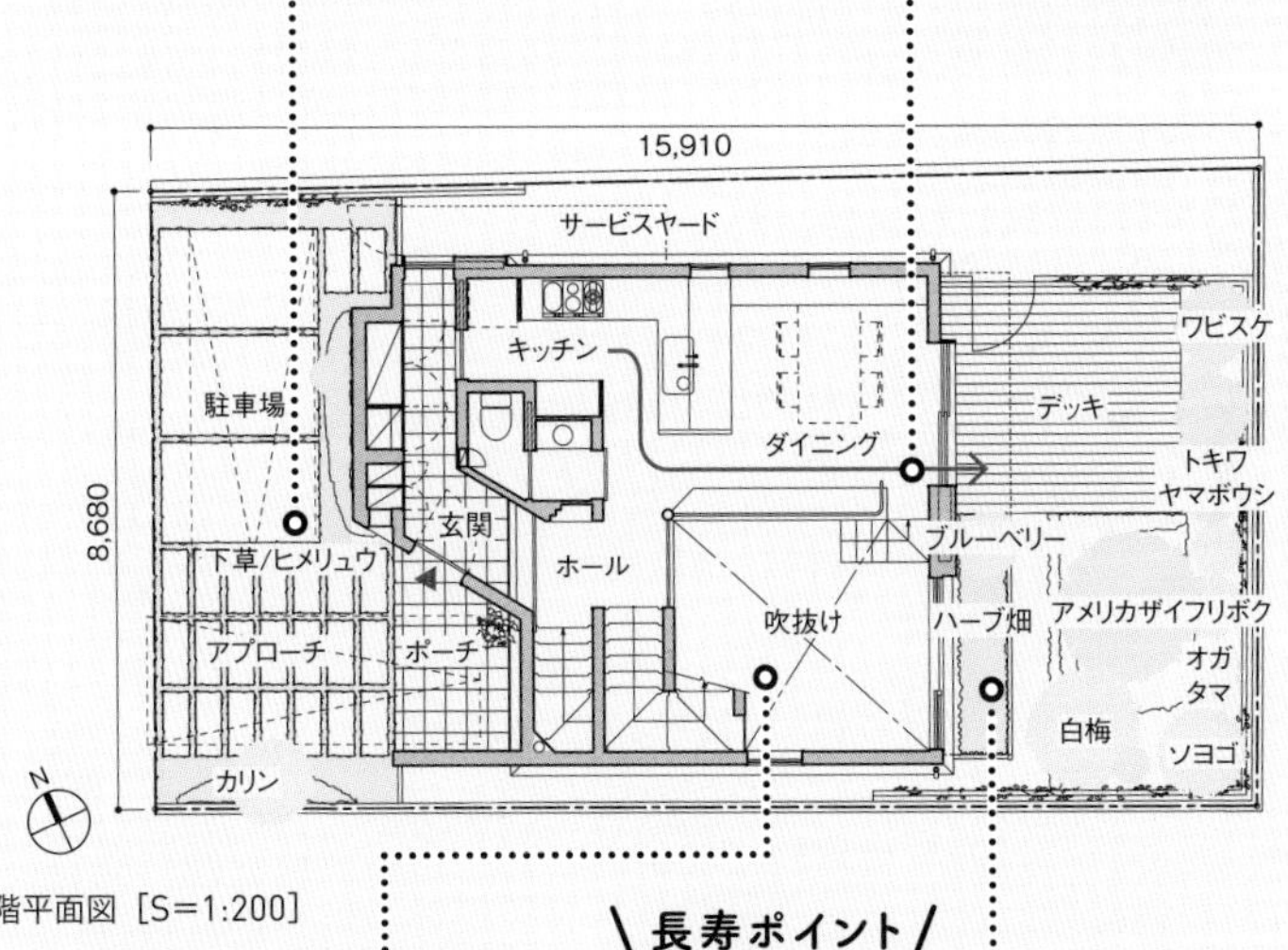
15,910
8,680
サービスヤード
キッチン
ダイニング
ワビスケ
デッキ
トキワ
ヤマボウシ
駐車場
玄関
ホール
ブルーベリー
下草/ヒメリュウ
吹抜け
ハーブ畑
アメリカザイフリボク
アプローチ
ポーチ
オガ
タマ
白梅
ソヨゴ
カリン
N

1階平面図［S=1:200］

吹抜けの半地下リビングからも庭が見える

＼長寿ポイント／

通常、乾燥した軒下では植物が枯れてしまうが、ハーブは乾燥に強いので、あえてバルコニーの下をハーブ畑にした。ブルーベリーもデッキに近いところに植え、気軽に収穫できるよう配慮

CASE 18

味付けも消化吸収も照明で決まる ポイントは色と明るさ!?

キッチン・ダイニングを照明から考える

少し暗い電球色の照明の下では、唾液の分泌量が増加する。このときに分泌される唾液はサラサラとした薄い唾液で、食物の消化吸収をよくしてくれる

暗めの
電球色の照明
なんか
落ちつくよ…
オフクロ
おなか
いっぱい

電球色の照明は血圧を下げ、精神をリラックスさせる効果もあるため、食後にくつろぐリビングなどにも最適[142頁図1]

電球色の照明下では胃がリズムよく働きやすくなり、消化が促進される[143頁図2]

Point!

- ダイニングの照明は「少し暗めの電球色」
- キッチンの照明は「明るい昼光色」
- 電球色の明かりにはリラックス効果がある

3 食事 照明

【表1】味覚および唾液分泌と照明の関係

	電球色（3000 K）	昼光色（7500 K）
薄暗い照明（200ルクス）	・唾液が多く分泌される ・胃の活動が正常化しやすい	・電球色よりは味覚が敏感になるが、明るい昼光色には劣る
明るい照明（1500ルクス）	・昼光色よりは唾液が多くなる傾向にある ・薄暗い照明よりは味覚が敏感 ・胃の活動は薄暗い電球色と同じ程度正常化しやすい	・味覚が最も敏感になる

「甘味と苦味に対する感覚」は昼光色の明るい環境下で最も敏感になり、「唾液の分泌量」は電球色の暗い環境下で最も多くなることが分かった

明るい
昼光色の照明
アラ…？
味覚が冴えわたるワ…
苦味
甘味

明るい昼光色の照明環境では、味覚（甘味と苦味）が敏感になるので、料理中に味見をするキッチンに適している

明るい昼光色をキッチンに 暗めの電球色をダイニングに

「照明によって料理がおいしそうに見えたり、まずそうに見えたりする」とよくいわれますが、実は、照明が食に影響を与えることは科学的に実証されています。照明環境と生体反応の関係を調べた研究では、照明の明るさや色温度［※1］の違いで、味覚だけでなく、唾液の分泌量や胃の働きも変化することが分かりました。

実験では、明るい照明環境のほうが、甘味と苦味がより敏感になり、色温度の高い光（昼光色の光）も味覚の感度を高めるという

電球色の光には人をリラックスさせる効果も

色 温度の違いは血圧にも影響を及ぼす。図1は騒音と色温度の違いによる血圧の変化を比較したグラフ。騒音があると血圧は上昇している。それと同様に照明の色温度が高くなっても血圧が上昇することが分かる

【図1】色温度や騒音と血圧の関係

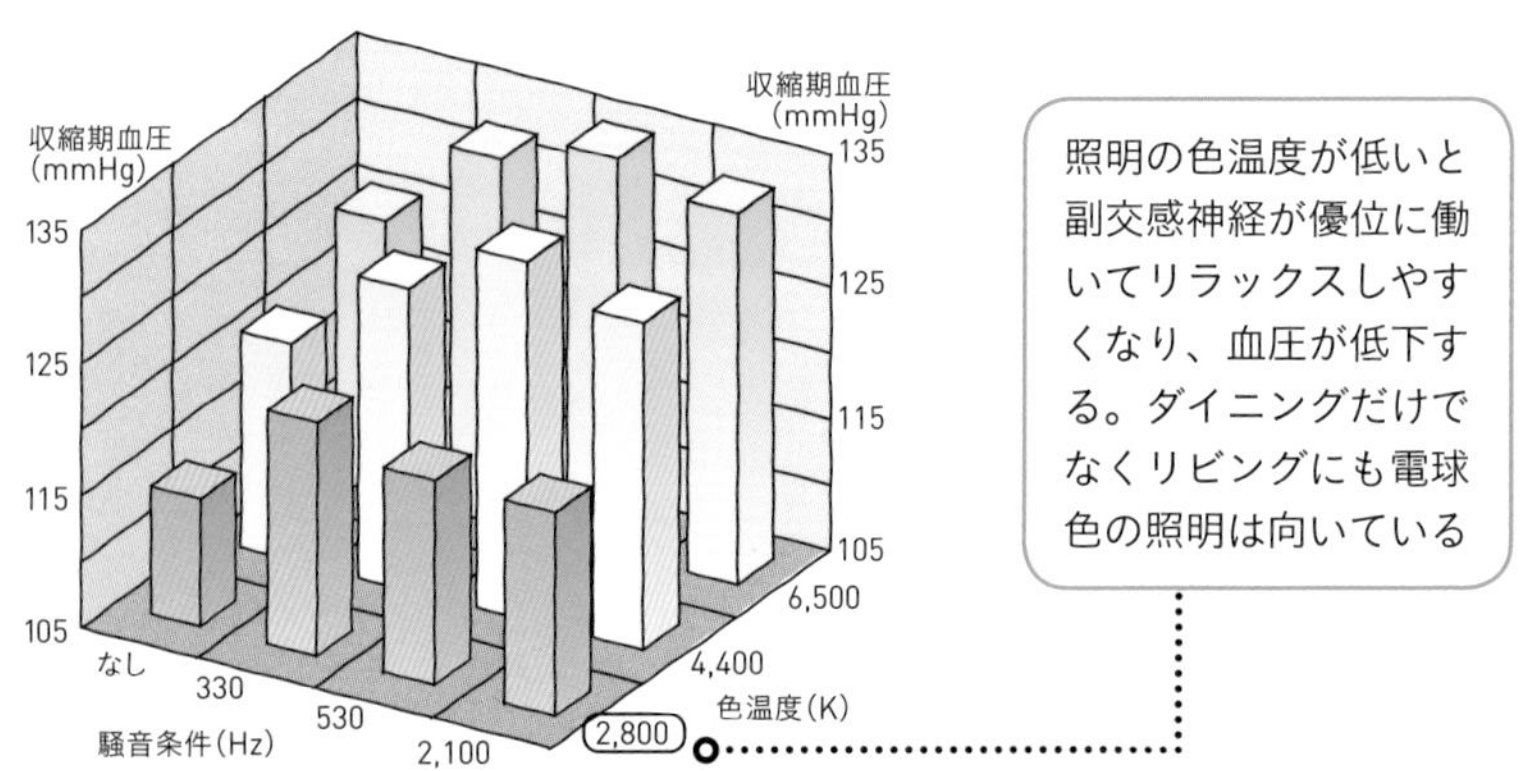
収縮期血圧
(mmHg)
135
125
115
105
収縮期血圧
(mmHg)
135
125
115
105
なし
330
530
2,100
騒音条件(Hz)
6,500
4,400
2,800
色温度(K)
照明の色温度が低いと副交感神経が優位に働いてリラックスしやすくなり、血圧が低下する。ダイニングだけでなくリビングにも電球色の照明は向いている

表1、図1・2 参考文献：勝浦哲夫、金信琴、野崎翔大、内山友里亜、高橋良香、李スミン、下村義弘、垣鍔直（2015）「人工光環境に対する生理反応ー性格特性との関連及び青色パルス光の非視覚的作用」日本生理人類学会誌20（1）:9-17、勝浦哲夫（2009）「味覚は照明によって変わるのか—味覚と視覚の関係」日本生理人類学会編『カラダの百科事典』丸善出版176-178頁

結果が出ました。おそらく、私たちの祖先が明るく色温度の高い日中に採食行動をしていたことが、そのような状況下で味覚の感度が高まることと関係しているのでしょう。

一方、消化を助ける唾液は、より暗い照明下で多く分泌されます。色温度の影響はそれほど強くありませんが、昼光色に比べれば電球色の方が、唾液の量を増やす傾向にあります。また、副交感神経の働きによって分泌されるサラサラした薄い唾液も暗めの電球色でより盛んに分泌されました。さらに胃電図を調べたところ、電球色の照明下では胃の働きも正常化する

キッチンには昼光色 ダイニングには電球色の照明を

調理や家事の最中は視認性が求められるため、キッチンには明るい昼光色の照明が適している。一方、電球色の照明環境では時間の流れがゆったりと感じられる。落ち着いて食事をしたいダイニングに最適だ

【図2】色温度と胃の働きの関係

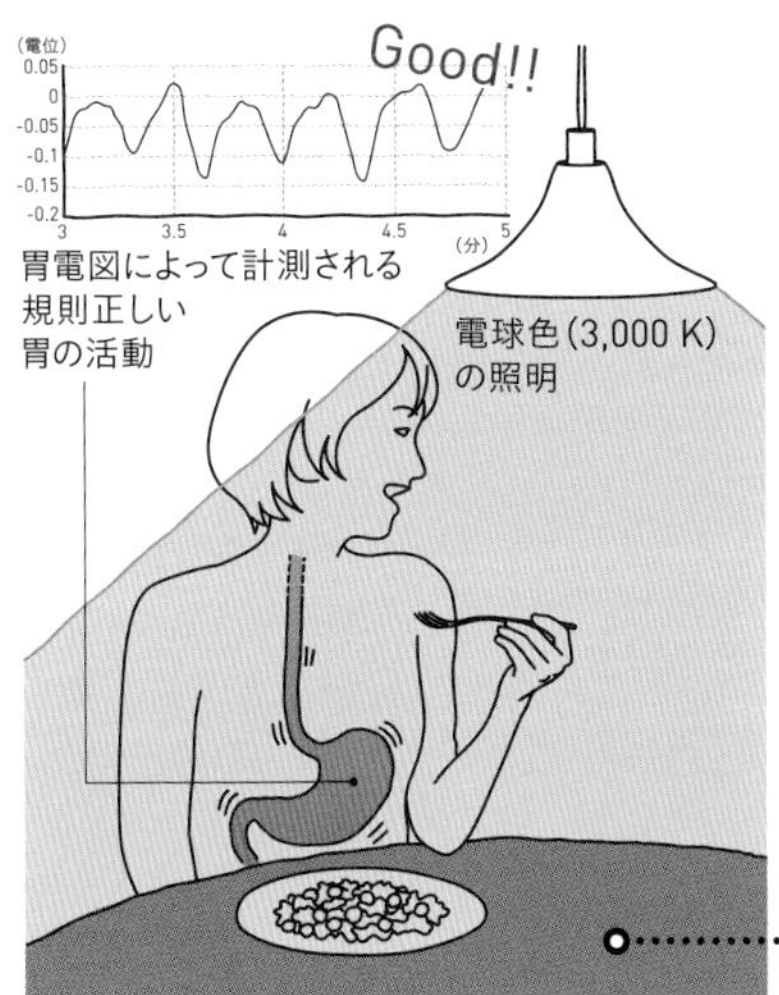
(電位)
0.05
0
-0.05
-0.1
-0.15
-0.2
3
3.5
4
4.5
5
(分)
Good!!
胃電図によって計測される規則正しい胃の活動
電球色(3,000 K)の照明

電球色（3000 K）と昼光色（7500 K）の照明で胃電図の反応を比較したところ、電球色の照明のほうが、胃の働きが正常化しやすいことが分かった

【図3】キッチンとダイニング それぞれに適した照明

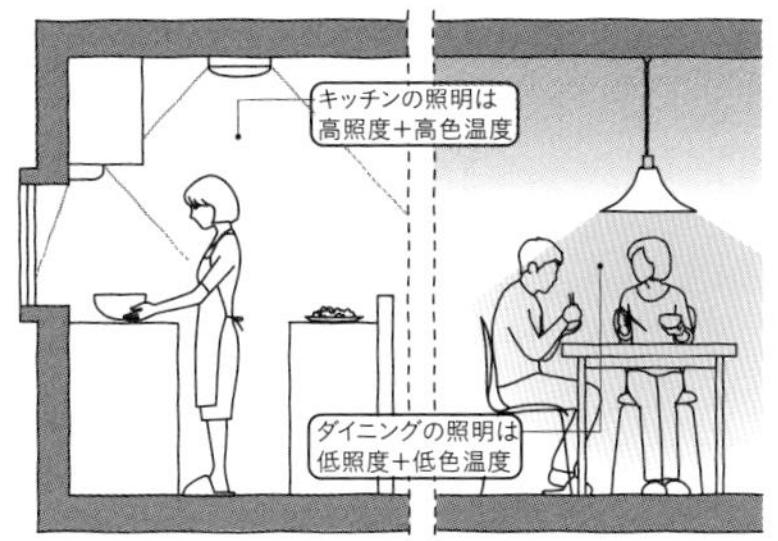
キッチンの照明は高照度+高色温度
ダイニングの照明は低照度+低色温度

[※2]ことが認められています[図2]。

調理中に味見をするキッチンでは昼光色の明るい照明が向いており、逆にダイニングには、ゆったりとリラックスして食物を消化吸収できる少し暗めの電球色が適していると考えられます。

執筆：千葉大学名誉教授　勝浦哲夫

※1　光の色を数値で表現する尺度。単位はケルビン（K）。色温度が低ければ暖色系の赤っぽい光に、高ければ寒色系の青白っぽい光になる

※2　胃電図によって胃の平滑筋の電気的な活動を計測する。平滑筋は正常状態では規則的な波形（正常波）を示すが、ストレスなどで胃の運動機能に異状が生じると波が遅くなったり、速くなったりと不規則な波が現れる

実例

照明の工夫で健康的に食事を楽しむ

市販されている一般的な照明の色温度は2700～6500K。したがって、141頁の表1をもとにキッチンとダイニングの照明を考えるなら、キッチンには約6500K、ダイニングには約3000Kの照明を使用するとよい。しかし、同じ空間の中で照明の色温度にあまり大きな差をつけたくない場合は、本事例のようにキッチンに3500Kの照明を使うなどして、できるだけ色温度を高く設定するとキッチンとダイニングをなじませることができる。

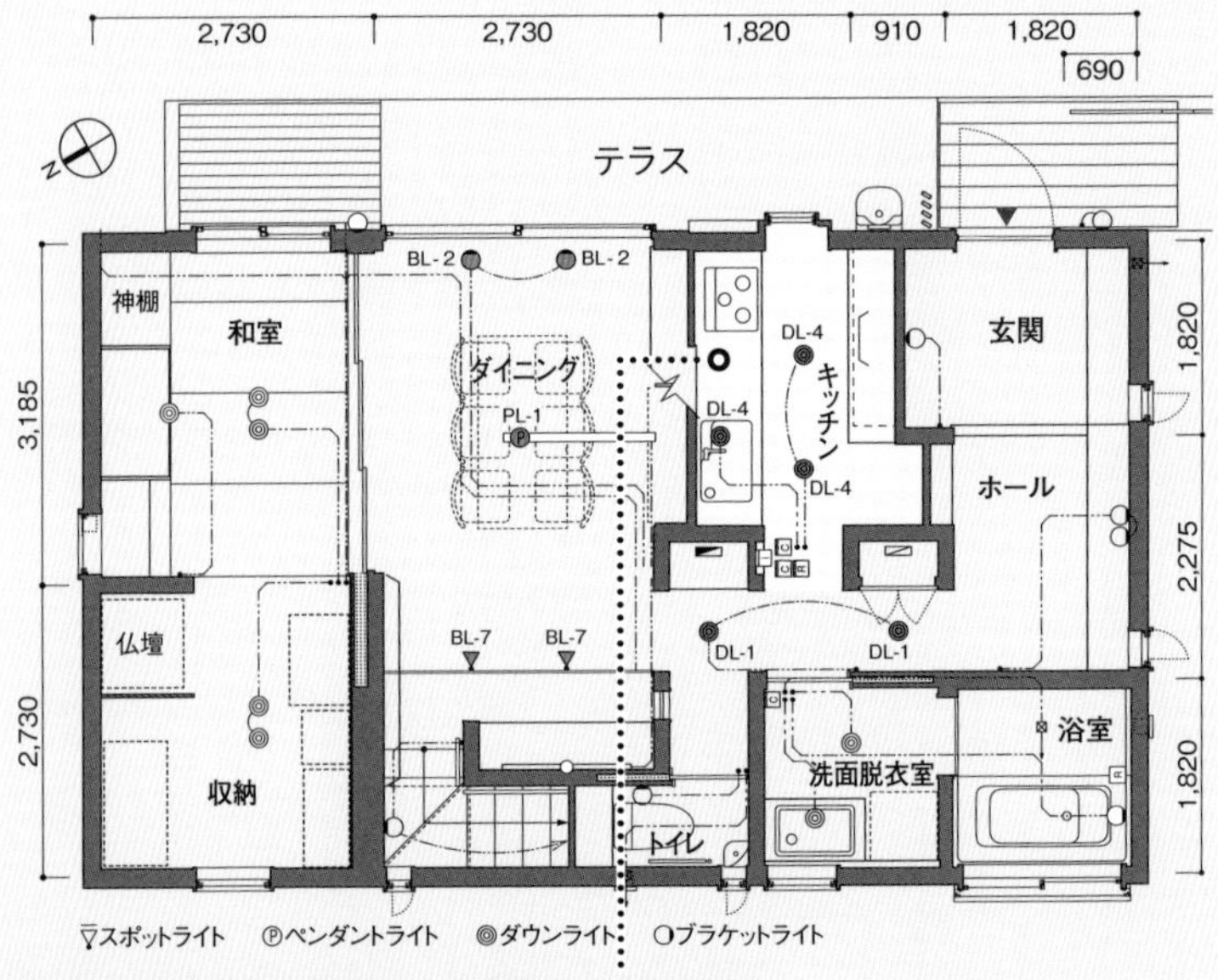
2,730
2,730
1,820
910
1,820
690
テラス
神棚
和室
BL-2
BL-2
ダイニング
PL-1
DL-4
DL-4
キッチン
DL-4
玄関
ホール
3,185
1,820
2,275
仏壇
BL-7
BL-7
DL-1
DL-1
2,730
収納
洗面脱衣室
浴室
トイレ
1,820
▽スポットライト
Ⓟペンダントライト
◎ダウンライト
○ブラケットライト

1階配灯図［S=1:120］

対面式カウンターは完全にオープンにするのではなく、小さな腰窓を介してダイニングとキッチンをつなぐように設計。キッチンの明るい照明がダイニングに影響することを緩和できる

テラス側からダイニングを見る。ダイニングの照明は、3,000 K のペンダントライト［※4］をテーブルの上に1灯配置。このペンダントライトだけでも、食事は十分だが、補助用のアンビエント照明としてブラケットライトとスポットライト［※5］を2灯ずつ部屋の両壁に配置した。子どもがダイニングで勉強するときはこれらの照明で明るさを確保する

キッチンには3,000 Kの光よりも少し白い3,500 K（温白色）のダウンライト［※6］を採用。十分な明るさを確保するために、シンク上部に1灯、天井に2灯を配置した。視認性を高めて調理しやすくしている

※4「PH5」（ルイスポールセン）｜※5 BL-7には「OS 047 394」（オーデリック）、BL-2には「Anticoエジソン電球型」（Biscotti）を採用｜※6「OD 261 893」（オーデリック）

CASE 19

健康的な食生活は家族で食卓を囲むひとときが育む

楽しく食卓囲めてますか？

時間と空間を共有していても、互いのコミュニケーションがなければ共食とはいえない

これは共食？
し〜ん
ピコピコ
zzz

Point!

- 食事だけでなく、調理や買出しなどの食を通じた多様なコミュニケーションが大切
- 共食の場は、みんなで楽しく

「孤食」の日常化は子どもの健康を損なう

人とともに食事をする「共食」は、子どもの心身の発達や健康において重要な役割を担っています。対して、1人だけで食事をすることは「孤食」と呼び、現代の家族と子どもを取り巻く大きな課題の一つなのです。

孤食が日常化している子どもたちの多くは、精神面や食事内容、健康状態などに問題を抱えています。孤食群の子どもを調査した結果、その半数近くが「専門家の診断を受ける必要がある」と考えられる不定愁訴（ふていしゅうそ）を訴えていました。

食事を通じた家族どうしの交流は、心の健康にもつながる

食への知識、嗜好、食べ方、食事の楽しさなどを共有することも「食を営む力」を育てる

ちょっとアナタ!
気にするな!
まあ、父さんはレギュラーだったけどな!
今日の試合もベンチだった…
私も食べてみようかなー
春はホタルイカじゃわい

年齢や健康状態、食事観が異なる複数の人が同じ食卓を囲めば、全員が満足できるように、副菜の品数が増える。結果的に良好な栄養バランスが確保される

また、孤食群の子どもたちには、「食事がつまらない」「お腹がすいていない」など、食に対する消極的な回答が目立ちます。なかでも、「1人で食事をしたほうがいい」と回答した子どもたちは、朝食を欠食する割合や、4項目以上の不定愁訴に該当する割合が高く、孤食の日常化が食習慣と健康状態の悪化につながっていると考えられます［148頁図1］。

「共食」は食を入口としたコミュニケーション

共食における重要ポイントは、「コミュニケーションの質」と「食を取り巻くコミュニケーションの

孤食の日常化が生み出すマイナスの連鎖

孤食は、固食、粉食、小食、個食などに読み替えて特徴が示されている。固食は「自分の好きなものばかりを固定的に食べること」、粉食は「スパゲッティやパンなど粉を使った主食を好んで食べること」を意味しており、孤食が食事内容や栄養素の偏りにつながることを意味している。孤食群の子どもたちの40%以上が4項目以上の不定愁訴［※1］を訴えており、孤食による栄養の偏りが、健康や精神状態に悪影響を及ぼしていると考えられる

【図1】孤食が与える健康への影響

月
火
水
木
金
土
日
自分の好きなものばかり食べる
固食
心身の不調
ごちそうさま！
食べる量が少ない
小食
栄養バランスの乱れ
食に対する興味の低下
粉物を好んで食べる
粉食
孤食

孤食群の子どもは小食になり、食事量が不足したり、逆に過食で肥満になったりする割合も高い

※1 足立氏らの調査で内科や小児科医と検討して取り上げた不定愁訴は全16項目。「胃の調子がおかしい」「便秘しやすい」「食事がおいしく食べられない」「下痢しやすい」「だるくなりやすい」「足が重い感じする」「元気が出ない」「頭が痛くなりやすい」「めまいがしやすい」「風邪をひきやすい」「夜よく眠れない」「手足がしびれる感じがする」「心臓がどきどきしやすい」「足がはれぼったい」「イライラする」「心配事がある」

「広がり」です。

まず、「コミュニケーションの質」について考えてみましょう。たとえば、みんながスマートフォンや新聞などに夢中で、互いのやりとりがまったく交わされない食事は、共食とは呼べません。食事を通じて家族や仲間どうしが、互いの状態を確認し合うことが、豊かな食の場を育みます。

また、食卓だけが共食の場ではありません。「食を取り巻くコミュニケーションの領域を広げること」が、よりよい共食につながります［図2］。家族と好きな料理について話し合ったり、買物や調理、後片付けなどを含めた食事に関わる

共食は子どもの栄養状態をアップする

共 食の習慣によって、食材や料理の品数が増え、栄養バランスも良好になる。共食を日常的に行っている家庭の献立は、野菜を主とする副菜料理の品数が、孤食家庭に比べて多いことが調査で明らかになっている

【図2】共食が与える健康への影響

共食の場は雰囲気も大切。食事中の会話で一方的な注意や指摘が頻発すると、食事が楽しくない時間と認識されて、子どもの食への意欲が低下してしまうことも少なくないからだ。食事の楽しさは、思春期の女子の精神的健康状態と関連しているという報告もある。食の多様さやのびやかさを感じられるように、楽しく過ごしたい［※2］

家族みんなで食事をする
心身健康
品数が増える
良好な栄養バランス
食事への関心や積極性が高まりやすい
今日はお鍋かなー
イイネ
それにしよう
食べたい料理や旬の食材について話をする
一緒に食事の準備をする
共食

※2 朝食における共食の機会がほとんどないにもかかわらず、生活の質が良好だった中学生を対象に調査をしたところ、多くの家庭で、夕食の共食頻度は週4回以上で、夕食中の会話を楽しんでいる傾向にあることが分かった。共食の頻度が十分でなくても、それぞれの環境で共食の質を高めることが心身の健康につながることを示唆している

さまざまな行為を共有することも、非常に有意義な共食行為なのです。

食習慣は住まい手のライフスタイルに応じて千差万別、正解はありません。しかし、キッチンやダイニングに家族が自然と集まり、食を共有できるような場所やその背景を準備することで、家づくりの視点から共食を促すことは大きな意味があるはずです。

監修：女子栄養大学名誉教授　足立己幸

共食を促すキッチン・ダイニングを家の中心に

家族みんなが気軽にくつろぐことのできる食卓をつくるには、ダイニングの存在が家族の日常生活に何気なく溶け込んでいることが大切だ。たとえば、個室や水廻りなど家中のさまざまな空間とつながる場所にキッチンやダイニングを配置すれば、自然と食卓が家族の中心的な空間になる。キッチンやダイニングから洗面室、玄関、物干し場などのさまざまな場所にアクセスできる動線を確保すれば、家事効率が高まり、使い勝手がよくなるという利点もある。

\ 長寿ポイント /

キッチン・ダイニングに子ども室を隣接させるのも一つの方法だ。生活空間とキッチンが近いことで、子どもの食事への関心を高める

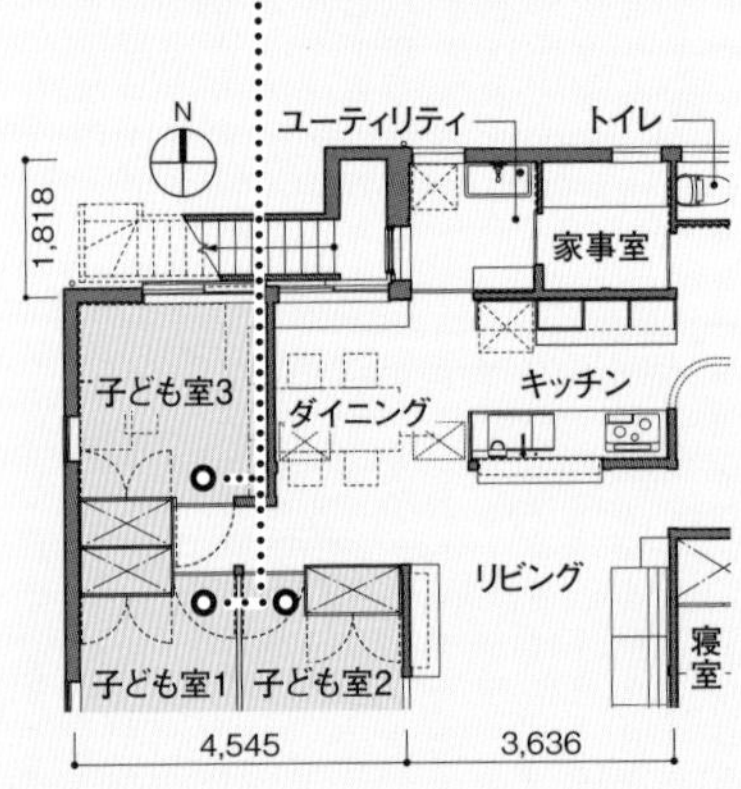
N
1,818
ユーティリティ
トイレ
家事室
キッチン
子ども室3
ダイニング
リビング
子ども室1
子ども室2
寝室
4,545
3,636

1階平面図［S=1:200］

子ども室のロフトに窓を設けて子ども室とキッチンのつながりをつくり出している

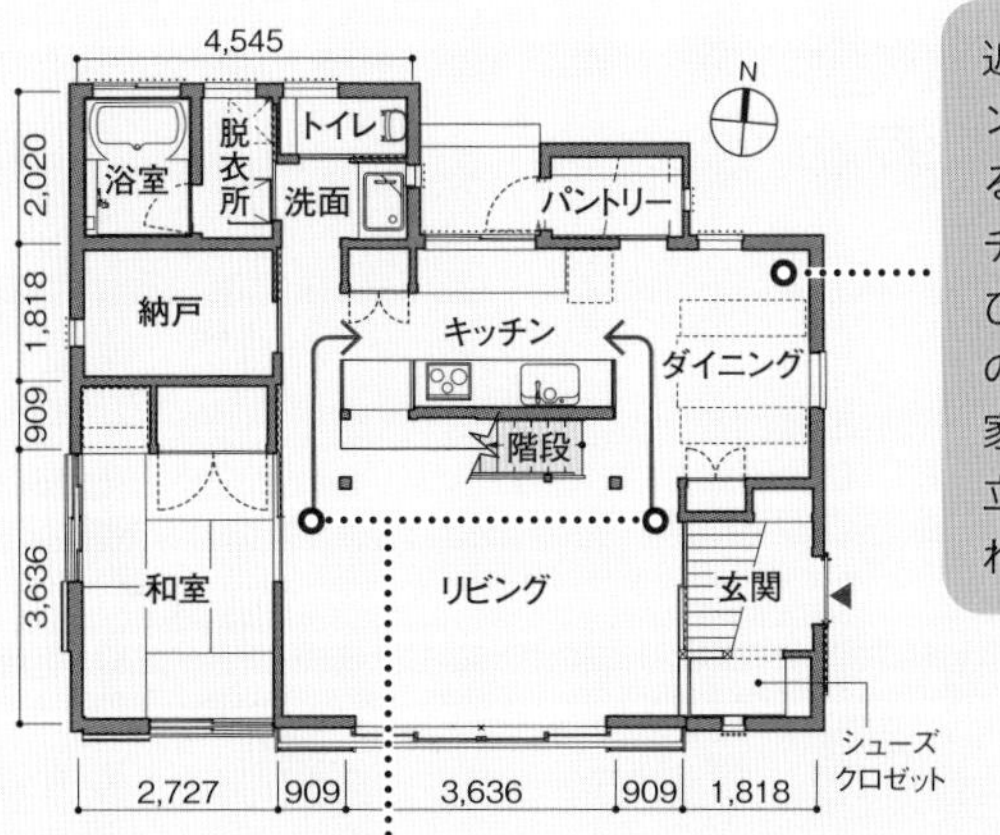
4,545
2,020
1,818
909
3,636
浴室
脱衣所
トイレ
洗面
パントリー
納戸
キッチン
ダイニング
階段
和室
リビング
玄関
シューズクロゼット
2,727
909
3,636
909
1,818
N

1階平面図［S=1:200］

近年は、対面式のキッチン・ダイニングが好まれるケースも多いが、キッチンとダイニングは横並びに配置したほうが配膳の動線が短くなる。また、家族みんながキッチンに立ちやすい関係性をつくれる

キッチンに2方向からアクセスできる回遊動線は、子どもと一緒に調理しても窮屈にならない

キッチンに立つ親と子どもたちが気軽に触れ合える場所をつくることで、自然な会話が生まれ、お手伝いのきっかけにもなる

 「M邸」設計：アトリエヌック建築事務所、写真：新井聡

4章

メンタル

スッキリ
!?

家でのリラックスが健やかな生活の源

自宅で「落ち着きや」や「安らぎ」を感じられることは、私たちの健康増進にとても意味があります。ちょっとした工夫や配慮で住宅のリラックス効果は高められるので、積極的に癒しの要素を取り入れていきましょう。それと同時に、住宅は些細な不満やイライラが蓄積されやすい場所でもあります。暮らしのなかの「よい要素」と「悪い要素」をしっかり区別して対処することが大切です。

CASE 20

可変性のある間取りが住まい手の心を健康にする

心理的ストレスは人それぞれ
疲労
不満
やけどケガ
争い
化学物質
ウィルス菌
ストレス

心身に与えられるさまざまな負荷や刺激に対する反応が体に発現した状態のことをストレスという。ストレスの原因はストレッサーと呼ばれ暑さや寒さ、騒音、化学物質などさまざまなものがある

「自分で対処できる」という実感が大切

日常生活でしばしば経験する人の密集や住宅の狭小化といった環境的な問題は、時に心理的なストレスとなって、心身に不調をもたらす可能性があります。どのような環境的要因がどの程度のストレス源として認識されるのかは、人によって異なりますが、ネガティブな環境刺激に持続的にさらされた場合、行動的、認知的、情緒的障害が生じかねません。特に住宅は間取りや空間の設えに不満があっても「自分ではどうすることもできない」という心理状態につな

心理的ストレスは、同じ環境下にあっても、その人が環境をどの程度の「脅威」と感じているかによって左右され、その影響も異なる。環境に不満があっても「自分で対処できる」と知覚することで、心理的ストレスを軽減できることもある

低ストレス
高ストレス

よい家
だなぁ

もうこんな家
住みたくない

心理的ストレス

Point!

- 「自分ではどうすることもできない」という感覚がストレスを大きくする
- 可変性のある住宅が暮らしへの不満を軽減する

がりやすく、そのことが大きなストレスになってしまうこともあります。このような心理的状態は「学習性無力感」と呼ばれます。

家族の成長やライフスタイルの変化に合わせて、部屋の使い方や設えなどを変えたいと思う場面は少なくありません。「必要があればいつでも変えられる」と思って生活するのと、「まったく変えられる余地がない」と思って生活するのとでは、学習性無力感によるストレスの度合いは大きく異なるはずです。ここで大切なのは、実際に変えるかどうかではなく、「いざとなったら変えられる」という感覚（対処可能性の知覚）を持

住宅における「対処可能性」とストレスの関わり

心理学者のバウムとバランスは、同じ密集度だが間取りが異なる2つの寮で、学生たちの「混み合い感」や「行動」の違いについての研究を行った。その結果、寮生活における他者との関係を自分で選択できないという「認知」が、学生たちのストレッサーになることが分かった。自らの置かれた状況に対する対処可能性が寮生のストレスに影響を与えていたのだ。これは住まい手が自分の住宅に対して対処可能性を感じながら生活できることがストレスの軽減に貢献することを示唆している

【図1】寮の間取りと対処可能性の知覚

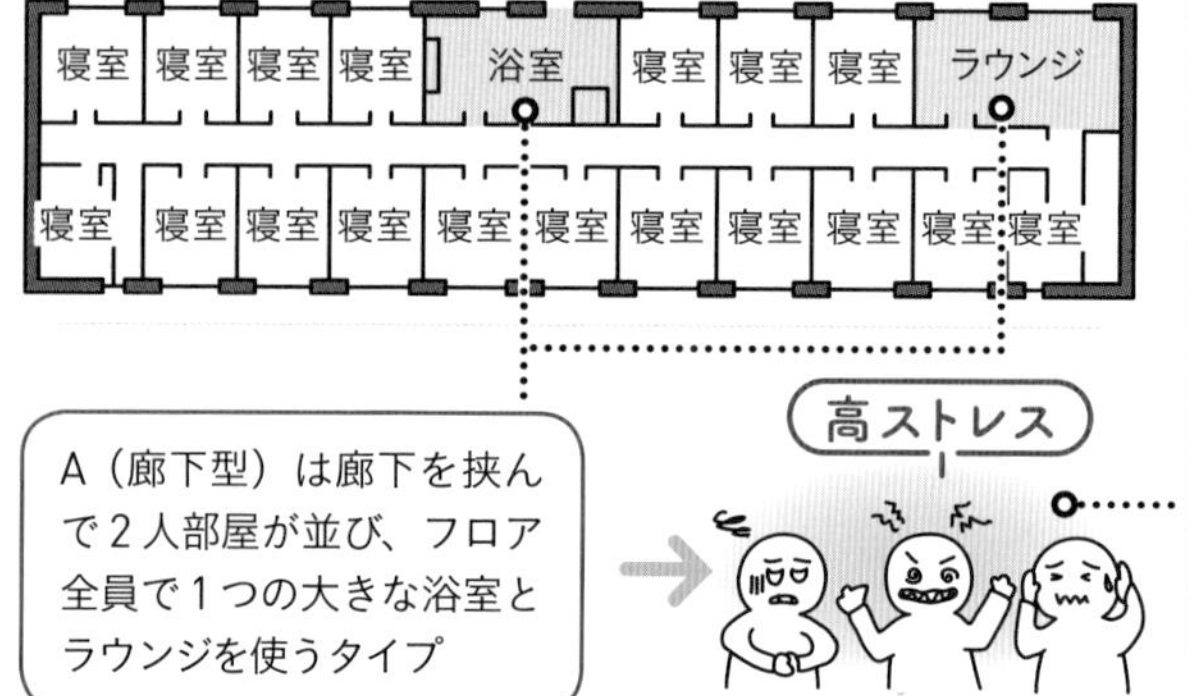
A 廊下型
寝室
浴室
ラウンジ
A（廊下型）は廊下を挟んで2人部屋が並び、フロア全員で1つの大きな浴室とラウンジを使うタイプ
高ストレス

混雑した印象や人間関係に負担を感じている住人はA（廊下型）の寮に多かった。ラウンジや浴室を共有する人数が多いため、他者とのかかわりを自分でコントロールできないと感じていたのだ。また対人行動も消極的な傾向にあった

ちながら暮らせているということです。ストレスのない住宅の基本は、いつでも自由にプランニングや設えを変えられ、自分の思いを住宅に反映できるという実覚をもって生活できることだといえるのです。

執筆：清泉女学院大学　山内宏太朗

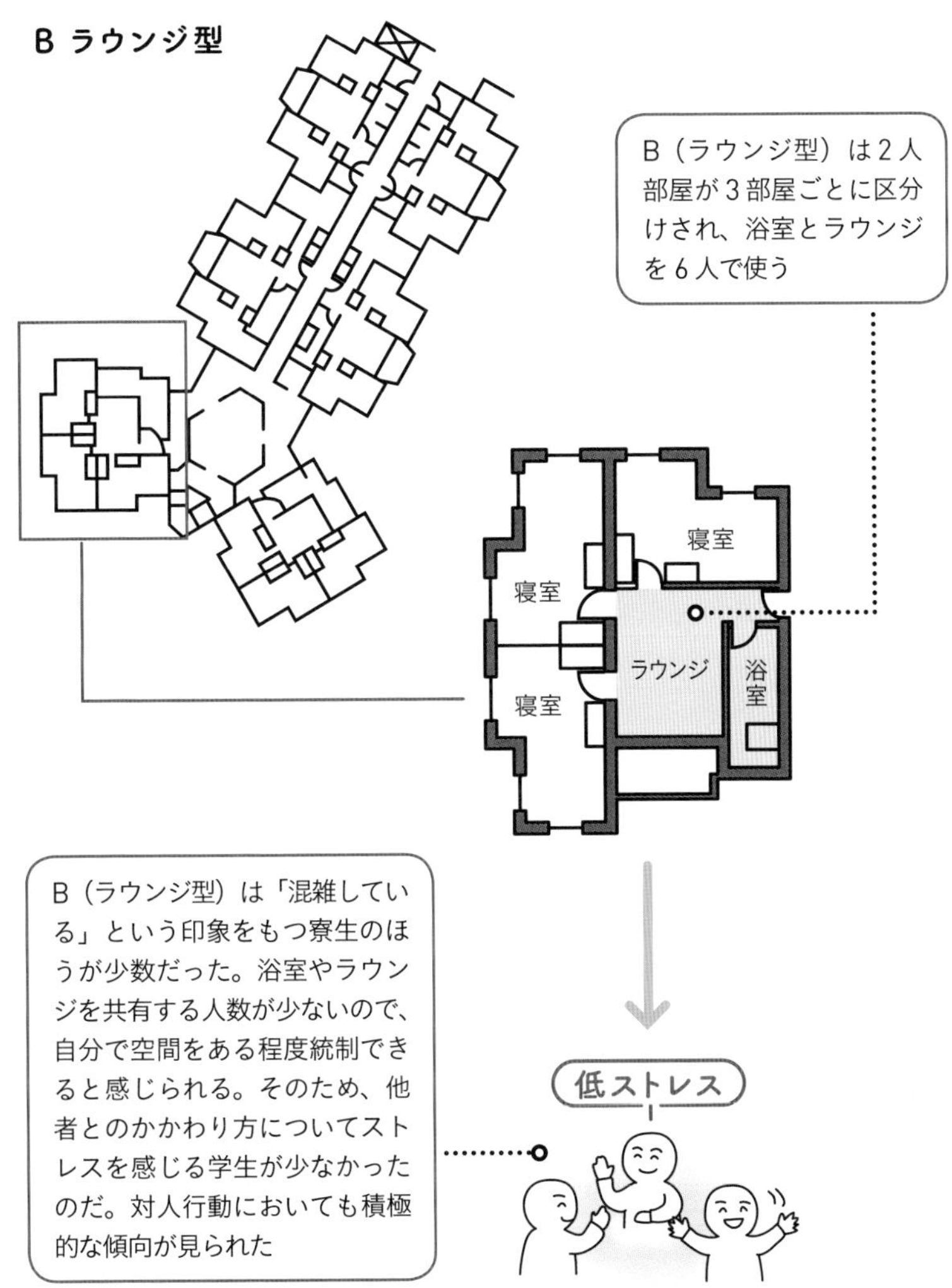
B ラウンジ型
B（ラウンジ型）は2人部屋が3部屋ごとに区分けされ、浴室とラウンジを6人で使う
寝室
寝室
寝室
ラウンジ
浴室
B（ラウンジ型）は「混雑している」という印象をもつ寮生のほうが少数だった。浴室やラウンジを共有する人数が少ないので、自分で空間をある程度統制できると感じられる。そのため、他者とのかかわり方についてストレスを感じる学生が少なかったのだ。対人行動においても積極的な傾向が見られた
低ストレス

出典：Baum, A. and Valins, S. (1977)「Architecture and social behavior: Psychological studies of social density.」New York: John Wiley & Sons ,

実例

可動式の間仕切りで ストレスフリーな住まいに

家族の成長やライフスタイルの変化に応じて空間を変更できるよう工夫された住宅。リビングとダイニングを仕切っている収納棚が可動式になっており、この棚を移動させれば、広々としたワンルーム空間をつくることができるのだ。棚の固定金具は手で付け外しできるため、手軽に間取りを変更でき、暮らしの要望にいつでも沿えるフレキシブルな空間となっている。また、耐力壁が外壁のみに配置されているので、リノベーションで簡単に間取りを変更できる。

上：ダイニング。左手の棚が可動式となっており、間仕切壁の役割を果たしている｜下：可動棚を退けたリビング・ダイニングを見る。大人数で利用する場合など、時と場合に応じて間仕切り用の家具を移動させれば、リビングとダイニングを1つの空間として広々と使うことができる

「静岡の家III」設計：半田雅俊設計事務所、写真：半田雅俊

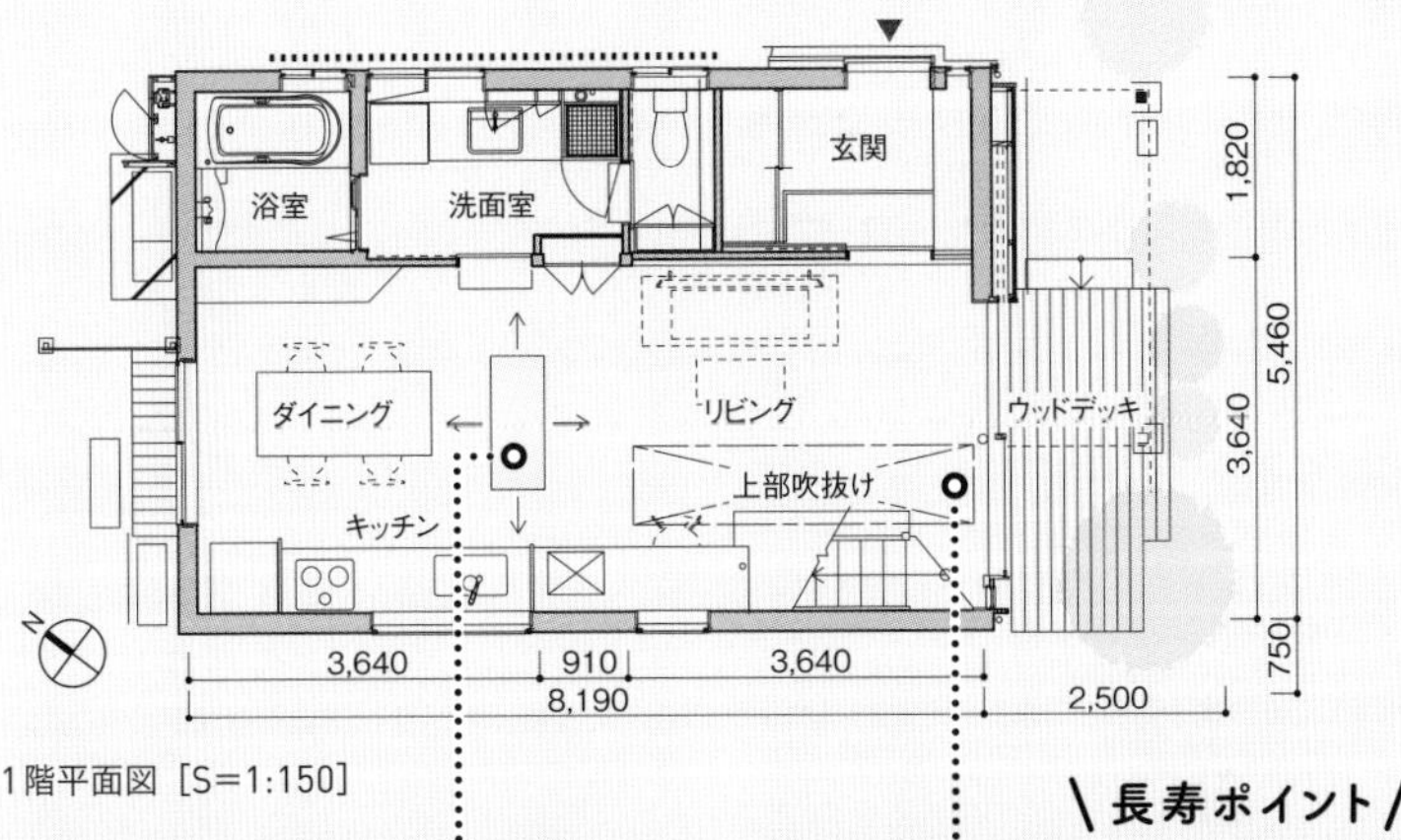
浴室
洗面室
玄関
ダイニング
リビング
ウッドデッキ
上部吹抜け
キッチン
3,640
910
3,640
8,190
2,500
1,820
5,460
3,640
750

1階平面図［S＝1:150］

ダイニングとリビングを仕切る可動式の棚。地震時の転倒防止のため金具で固定しているが、工具を使わずに金具を外せ、部屋の使い勝手に応じて気軽に移動できる

＼長寿ポイント／

室内の柱や耐力壁を少なくすれば、家族構成の変化に応じた間取りの変更が容易になる。「必要になれば変えられる」という感覚が心に余裕を与える

棚の高さは1500㎜。立てば空間を奥まで見渡せるため圧迫感を感じず、座れば視線をしっかり遮って落ち着きを感じさせてくれるちょうどよい高さ

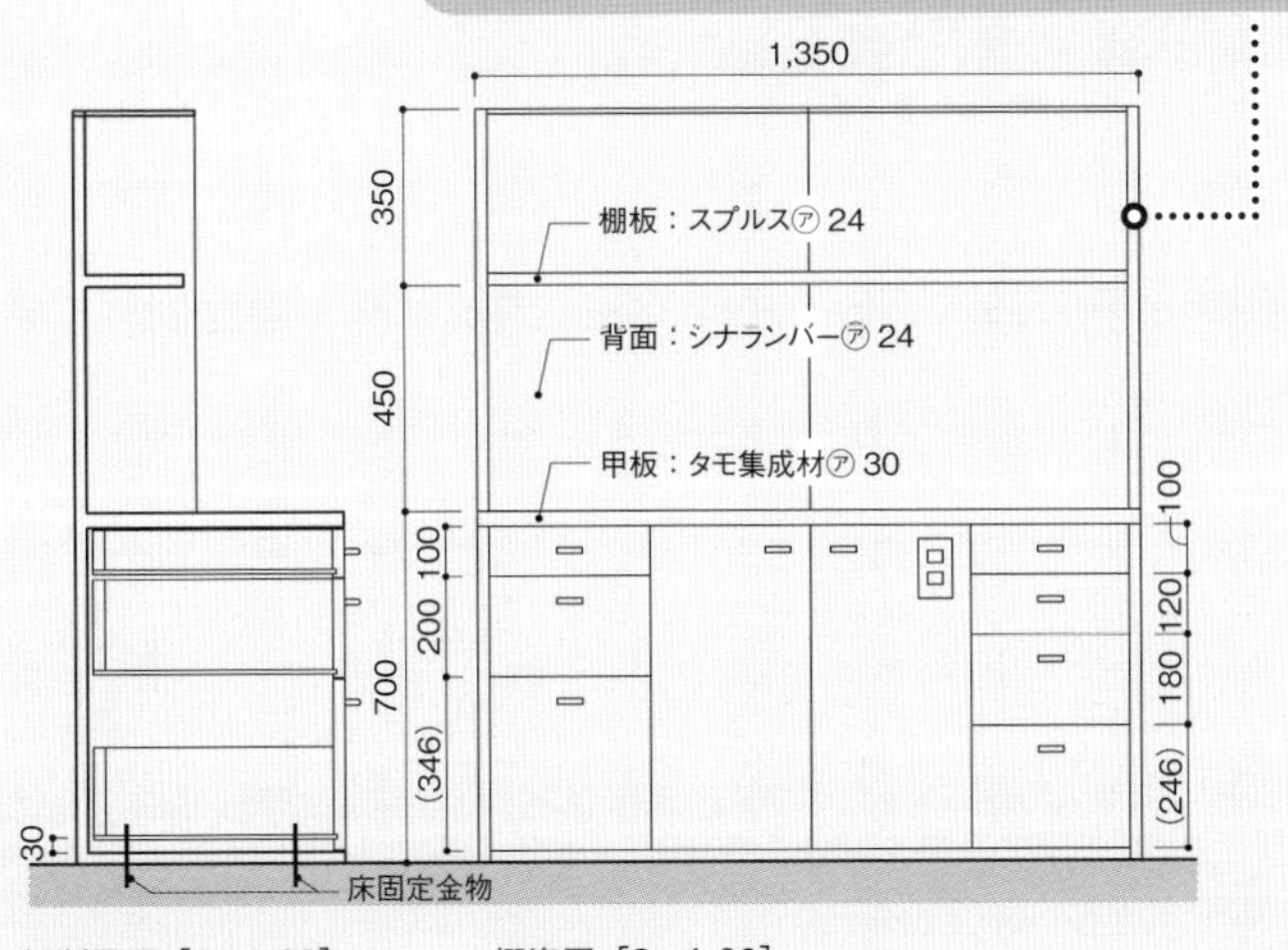
1,350
350
450
700
100
200
(346)
30
棚板：スプルス㋐24
背面：シナランバー㋐24
甲板：タモ集成材㋐30
100
120
180
(246)
床固定金物

棚断面図［S＝1:30］　棚姿図［S＝1:30］

CASE 21

パーソナル・スペースを意識して家族どうしの距離感と居場所を考える

4つのパーソナル・スペース

密接距離
自分の手や足を使って、相手の体に触れたり、抱いたり、つかまえたりできる距離の限界。家族や恋人など、親しい人がこの距離にいることは許されるが、それ以外の人がこの距離に近づくと不快に感じる

社会距離
相手の顔の細部は見えないが、姿全体が見やすい距離。別々の作業ができるし、好きなときに話し合うことができるので家族間のコミュニケーションにも向いている

Point!

- 家族円満の鍵はみんながくつろげるリビング
- リビングでの家族どうしのほどよい距離は3m

家族の距離はつかず離れず3m

他人が近くにいると、なんとなく落ち着かない気持ちになることがあるのではないでしょうか？それは自分自身のパーソナル・スペースに他人が侵入しているからかもしれません［162頁図1］。パーソナル・スペースとは、体の周囲を取り巻く個人空間のことで、このスペースは相手との関係性によって大きさが変化します。パーソナル・スペースの距離感は上のイラストに示したように大きく4つに分類されます。家族間の適切なコミュニケーションに必要な距離

固体距離
両者がともに手を伸ばせば相手に届く距離。表情などを通して相手の気持ちの変化がよくわかる距離なので、個人的な関心事を話し合ったり、私的な交渉をしたりするのに適している
0〜450㎜
450〜1,200㎜
1,200〜3,500㎜
3,500㎜以上
3,500㎜以上
公衆距離
パーソナル・スペースで最も遠い距離。普通の声量で話すと言葉の細かいニュアンスが伝わりにくく、表情や細かい動きがわかりにくい

出典：Hall,E.T.1996 The hidden dimension. New York:Doubleday.日高敏隆・佐藤信行（訳）（1970）『隠れた次元』みすず書房

はおおよそ3mなので、たとえばキッチンとリビング、キッチンとスタディコーナーなど、家族のそれぞれの居場所を3m離せば、つかず離れずの距離を保ちながらコミュニケーションしやすくなると考えられます。［163頁図2］。

ちなみに児童と家庭環境に関するある調査［※1］によると、不登校や家庭内暴力などの問題がある家庭はリビングが機能していない傾向にあるようです。そのような家族に「リビングはどこか」と問うと、家族のなかから違う答えが返ってくるそう。機能するリビングを実現できるかは、家づくりにおいて重要かもしれません。

パーソナル・スペースは卵型

実験者が被験者に近づいていき、被験者が「それ以上近づいてほしくない」と感じる位置を調べた。パーソナル・スペースは前方がやや狭い卵型をしており、その大きさは、接近する人との関係や状況によって変化する

【図1】近接実験によるパーソナル・スペース

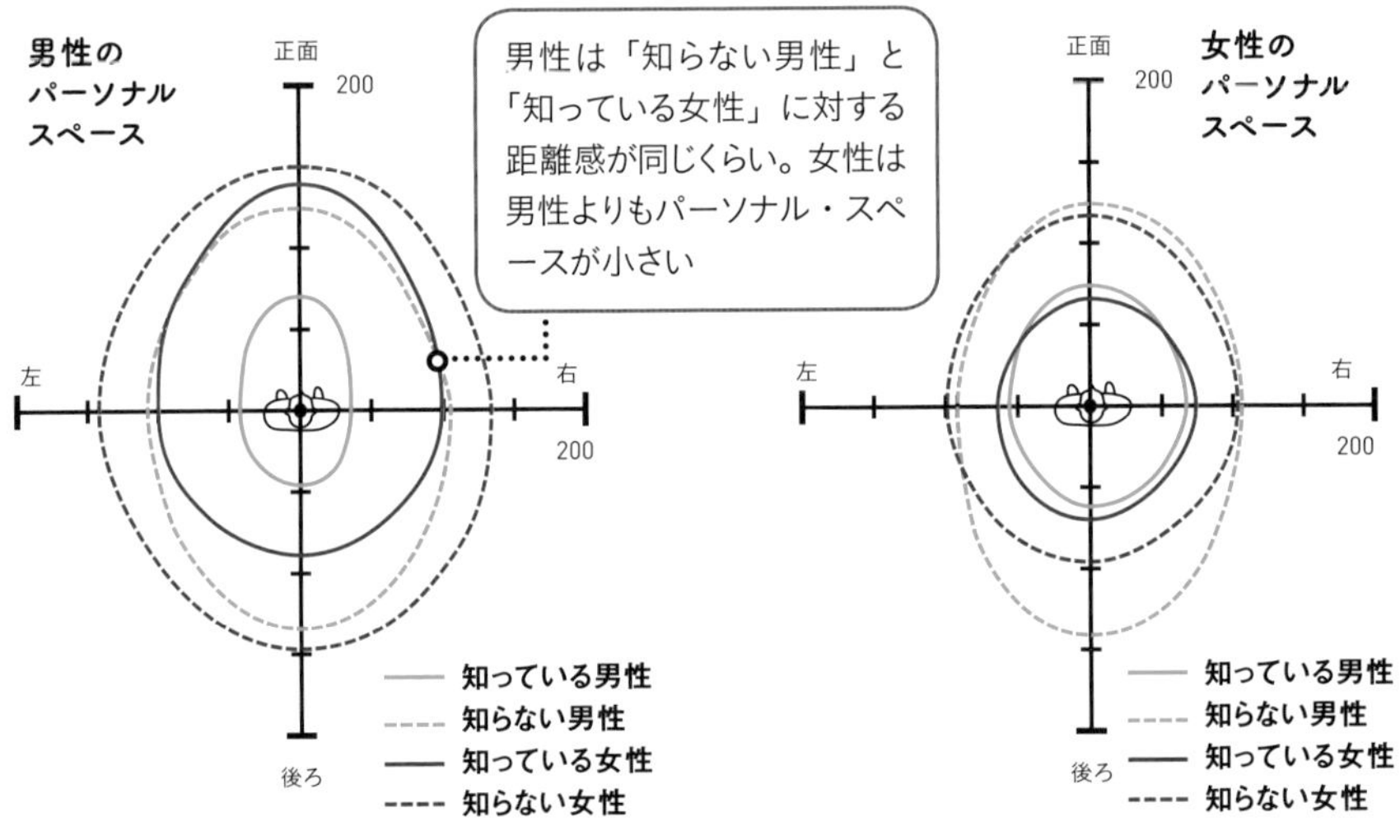
男性のパーソナルスペース
正面
200
左
右
200
後ろ
男性は「知らない男性」と「知っている女性」に対する距離感が同じくらい。女性は男性よりもパーソナル・スペースが小さい
女性のパーソナルスペース
正面
200
左
右
200
後ろ
知っている男性
知らない男性
知っている女性
知らない女性
知っている男性
知らない男性
知っている女性
知らない女性

出典：渋谷昌三（1985）「パーソナル・スペースの形態に関する一考察」山梨大紀要、2、41-49頁

子ども室の与えどきは？

アメリカのパークとサービンの研究では、10歳になると50％の子どもがベッドルームのドアを閉めて使うようになるそうです。これは、子どもが自分だけの空間（時間）を求めるサイン。個室はリビングとつながる配置にするなどして、子どもの成長（変化）に合わせて距離感を変えられるようにするのが望ましいといえます。

夫婦に個室は必要？

夫婦と同棲カップルを対象とした調査では、同棲カップルの方がそれぞれの個室をもっている割合

リビングの椅子は3mの円周上に配置する

リビングは中心に3mのスペースを空けて、相手の姿全体が見えるように椅子を並べるとよい。本を読んだり、テレビを見たりするなど、ほかの作業をしつつ、家族と会話することができ、リラックス効果も高い

【図2】社会距離を利用したリビング

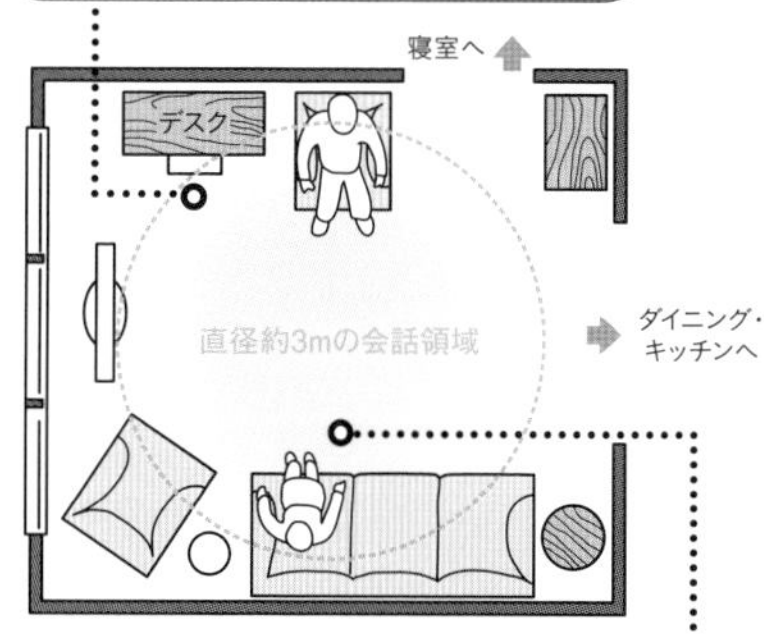
家事スペースやスタディコーナーとリビングの椅子も3m離すとよい
寝室へ
デスク
直径約3mの会話領域
ダイニング・キッチンへ
各自気に入った椅子をリビングに持ち込み、それぞれの「なわばり」をつくる

【表】仲良し夫婦は「なわばり的」〔※2〕

同棲カップルに比べ夫婦のほうが下記の質問に対して「はい」と答えることが多く、「なわばり的」であるといえる。個室はなくても、なわばりを明確にしておけばストレスが少ない

①お互い眠るベッドが決まっているか。あるいはベッドの左右どちら側を使うか決まっているか
②衣類などをしまうタンス類が別々に決まっているか
③自分の文具類や書類などをしまっておく引出しが決まっているか
④洗面所などに歯ブラシやヘアブラシなどの小物を置く、別々の決まった場所があるか
⑤食卓で座る決まった椅子があるか

出典：Rosenblatt,P.C. & Budd,L.G.(1975)「Territoriality and privacy in married and unmarried cohabiting couples. Journal of Social Psychology,97,67-76

が高いようです。トラブルが起こった時の避難所として個室を求めているのです。ただし、そのことが問題を未解決にし、互いの理解が深まらず、結婚にいたらない要因にもなっていました。新築を機に夫婦の個室を設ける場合は、互いが孤立しないような工夫が必要かもしれません［表］。

監修：目白大学名誉教授　渋谷昌三

※1 出典：外山知徳、杉浦一枝（1983）「住居にも原因？ 問題児」朝日新聞記事
※2 なわばりとは、他人に侵入されたくないお気に入りの場所のこと。自分専用の椅子や洗面所の自分専用の棚などが、それに当たる。渋谷昌三（1990）「人と人との快適距離～パーソナルスペースとは何か」NHKブックスより

実例

家族で「なわばり」を確保し仲良く暮らせる家

家族のコミュニケーションを豊かにするためには、共通の空間にそれぞれの居場所をつくるとよい。この事例は、マンションのリノベーション。改修前は鉄筋コンクリートの躯体壁で3つの空間が別々に仕切られていたが、改修後は間仕切壁をつくらず家具で空間を緩やかに区仕切った。家具を使うことで空間の一体感を保ちつつ死角もつくり出せるので、家族どうしにつかず離れずの程よい距離感が生まれる。また、建具に必要なコストを削減できるという利点もある。

リビングから寝室と趣味室を見る。天井まで達していない家具で仕切っているため、家全体がつながっている。壁は左官と鮮やかな青で塗装し、壁をレイヤーのように見せて奥行き感を演出している

\長寿ポイント/

完全な個室を設けないことで、万一家族間にトラブルが生じても、個室に引きこもって、問題を未解決のまま放置してしまうような事態になりにくくなる

\長寿ポイント/

個室を必要としない家庭であっても、各人の持ち物を収める場所など明確ななわばりがあったほうが、共同生活はうまくいく［163頁］。十分な収納を設ければ、個室がなくてもなわばりへの欲求は満たすことができる

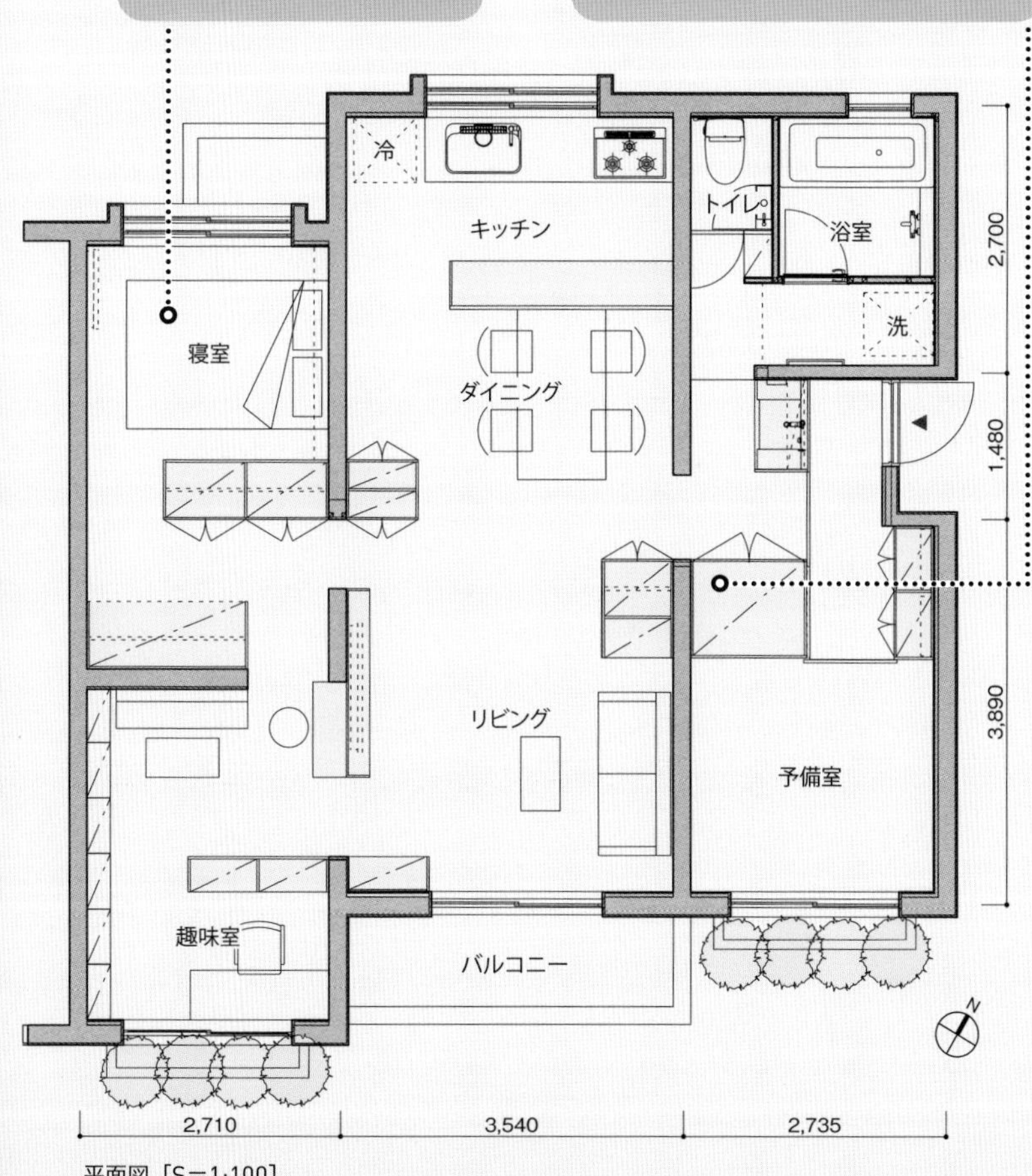
冷
キッチン
トイレ
浴室
洗
寝室
ダイニング
リビング
予備室
趣味室
バルコニー
2,700
1,480
3,890
2,710
3,540
2,735
N

平面図［S＝1:100］

CASE 22

社会との関わりがなくなると6年で6割が死亡!?
地域に開かれた生活が大切

お出かけ好きは長生き

よく外出する人は、友人が多く、新聞を読み、預貯金の出し入れをするなど活動的で主観的健康感の高い人は生存率が高い

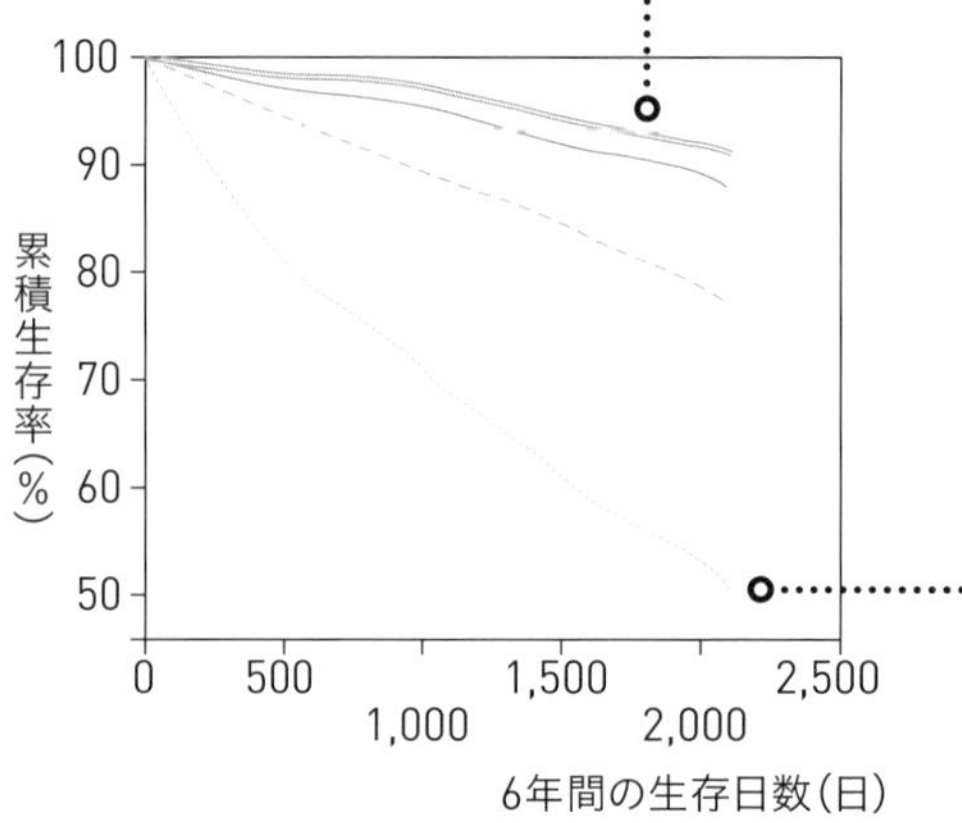

累積生存率(%)
100
90
80
70
60
50
0
500
1,000
1,500
2,000
2,500
6年間の生存日数(日)

外出する頻度
- ほとんど毎日
- 週3、4回
- 月1回くらい
- めったにしない

めったに外出しない人は6年後には、約半数が死亡していた[※]

※ 外出できないほど体調が厳しい人もいるが、総合的な生存解析でもその後の生存にとって外出は大きな要因であることが明らかにされた
出典：星旦二（2016）『ピンピンコロリの法則［改訂版］』ワニ・プラス

Point!

- 「自分は健康だ」という感覚を高める
- 地域社会との関わりが健康寿命を増進させる
- 地域とのつながりは生活習慣の改善にもよい

地域と断絶し、社会的に孤立してしまうと病に伏して亡くなるNNK（ネンネンコロリ）のリスクが高くなる。自分は「健康でない」と後ろ向きに捉えることも健康寿命を短くする
地域に開かれた住宅で社会的活動を行うと、PPK（ピンピンコロリ）になる。近隣の住民と交流することで、「自分は健康だ」と前向きにとらえられることが重要
NNK
地域と断絶
PPK
地域に開く
I ♥ PPK
I ♥ PPK
地域

主観的健康感を高める住宅

PPK（ピンピンコロリ）とは「亡くなる直前まで元気に暮らし、病まずにコロリと死のう」という意味。私たちの研究チームはこれまで、住まい手をPPKに導く実践的な方法について調査してきました。PPKで最も大切なのは「自分は健康だ」と実感できる主観的健康感をもつこと。自分が健康だと感じている人は、そうでない人に比べて長生きする確率が高いことが調査で分かっているからです。主観的健康感を高めるにはどのような暮らしが望ましいので

友人・隣人との付き合いが多い人は長生き

家族や友人、親戚や隣人など、幅広い人と付き合いをしている人は、その後の生存率が高い

出典：星旦二（2016）『ピンピンコロリの法則』ワニ・プラス

【図1】高齢者の人付合いと生存率

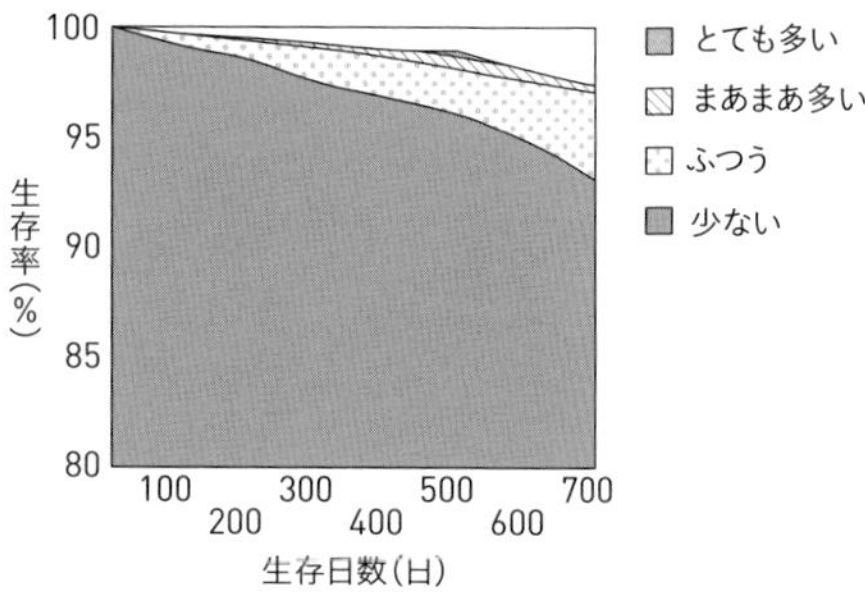

100
95
90
85
80
生存率（%）
100 200 300 400 500 600 700
生存日数（日）
とても多い
まあまあ多い
ふつう
少ない

社会的活動をしていないと生存率は低下する

趣味活動や地域活動をやめてしまうと6年以内に男性は7割が、女性でも5割が死亡している

出典：星旦二（2016）『ピンピンコロリの法則［改訂版］』ワニ・プラス

【図2】社会的活動をしていない高齢者の6年後の生存率

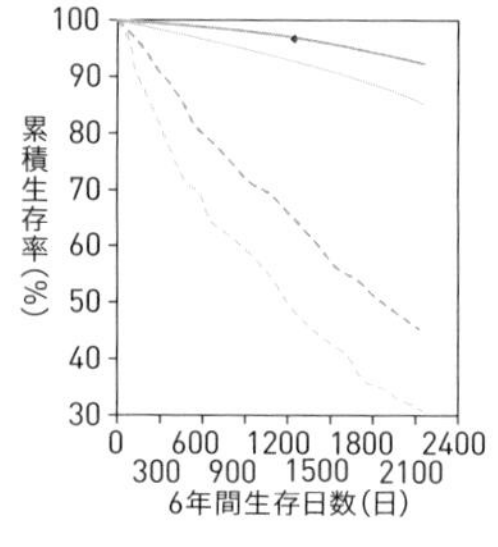

100
90
80
70
60
50
40
30
累積生存率（%）
0 300 600 900 1200 1500 1800 2100 2400
6年間生存日数（日）
社会活動をしている（男性）
社会活動をしていない（男性）
社会活動をしている（女性）
社会活動をしていない（女性）

しょうか？

まず、友人や隣人との交流を深められる場をつくることが大切です。家族や友人といった他者と日常的に交流している人は、そうでない人と比較すると生存率が高いという調査結果が出ています［図1・2］。また、趣味や地域活動などの社会的活動に参加できる機会もとても重要。社会的活動に参加しなくなった高齢者はその3年後の要介護度が高くなり［図3］、6年以内に約6割が死亡しているのに対し、外出して社会的活動を続けている人は生存率が高い傾向にあるのです。

さらに、近年の追跡研究では、

社会的活動をしていない人ほど3年後に要介護になっている

高齢者に社会的活動に関する3つの質問をし、その得点を合計。得点ごとにグループ化して、3年後の要介護度を調査した。最高8点で、得点が高いほど社会的活動をしていないことを意味する。7点・8点群の人を見ると社会的に孤立しないことが、生存維持と要介護の予防に役立つことがうかがえる

【図3】高齢者の3年後の要介護度と社会的活動の関係

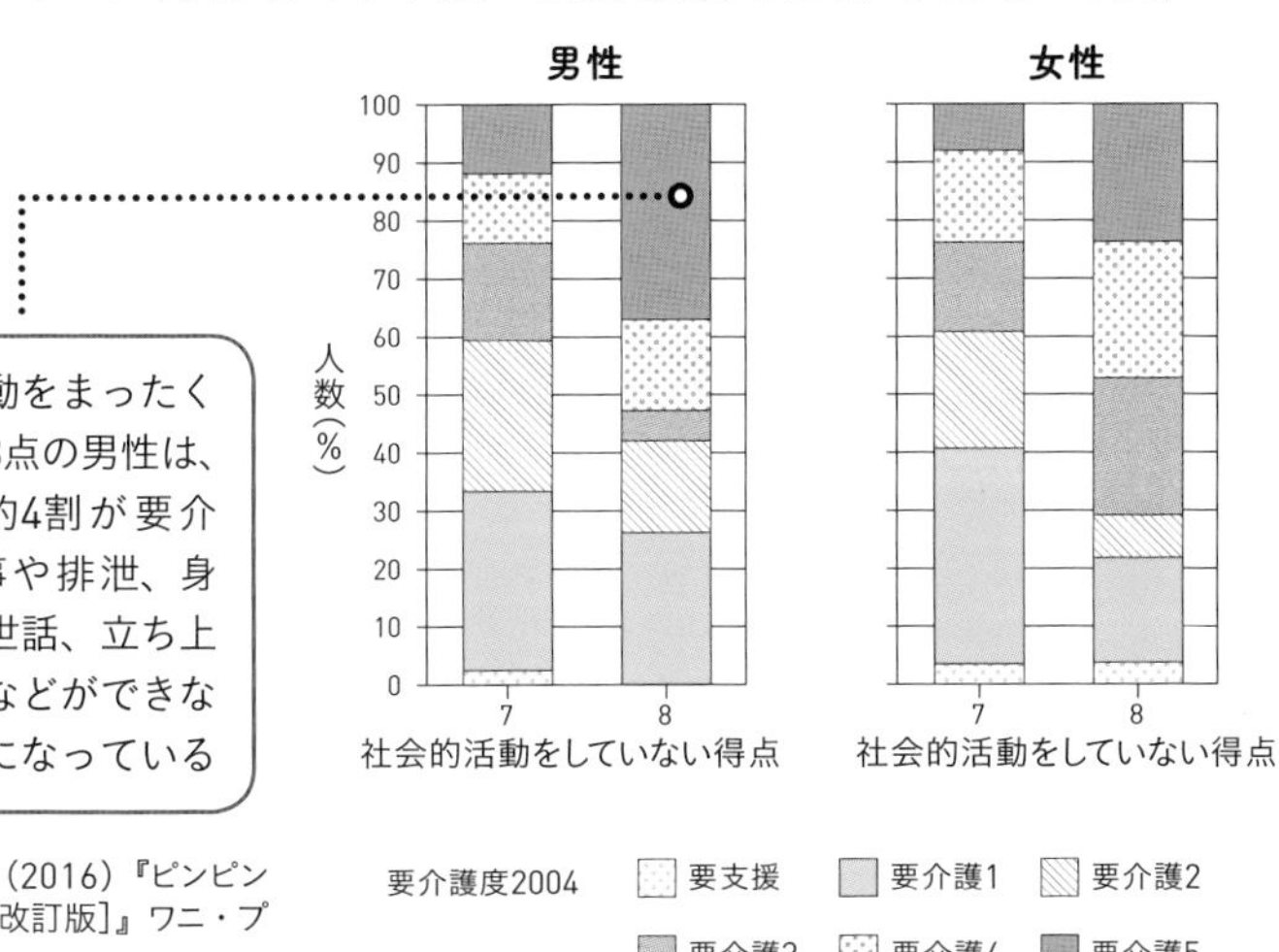
男性
女性
人数（%）
100
90
80
70
60
50
40
30
20
10
0
7
8
社会的活動をしていない得点
社会的活動をまったくしてない8点の男性は、3年後に約4割が要介護5（食事や排泄、身の回りの世話、立ち上がり歩行などができない状態）になっている
要介護度2004
要支援
要介護1
要介護2
要介護3
要介護4
要介護5

出典：星旦二（2016）『ピンピンコロリの法則［改訂版］』ワニ・プラス

社会的なつながりを保つことは、食生活と生活習慣の質の維持につながることも明確になっています。たとえばアプローチの一部をオープンスペースとして地域に開放する、ガレージに近所の人たちとのおしゃべりスペースを設ける、といった工夫はよいかもしれません。地域に開かれた住宅をつくることが、住まい手の健康寿命を延ばすことにつながるという意識が家づくりには求められるのです。

執筆：東京都立大学・名誉教授
医学博士（東京大学医学部）
星旦二

実例

地域とつながるアトリエが孤立しない生活に導く

東　隣に実家、北側は築60年近い隣家に囲まれた郊外の住宅。2階建の住居棟と、小屋のようなアトリエ棟を32坪の敷地に配置した。住まい手は、アーティストのご主人と、奥さん、子ども2人の4人家族だ。アトリエを地域に開き、社会的活動を促す設計としている。現在、完成から3年半が経ち、ご主人は地域の子どもたちに絵を教える教室を開いている。この家族はまだ若いが、少しずつ地域とのつながりを築くことで高齢になっても孤立しない生活を目指している。

＼長寿ポイント／

アトリエ棟の前面はフルオープンの開口部としており、作品を制作している様子が道行く人から見える

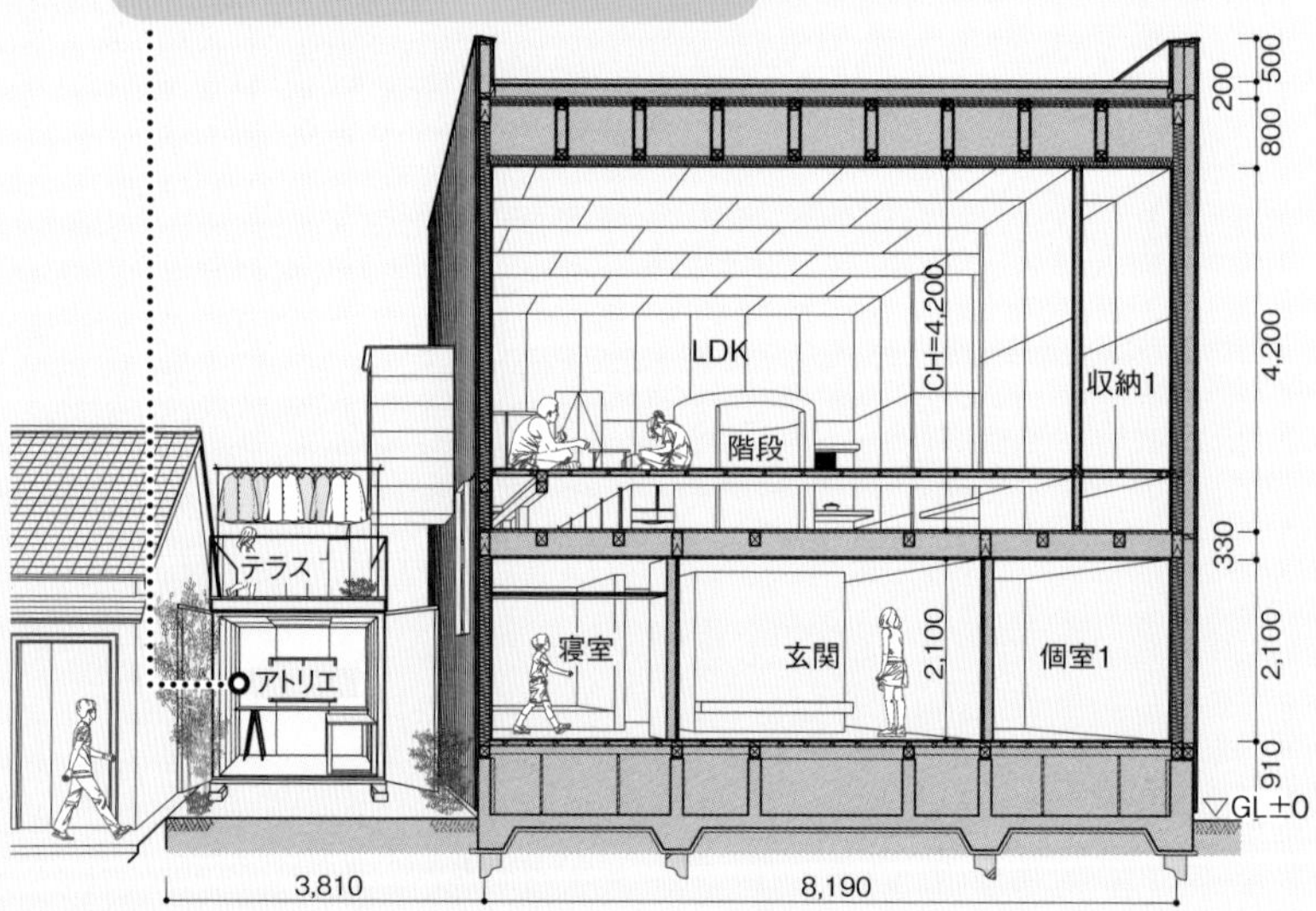

LDK
CH=4,200
収納1
階段
テラス
寝室
玄関
2,100
個室1
アトリエ
200
500
800
4,200
330
2,100
910
▽GL±0
3,810
8,190

断面図［S＝1:150］

「haco（2+1+α）」設計：服部信康建築設計事務所、写真：山内紀人

写真右側の青い箱が住居棟、左側の扉を開いているのがアトリエ棟。アトリエの上では、ご主人がアートの展示をしたり、子どもたちが遊びまわったり、洗濯物が干されたりする。楽しげな生活が街にあふれ出す

植物がストレスから守ってくれる

CASE 23

植物が視界に入るだけでストレスは緩和され健康を維持できる

ストレスがかかると、まず神経系（自律神経）が刺激され、脈拍や血圧などが反応する

免疫系
内分泌系
ストレッサー
神経系

神経系の次に内分泌系、免疫系へと刺激が伝わる。内分泌系からストレスホルモンが分泌され、免疫系に伝わることで体の抵抗力が低下する

ストレスを受け続けると、3つの系統のバランスが崩れ、体調を壊すことになってしまう

植物とストレスの関係性

人は、体内の状態を一定に保つ「恒常性（ホメオスタシス）」という性質によって、日々のさまざまな環境変化に対応し、生命を維持しています。そしてこの恒常性を維持しているのは、「神経系」［※1］「免疫系」［※2］「内分泌系」［※3］の3つの相互バランスです。大きなストレスや継続的なストレスにさらされることで、このバランスが崩れ、私たちは体調を崩してしまうのです。しかし植物には、体調不良の原因となるストレスを軽減・緩和させる働きがあ

内分泌系
免疫系
植物
神経系
ストレッサー
植物は体調不良の原因となるストレスを軽減・緩和させ、間接的に各系統のバランスを保ってくれる
3つの系統のバランスが整えば、良好な健康状態を保てる

Point!

- **植物は視界に入るだけでもOK! よく見える場所に置こう**
- **写真や映像の植物よりも本物の植物のほうが効果が高い**

り、体調を良好な状態に戻す役割を果たしてくれます。

植物が健康にもたらす効果

植物は視界に入るだけで人の心理的・生理的なストレスを大幅に軽減させることが実証されています。植物が視界に入るとストレスホルモンの分泌量が減少してストレスを緩和させる効果があるのです［174頁図1］。

ほかにも、植物には高血圧と低血圧のどちらの人であっても血圧を正常値の範囲内に戻すなど「人の体調をよい状態に回復させる」効果があり、まさに万能薬ともい

植物を「見る」ことの効果

鉢植えの観葉植物を配置した机と、配置してない机を用意した室内で、被験者に計算作業のストレス負荷をかけた。ストレスを受けた際に分泌が促進されるホルモンであるコルチゾール［※5］を指標に、作業前後の増加率を比較した結果が下のグラフである。植物を視界に入れたほうがコルチゾールの分泌が抑制されていることが分かる。増加率を比べてもこの傾向は顕著だ

【図1】ストレス負荷後のコルチゾール増加率

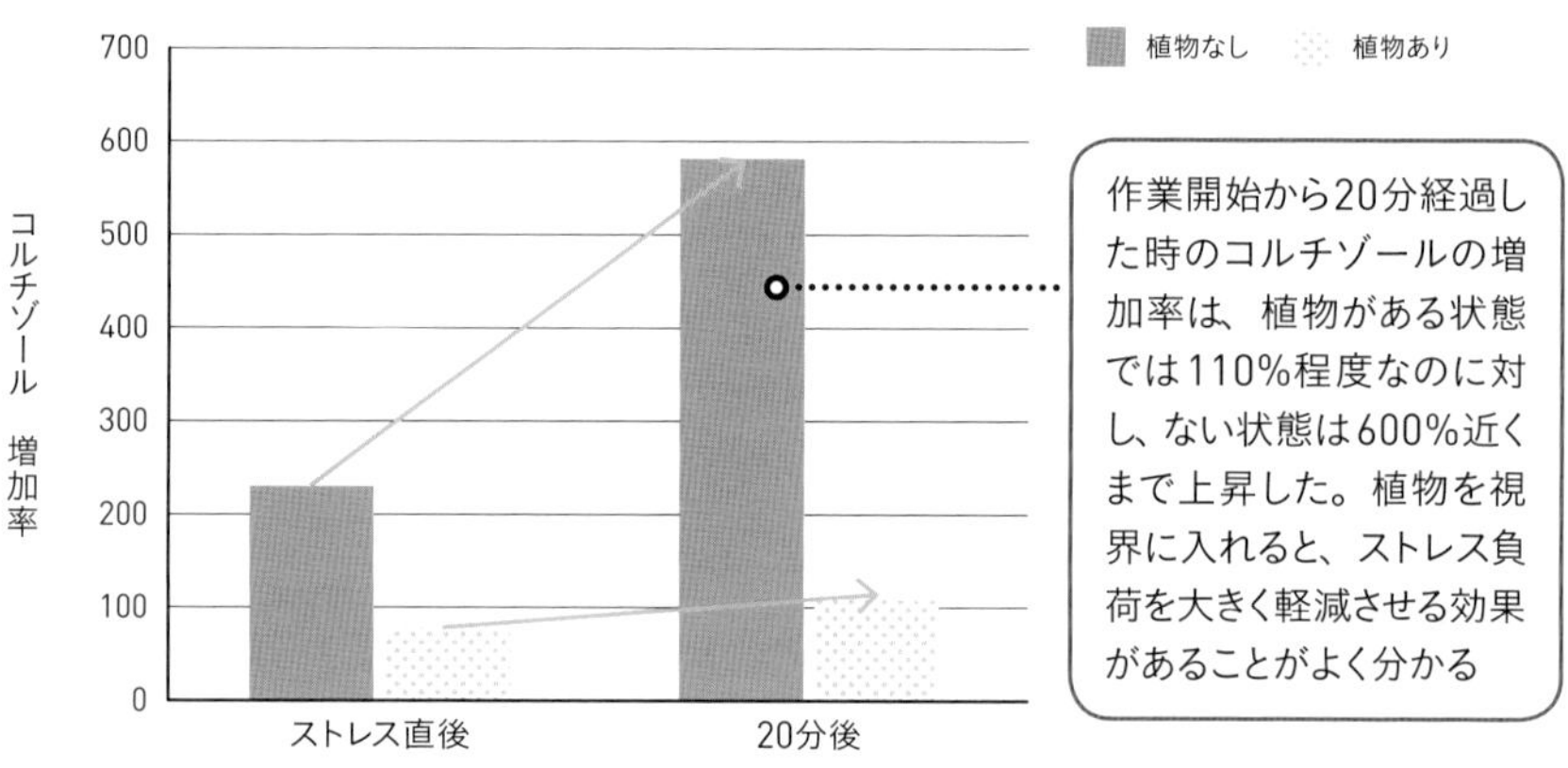
植物なし
植物あり
700
600
500
400
300
200
100
0
コルチゾール 増加率
ストレス直後
20分後
作業開始から20分経過した時のコルチゾールの増加率は、植物がある状態では110%程度なのに対し、ない状態は600%近くまで上昇した。植物を視界に入れると、ストレス負荷を大きく軽減させる効果があることがよく分かる

※5 副腎皮質から分泌されるホルモン。生命維持に不可欠なホルモンで、生体の恒常性の維持に必要とされるが、分泌量が過剰であったり低すぎたりすると、健康状態に影響がでる

出典：岩崎寛ほか「室内空間におけるストレス緩和効果に関する実験」日緑工誌32（1）

える働きが期待できるのです［図2］。

身近な場所に植物を

観葉植物や中庭・温室などの配置はソファの向かい側やデスクの近くなど普段からよく目につく場所にすることで、癒し効果が発揮されるでしょう。なお、植物は視界に入るだけで生理反応としてのストレス指数を減らしてくれますが、心理反応は印象や見た目にも左右されますから、植物の種類は自分の好みに合わせて選ぶのがお勧めです。ちなみに窓の外の植物や写真でも、ストレス緩和の効果

血圧を正常値へ戻す植物の効果

芝生地やラベンダー畑の前で、5分間休憩した人の血圧を測定した実験では、緑地を前に休憩するだけで、元の血圧に関係なく、血圧が正常値の範囲に近づくことが判明した。植物を見ることで、血圧の高い人は下がり、低い人は上がり、正常値の人は正常値のまま、という結果になったのだ。また、コルチゾールの値も正常値に近づく効果が見られた

【図2】植物を前にすると血圧やストレスホルモンが正常化する

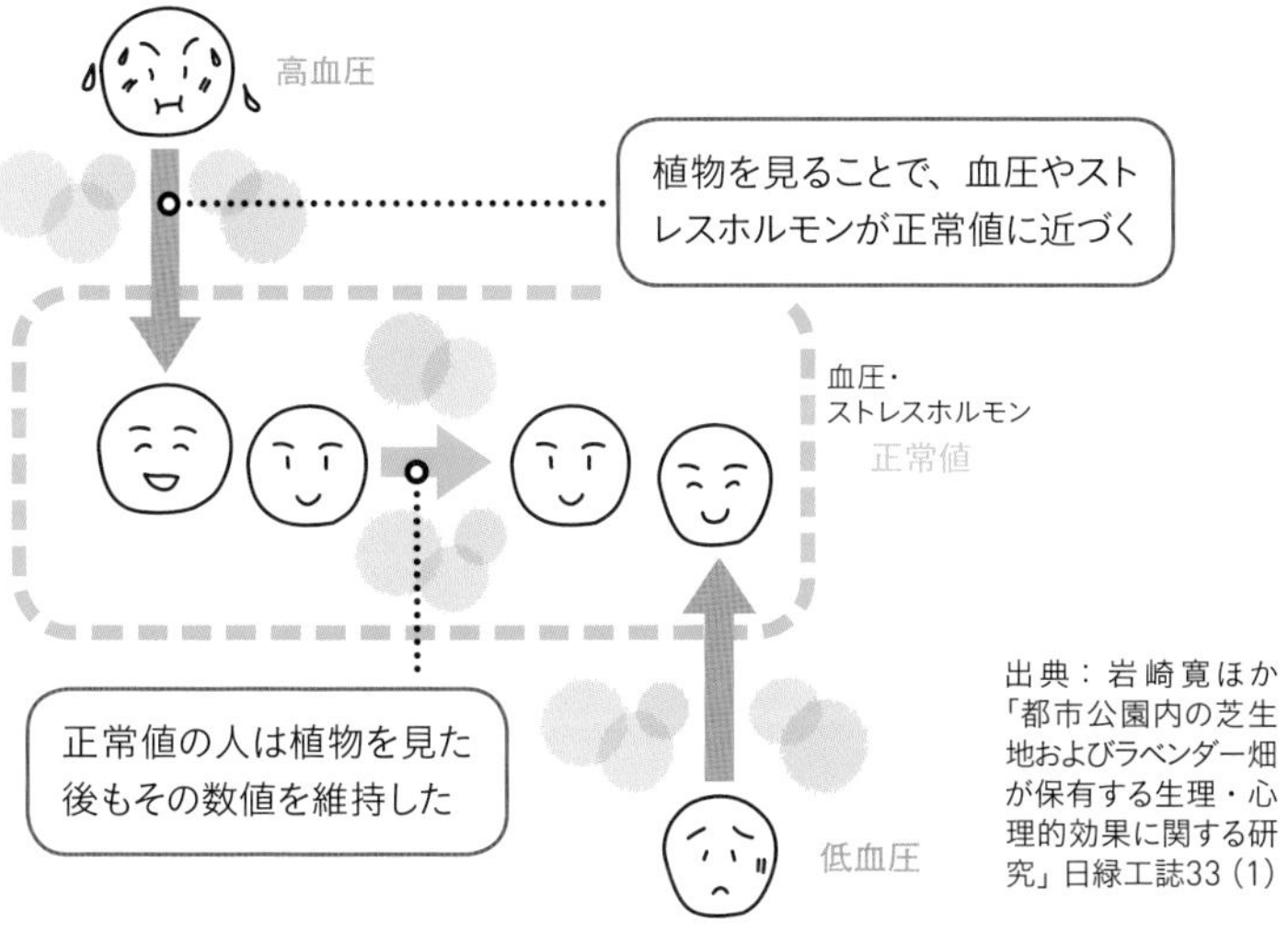
高血圧
植物を見ることで、血圧やストレスホルモンが正常値に近づく
血圧・ストレスホルモン
正常値
正常値の人は植物を見た後もその数値を維持した
低血圧
出典：岩崎寛ほか「都市公園内の芝生地およびラベンダー畑が保有する生理・心理的効果に関する研究」日緑工誌33 (1)

がある程度認められていますが、造花の効果ははっきりとは分かっていません。造花は植物の揮発成分［※4］が得られず、五感で植物を感じることができないため、本物の植物に比べると健康効果は薄いと思われます。

監修：千葉大学大学院園芸学研究科准教授
岩崎寛

※1 ここでいう神経系とは、自律神経のことを指す。中枢神経からの命令を全身に伝える末梢神経で、交感神経と副交感神経からなる。消化器や血管、内分泌腺、生殖器などの器官の機能をつかさどる

※2 病原体などの体内の不要成分を排除しようとする生体防御機構のこと

※3 ホルモンを生成し、血液中に分泌する分泌腺で構成される系統

※4 「フィトンチッド」という樹木などから発散される化学物質のこと。殺菌・消臭・リラックスなどの効果をもたらす

実例

室内温室で緑とともに暮らす健康的な住まい

温室を2階の中央に設けた住宅。温室を家の中心部に配置することで、庭の植栽と併せて、家中のいたるところで、日常的に緑の気配を感じながら暮らせるようになっている。温室の床は防水工事を施し、水を撒いて掃除ができるようになっているので、植物のお世話やお手入れも気兼ねなくできる。ここでは、植物の生育環境を考慮して温室にトップライトを設けており、開放的で明るい空間が広がっている。また、これによって1階のリビングも明るく開放的な空間になる。

左：温室内ではアローディア・プロセラ、アガベ・アテナータ、ハイビスカス、モナデニウムなどさまざまな種類の温室植物が育てられる｜右：1階リビングから温室を見る。1階からでも植物の様子がしっかり見える

「緒の家」設計：スタジオシナプス写真：鳥村鋼一

\ 長寿ポイント /

温室の壁は吹抜け側がガラス張りになっている。2階の和室からはもちろん、1階のリビングからでも温室の緑を見ることができる

温室の床は、構造用合板の上にFRP防水を施した耐水合板にモルタルを重ね、タイルで仕上げた。防水性と清掃性に優れている

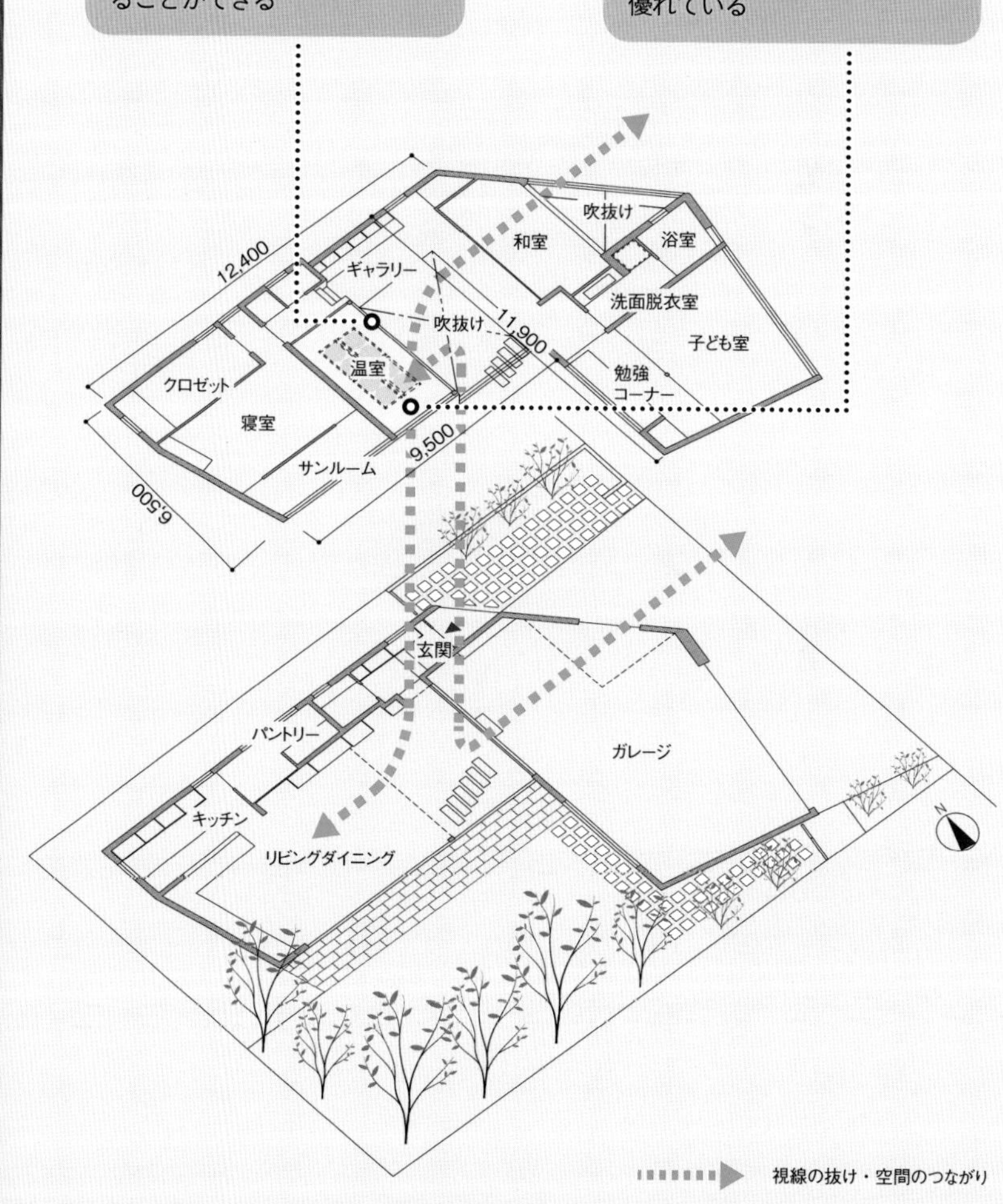
吹抜け
和室
浴室
12,400
ギャラリー
洗面脱衣室
吹抜け
11,900
子ども室
温室
勉強
コーナー
クロゼット
寝室
9,500
サンルーム
6,500
玄関
パントリー
ガレージ
キッチン
リビングダイニング
N
視線の抜け・空間のつながり

CASE 24

犬と見つめ合うだけでストレス減!? 絆形成ホルモンで好循環をつくる

愛犬との絆を深めよう
見つめ合うことで、人と犬の双方でオキシトシンの分泌が活性化する。「絆形成ホルモン」とも呼ばれるオキシトシンは、保護欲求や親和感情を高進させる作用があり、社会生活に欠かせないホルモンとされている

犬の視線がもたらす効果

「目は口ほどにものを言う」のは人だけではありません。犬は言葉を使わないからこそ、その目でとても重要なサインを伝えようとしています。

飼い主と犬が見つめ合う時、双方で「オキシトシン」というホルモンの濃度が上昇します。オキシトシンとは、相手に対する親和的な行動を促進し、保護欲求や親和感情を高ぶらせるホルモンで、ストレスを緩和させたり、表情など社会的なシグナルを読み取る能力を高めたりする作用があります。

さらに
飼い主を見つめる
犬からの視線

オキシトシン
増加

オキシトシン
増加

犬の視線を受けると、人のオキシトシンの分泌が促進される。オキシトシンが分泌されることで、人から犬への親密な働きかけが増える
犬への声かけ、スキンシップ
飼い主からの声かけ、スキンシップ
人から愛情を受けた、犬は脳内でオキシトシンが分泌され、人を見つめる時間が長くなる。オキシトシンを介した親和関係のループが生まれる

Point!

- 見つめ合う時間は長いほどいい
- 犬の自発的な行動を尊重する
- 飼い主だから効果が倍増する

つまり、人が円滑な社会生活を送るために必要なホルモンなのです。

オキシトシンは犬に対しても同様の効果があるので、犬と飼い主が見つめ合うことで親和的なループが生まれることも、実験で明らかになっています。犬からのサインである視線を受け取った飼い主はオキシトシンの分泌が促進されることで、犬を撫でたり声をかけたり、といった行動が生じます。その行為を受けることで犬のオキシトシン濃度はさらに上昇し、飼い主をよりよく見つめるようになるという好循環がつくられると考えられるのです。ただし、飼い主が無理やり触れたり、指示に従わ

家族だから絆は一層深くなる

犬にオキシトシンと生理的食塩水をそれぞれ投与した実験では、性差はあるものの、オキシトシンを投与した犬のほうが、人を見つめる時間が長いことが確認できた。図1の実験結果を見るとその差が顕著に現れていることが分かる。ここで注目したいのが、「飼い主」と「見知らぬ人」の差である。犬が人を見つめる時間は、見知らぬ人よりも飼い主のほうが格段に長いのだ。人と犬の関係性がオキシトシンの効果を左右していると考えられる

【図1】犬が人を見つめる時間と人との関係性の比較

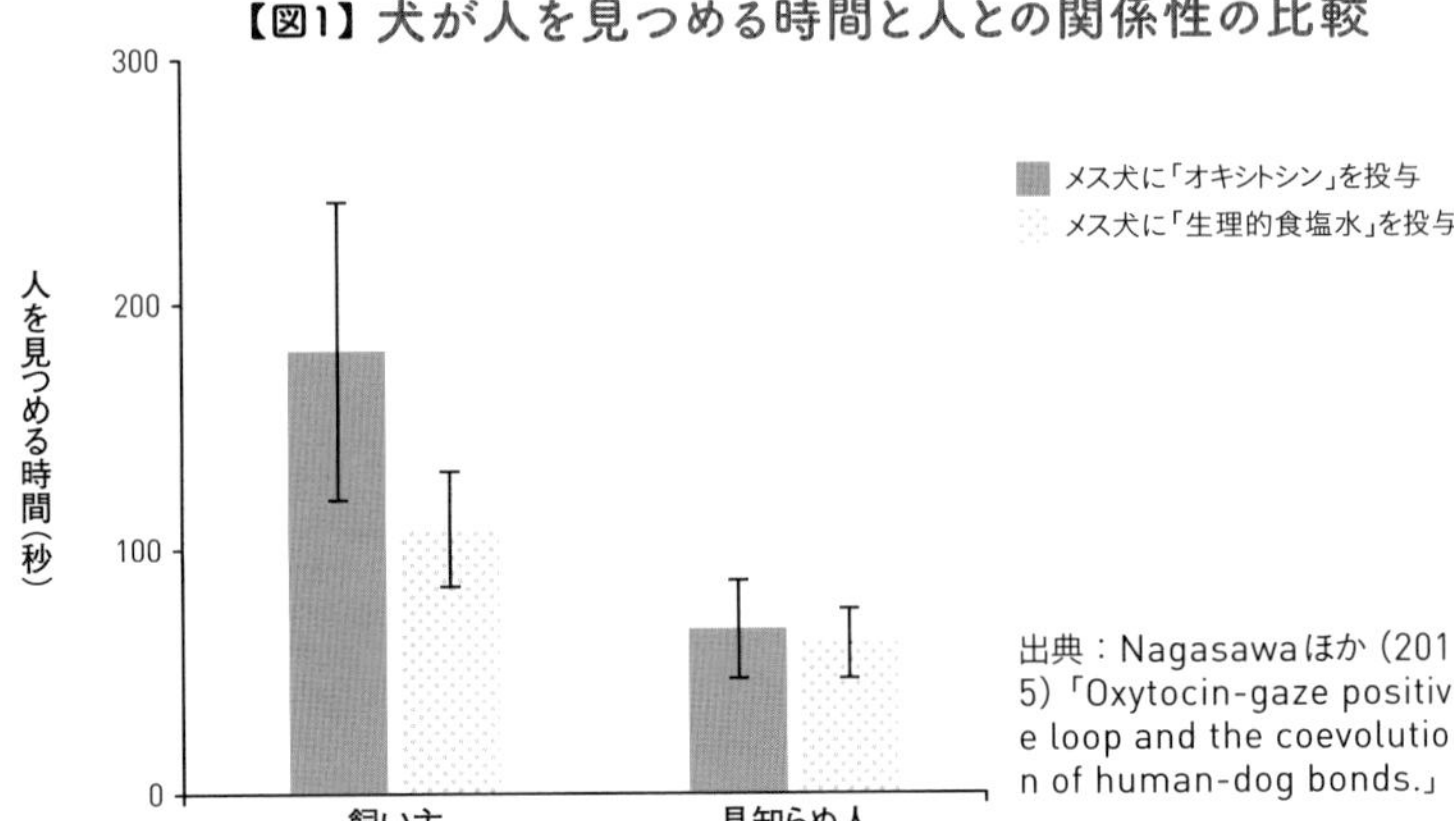
300
200
100
0
人を見つめる時間（秒）
メス犬に「オキシトシン」を投与
メス犬に「生理的食塩水」を投与
飼い主
見知らぬ人
出典：Nagasawaほか（2015）「Oxytocin-gaze positive loop and the coevolution of human-dog bonds.」

せようとする場合には、この循環は見られません。お互いの自然なやりとりが前提となるため、犬からの自発的な視線を受け止めそれに対して適切な反応を返すことが、良好な関係を結ぶポイントといえるのです。

犬が心地よく安心して暮らせる場所をつくる

犬と一緒に暮らしていると、毎日の散歩で一定の運動量が確保され、生活リズムが整います。また、オキシトシンによるストレス緩和の効果も期待できるので、健康面でのメリットは高いといえるでしょう。人と犬の好循環を生む

見つめ合う時間が長いほど癒やしの効果も高くなる

図1の実験で、飼い主の尿中オキシトシン濃度を交流前後で調べた結果、生理的食塩水を投与した犬の飼い主はオキシトシン濃度の上昇がわずかだったのに対し、オキシトシンを投与した犬の飼い主はオキシトシン濃度がより多く上昇した。なお、オス犬の場合はオキシトシンを投与しても人を見つめる時間が増加せず、飼い主のオキシトシン濃度にも変化がなかった。犬と見つめ合う時間の長さと人のオキシトシンの上昇に、関連性が読み取れる

【図2】 人のオキシトシン数値の推移

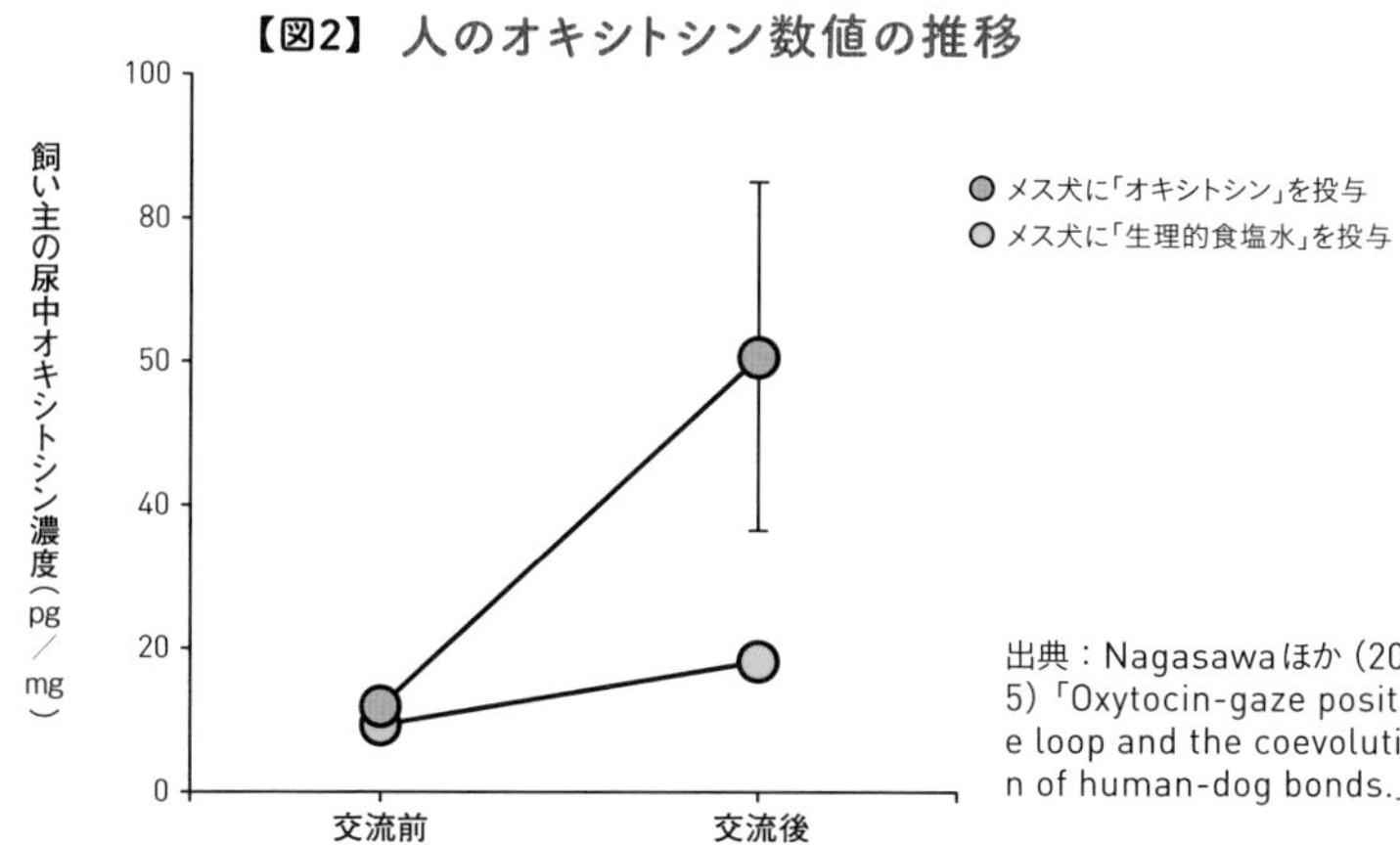
100
80
50
40
20
0
飼い主の尿中オキシトシン濃度（pg／mg）
メス犬に「オキシトシン」を投与
メス犬に「生理的食塩水」を投与
交流前
交流後

出典：Nagasawaほか（2015）「Oxytocin-gaze positive loop and the coevolution of human-dog bonds.」

ためには犬の安心感や幸福感が欠かせません。犬が「飼い主に守られている」という安心感を感じてリラックスできる空間を家のなかにつくることが重要なのです。

執筆：麻布大学獣医学部動物応用科学科講師
永澤美保

実例

土間を活用して犬と人の絆を深める住まいに

祖父母、親夫婦、子夫婦、子どもの4世代と犬2匹が暮らす家。玄関から中庭に続く土間が家の中心に配置されている。段差を低く設定してあるので、犬にとっても高齢者にとっても使いやすい。特に中庭のデッキと内土間を結ぶスロープは犬用に設計したもので、犬が家の中を自由に行き来できるように配慮した。また、玄関土間を延長させた土間スペースをリビングなどの室内空間の一角に設けることで、家族が集まる空間に犬の居場所をつくっている。

中庭のデッキから犬用スロープを見る。中庭に面したスロープを使って、犬が自由に中庭やリビング、ダイニング、土間を行き来できる。写真左手の入口はダイニングにつながる

「厚木の家」設計：木々設計室、写真：松原正明

＼長寿ポイント／

玄関土間から続く、リビング内のストーブ土間。ストーブを囲んでの家族団らんのひとときに、犬も一緒に加わり、見つめ合い、触れ合う時間が生まれる

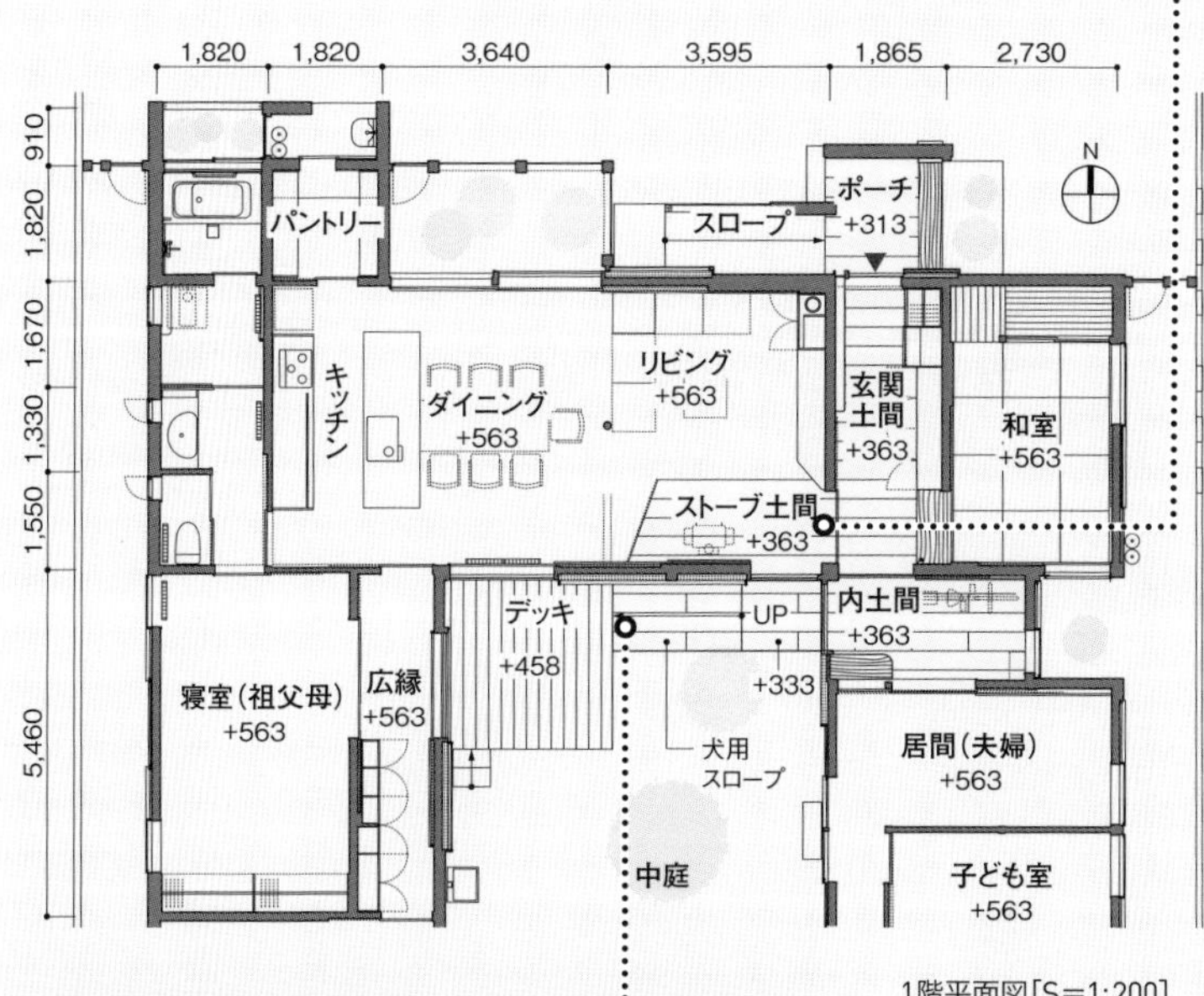
1,820
1,820
3,640
3,595
1,865
2,730
910
1,820
1,670
1,330
1,550
5,460
N
パントリー
スロープ
ポーチ
+313
キッチン
ダイニング
+563
リビング
+563
玄関
土間
+363
和室
+563
ストーブ土間
+363
デッキ
+458
UP
内土間
+363
+333
寝室（祖父母）
+563
広縁
+563
犬用
スロープ
居間（夫婦）
+563
中庭
子ども室
+563

1階平面図［S＝1:200］

犬用に設置したスロープ。特に小型犬や老犬にとって階段の昇降は負担になり、骨折の原因にもなりかねない。スロープを設置すれば、犬にとっても暮らしやすい

ダイニングからストーブ土間を見る。玄関から中庭まで続く土間が部屋どうしを緩やかにつなぐ。土間に置かれた薪ストーブの炎を眺めながらくつろぐことができる

CASE 25
騒音のストレスは万病のもと 建物の工夫で騒音を減らすべし!

生活を取り巻く騒音

内部騒音

窓は外からの騒音を通しやすい。交通量の多い道路側の外壁など、外部騒音が気になる方向の窓は極力小さくするなどして対処する必要がある

過度の騒音は健康を害する

騒音は住宅内の代表的なストレス源の1つです。生活の快適性を左右するだけでなく、場合によっては、住まい手の健康に悪影響を与えることもあります。精神的ストレスは万病のもとといわれていて、心臓や血圧の異常、胃腸障害、内分泌系のバランス崩壊など、さまざまな不調につながる危険性があります。さらに、近隣住民や家族間のトラブルにつながるなど健康面以外の問題に発展するケースも少なくありません。

住宅内の騒音がストレスになり

騒音は、車、電車、隣家の生活音などの「外部騒音」と、住宅内部の生活音によって発生する「内部騒音」の2つに分けられる
騒音によって生じる健康被害は、主に睡眠障害に起因する。睡眠時は騒音に対する受認限度がとても低くなるため、精神的ストレスを受けやすい
外部騒音

Point!

- **騒音のストレスは睡眠中に問題になりやすい**
- **室内に聞こえる騒音のレベルは60～40dB（デシベル）以下に抑えたい**
- **騒音対策のレベルは部屋ごとに考える**

やすいのは騒音の「間接的影響」［※1］を受けたとき。たとえば、「集中して仕事や勉強をしたいときに騒音のせいで思考が中断する」「リビングでリラックスしたいのに不快な音が聞こえて落ち着けない」などが間接的影響です。なかでもストレスにつながりやすいのが、睡眠を妨害する場合です。睡眠中は騒音に対して敏感になりやすく、その影響を強く受けてしまうからです。

騒音が厄介なのは、どのような音がストレスになるのかが、個人の嗜好や時と場合によってまったく異なる点にあります。実際に暮らし始めて、住まい手自身が予想

住宅内の騒音レベルは60dB以下に抑えるべし！

どのような音を騒音と感じるかは人によって異なるが、住環境に求められる音の大きさ（dB）については一定の基準がある。住宅内部の音環境を良好に維持するためには、最低でも等価騒音レベルを60dB以下に抑制することが必要だ。ただし、睡眠時は騒音の影響を受けやすいので、寝室については等価騒音レベルを40dB以下まで下げることが望ましい。騒音による健康への影響は、睡眠妨害が最大の要因なので、寝室の音環境には特に注意したい

【表】騒音レベルと音の目安

騒音のレベル	健康への影響	音の程度
56dB以上	高頻度で健康被害が生じる	ジェットエンジンの近く（25m）＝120dB
		車のクラクションの近く（2m）＝110dB
		電車が通過したときのガード下＝100dB
		騒々しい工場の中・犬の吠え声＝90dB
		電車の車内＝80dB
		騒々しい街頭＝70dB
		普通の会話・洗濯機の音＝60dB
55〜41dB	睡眠妨害などで健康に悪影響が生じる	換気扇の音＝50dB
		図書館の中＝40dB
40〜31dB	睡眠に影響が生じることもあるが、健康への悪影響はそれほど大きくない	ささやき声＝30dB
30dB以下	健康への被害は、ほとんど認めらない	木の葉が触れ合う音＝20dB

出典：松井利仁（2009）「風力発電施設に係る影響評価法」欧州WHO夜間騒音ガイドライン

もしていなかったような音が気になってしまうケースもあるので、対策が難しいのです。

対策の基本は「音のレベル」を下げること

騒音となる音の種類を特定することは難しいのですが、音の大きさ（dB）が一定レベルを超えるとストレスを感じやすくなることは分かっています。住宅のリビングなどでは、等価騒音レベル［※2］が60dB以下に抑制されていなければ、ストレスを感じるといわれていて、睡眠時に求められる等価騒音レベルは40dB以下とさらに低い値です。騒音対策として、室

間仕切壁の遮音の基本は壁を重く、厚くすること

間 仕切壁の遮音性能を向上させる主な方法は、①「壁面の重量を増加させる」、②「壁内部の空気層の厚みを増加させる」の2点だ。①は、石膏ボードを必要な遮音性能に応じて重ね張りするほか、遮音シートを挟むなどして下地を構成することで性能を向上させる。②については、間仕切内の空気層の厚みが50～64㎜程度必要となる。さらに性能を向上させる場合は空気層のなかにグラスウールなどの吸音材（断熱材）を充填するとよい

【図】遮音間仕切壁の断面構成例

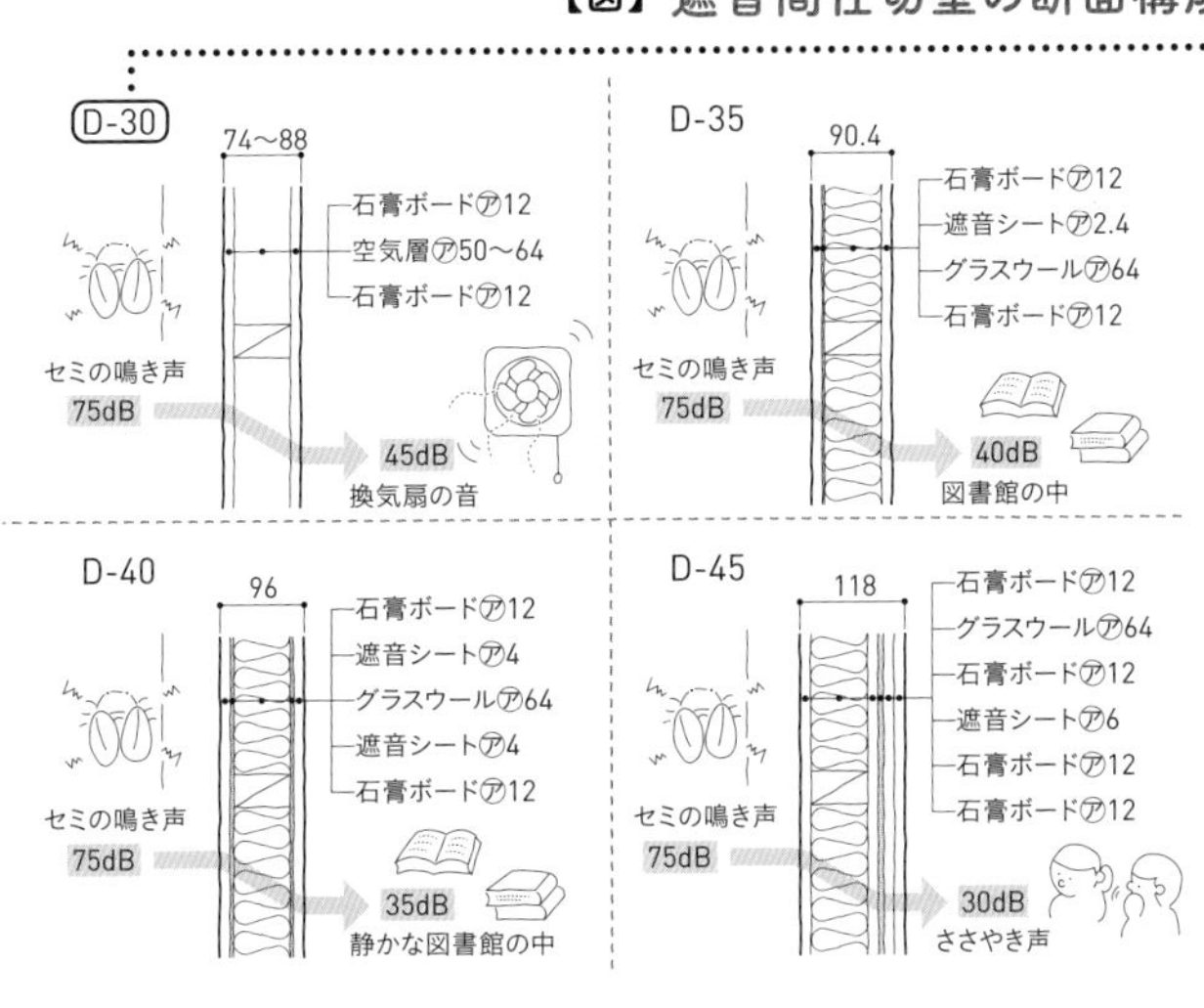
D-30
74～88
石膏ボード㋐12
空気層㋐50～64
石膏ボード㋐12
セミの鳴き声
75dB
45dB
換気扇の音
D-35
90.4
石膏ボード㋐12
遮音シート㋐2.4
グラスウール㋐64
石膏ボード㋐12
セミの鳴き声
75dB
40dB
図書館の中
D-40
96
石膏ボード㋐12
遮音シート㋐4
グラスウール㋐64
遮音シート㋐4
石膏ボード㋐12
セミの鳴き声
75dB
35dB
静かな図書館の中
D-45
118
石膏ボード㋐12
グラスウール㋐64
石膏ボード㋐12
遮音シート㋐6
石膏ボード㋐12
石膏ボード㋐12
セミの鳴き声
75dB
30dB
ささやき声

D値は「発生した音」（dB）と「壁を透過した音」の差を表す値。たとえば、60dBの音をD-30の壁で仕切った場合、隣の部屋に聞こえる音の大きさは30dBに減る。つまり、D値が高い壁ほど遮音性能に優れていることを意味する

出典：天野至康、池田和洋、永松英夫「音響技術No.86 特集・住まいと音」

内の騒音レベルが60～40dBを下回るような環境を整えることが望ましいといえるでしょう。

なお、騒音対策は住宅全体に対して行う必要はありません。住まい手の要望に応じて、リビング、寝室、書斎など空間ごとに求められる性能を確保することが重要なのです。

取材協力：清泉女学院大学 山内宏太朗
大和ハウス工業

※1 このほかに「直接的影響」がある。これは、騒音にさらされることで聴覚に障害をきたすこと。会話中に大きな音がして相手の言葉が聞き取れないような場合も騒音の直接的影響に分類される

※2 ある時間内に発生した騒音レベル（デシベル）の平均値

実例

平面計画の工夫で外部騒音対策

外部からの騒音対策として効果的なのは、騒音源と居室の間に玄関やトイレ、ウォークインクロゼット（W.I.C.）などの非居室を配置することだ。そのように空間を配置することで、非居室や間仕切壁が外部騒音を和らげてくれる。また、騒音源に面する外壁の開口面積を極力小さくしたり、トリプルガラスや2重サッシを採用したりするなど、窓廻りの設えを工夫することも外部騒音を和らげるうえで一定の効果がある。車通りの多い道に面した住宅などで検討したい。

＼長寿ポイント／

前面道路に面する開口部の面積を小さく抑えて、騒音の侵入を抑制する

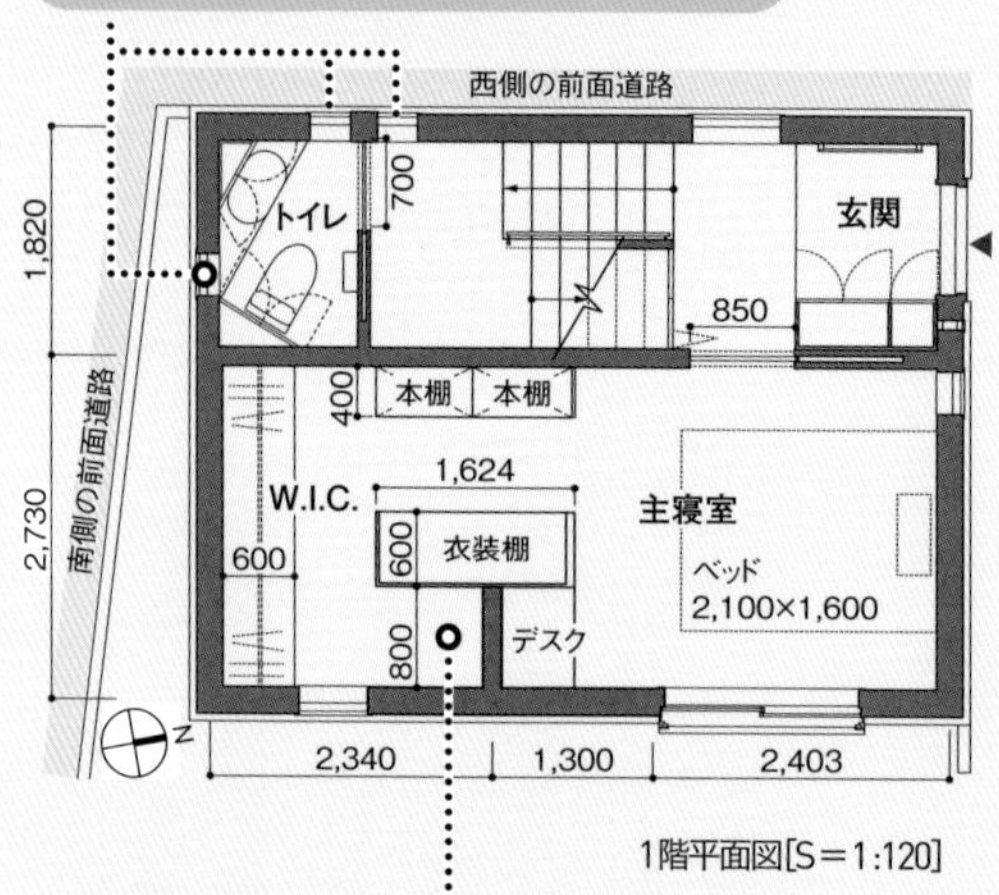
西側の前面道路
南側の前面道路
トイレ
700
玄関
1,820
850
本棚
本棚
400
1,624
W.I.C.
主寝室
2,730
600
600
衣装棚
ベッド
2,100×1,600
800
デスク
N
2,340
1,300
2,403
1階平面図[S＝1:120]

1階の玄関から半階上がったトイレ方向を見る。靴箱の扉(写真左側)を鏡張りにすることで、明るく広々とした印象の玄関となっている

＼長寿ポイント／

南側と西側の前面道路の交通騒音が主寝室に届かないように、玄関、トイレ、階段室、ウォークインクロゼットを配置している

左：「5層なのに3階建ての家」、右：「十字路に建つスキップハウス」設計・写真：設計事務所アーキプレイス

上下階の内部騒音にも注意！

床の遮音対策では重量衝撃音の軽減が間仕切壁の場合よりも重要になる。遮音シートやグラスウールを使用すれば、ある程度までは軽減できるが、木造住宅の場合それだけで、十分な遮音効果を得るのは難しい。床の騒音対策の場合は「寝室の直上にリビングなどの騒音源を配置しない」といった、断面計画上・プランニング上の工夫が必要となる。特に二世帯住宅の場合は、生活時間帯の違いから内部騒音が問題になりやすい。

床：
無垢フローリング㋐15
遮音ゴムマット㋐9
床構造用合板㋐28
グラスウール12k㋐50
石膏ボード㋐9.5
ビニルクロス

寝室
ホール
階段2
リビング
階段1
駐車スペース
2,200
2,200
2,200
2,950
1,600
400
2,200
400
2,100
320
3,640
6,977

断面図[S＝1:200]

＼長寿ポイント／

寝室を最上階に設けて、上階にリビングや水廻り、トイレなどの騒音源を配置しないように計画

＼長寿ポイント／

リビングへの配慮として、主寝室の床に遮音ゴムシートを敷き、グラスウールを入れて重量衝撃音と軽量衝撃音を薄い床のなかで軽減している

2階のキッチンからリビングを見る。リビングの真上にある寝室とキッチン・ダイニングは吹抜けを介してつながっている。ダイニングからは、3階ホールにつながるロフトに梯子で上れる

CASE 26

極端な明暗や色調差に注意！ストレスのない照明計画とは

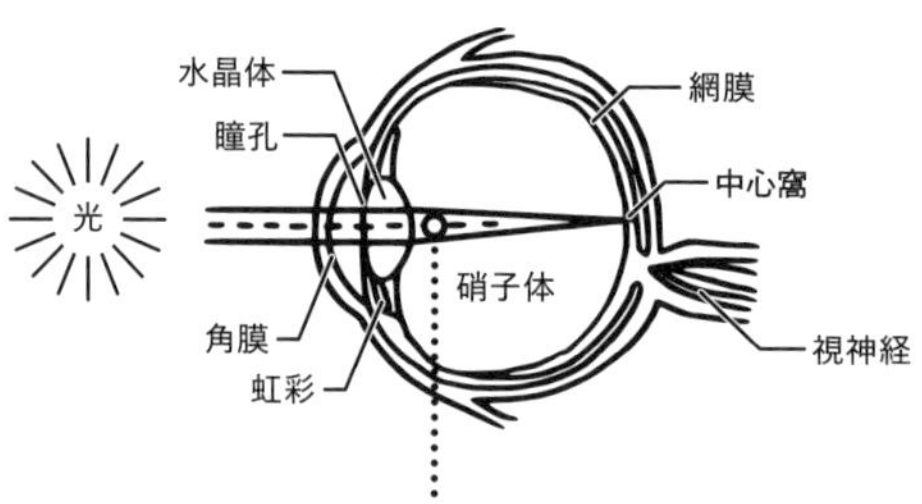
目の基本的な構造
水晶体
瞳孔
光
角膜
虹彩
網膜
中心窩
硝子体
視神経

明るさの変化に対応するのは、瞳孔と網膜。目は瞳孔の大きさを変えることで、目に入る光の量を調節する。網膜は色を区別する錐体細胞と明暗を感じる桿体細胞という2つの細胞を使い分け、明るさの変化に応じて感度を変える。これを順応という

Point!

- **明暗がゆっくりと切り替わる照明は目への負担が少ない**
- **必要な場所に必要な分だけ明るさを確保することで、みんな使いやすくなる**

照明から受けるストレスとは

照明の明るさや色調はシーンに合わせて適したものを選ぶべきです。それによって明視性［※1］や快適性が向上し、照明によるストレスを軽減することができます。

人が最も強く照明からストレスを受けるのは、切り替えを行う瞬間です。明るさが急激に切り替わったり、明暗の差が大きくなりすぎたりすると、それに順応するために目に大きな負担がかかり、疲労が蓄積されてしまうのです。このようなストレスを軽減するには、時間をかけて緩やかに明るさ

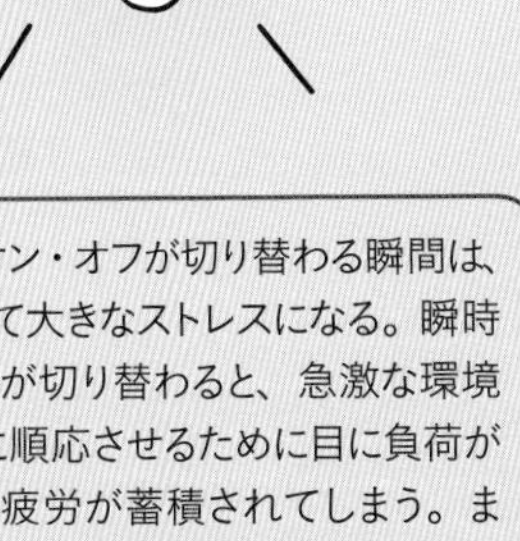

照明のオン・オフが切り替わる瞬間は、目にとって大きなストレスになる。瞬時に明るさが切り替わると、急激な環境の変化に順応させるために目に負荷がかかり、疲労が蓄積されてしまう。また非常時に、低照度の非常灯に急に切り替わると一時的に視認性が低下し、二次災害を誘発するおそれもある

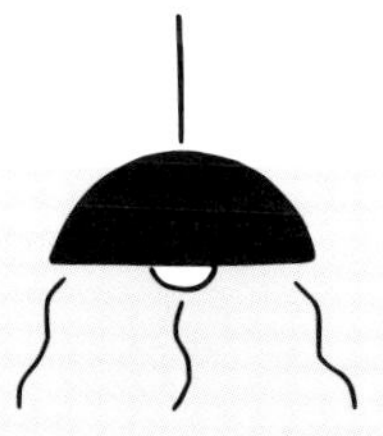

時間をかけて緩やかに照明を切り替えることで、不快感が大幅に軽減され、目へのストレスも減る。目の順応特性に配慮するなら、漸減的に点灯・消灯が可能な照明が望ましい

が切り替わる照明を使用するとよいでしょう。照明を点灯する際、ゆっくりと明暗が切り替わることで、照度変化に伴う不快感が軽減され、目へのストレスが少なくなるのです［192頁図1］。また、空間全体の明暗の差を一定の範囲内［※2］に収めることも重要です。

いつでも誰でも快適な照明に

従来の全般照明［※3］では、読書、家事、リラックスしたい時、といったぐあいにさまざまな生活シーンや時間帯に合わせて適切な明るさや色を必要なところにだけ設定するのは困難です。また、

ゆっくり切り替わる照明がストレス軽減につながる

照明の切り替えに時間をかけた場合(2秒)と、かけなかった場合(0秒)で不快率を比較した。暗くする場合は一瞬で照度を約25%下げると不快率が27〜43%になるが、照度変化に2秒かけると不快率は8〜17%だった。約25%明るくする場合も、時間をかけなかったときの不快率は20〜32%だったが、時間をかけた場合は3〜16%の不快率となった。明暗どちらに切り替えるにしても、照度変化にわずかな時間をかけるだけで、大幅に不快率が減ることが分かる

【図1】照度変化の不快率［※4］に対する時間の影響［＊］

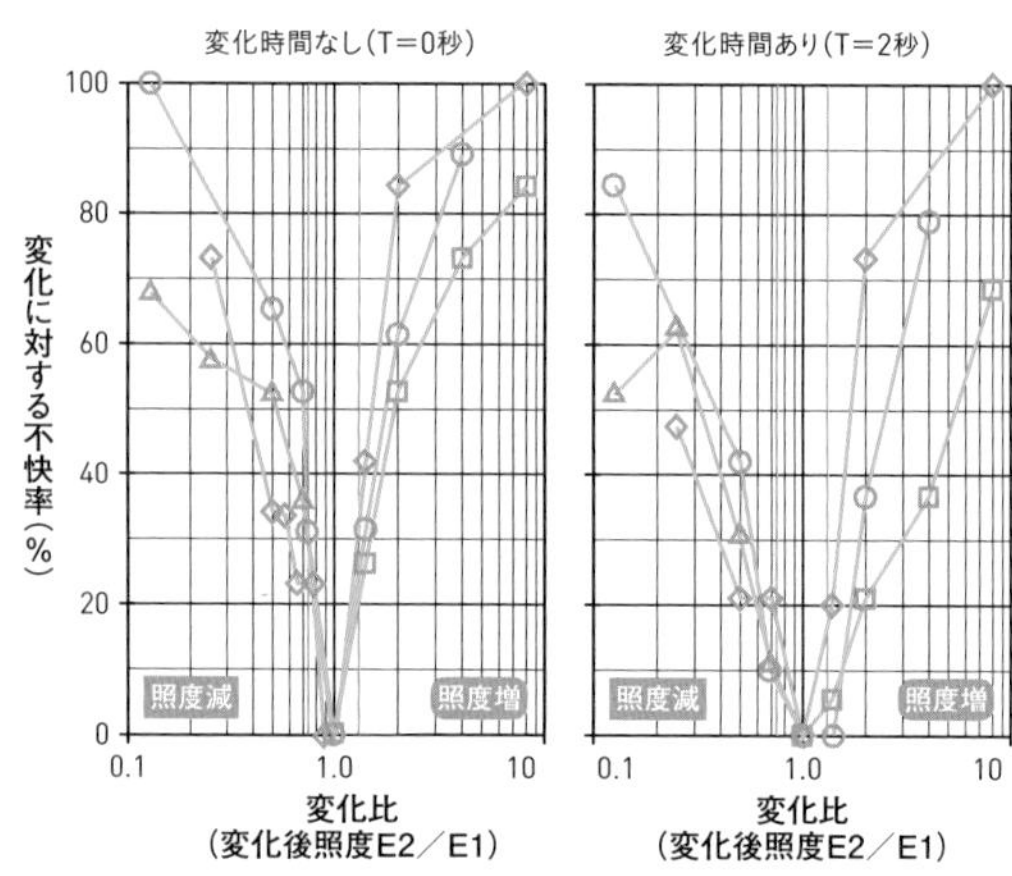

変化時間なし(T=0秒)
変化時間あり(T=2秒)
変化に対する不快率(%)
照度減
照度増
変化比
(変化後照度E2／E1)
変化前照度E1
□:23.4ルクス
○:188ルクス
◇:1,500ルクス
△:12,000ルクス

＊読み取り値は図中のピンクの縦線が示す変化比

出典:井上容子ほか(2015)「昼光の変動を緩和する人工照明の調節方式に関する検討」照明学会全国大会講論会文集、CD-0614

加齢とともに視力は低下し、光を知覚するために必要な順応時間は長くなります。読書時も、高齢者は若齢者より明るさの許容範囲が狭くなります［図2］。

ストレスの少ない照明を実現する方法の一つに、タスク（視対象）照明とアンビエント（周囲環境）照明を組み合わせたタスク&アンビエント照明があります［図3］。読書や仕事などの狭い範囲の明視性はタスク照明の照度を明るく設定することで確保し、安全性や雰囲気の確保には、天井や壁に設けたアンビエント照明で少し暗めに照らします。こうすることで空間全体の明暗の差が小さくな

年齢に配慮した照明計画も必要

若齢者と高齢者の文書の読みやすさについての実験では、高齢者が若齢者と同等の読みやすさを保つには、若齢者以上に明るさが必要であることが分かった。また、ちょうどよいと感じる明るさの範囲も高齢者のほうが狭い

【図2】若齢者と高齢者の文書の読みやすさの違い

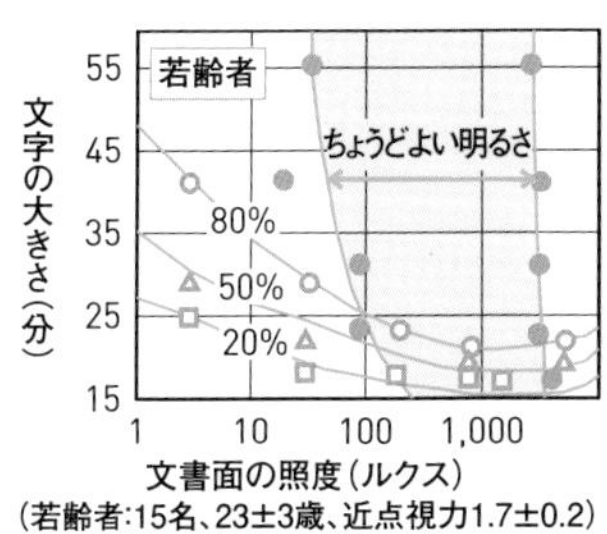
若齢者
ちょうどよい明るさ
80%
50%
20%
文字の大きさ（分）
55
45
35
25
15
1
10
100
1,000

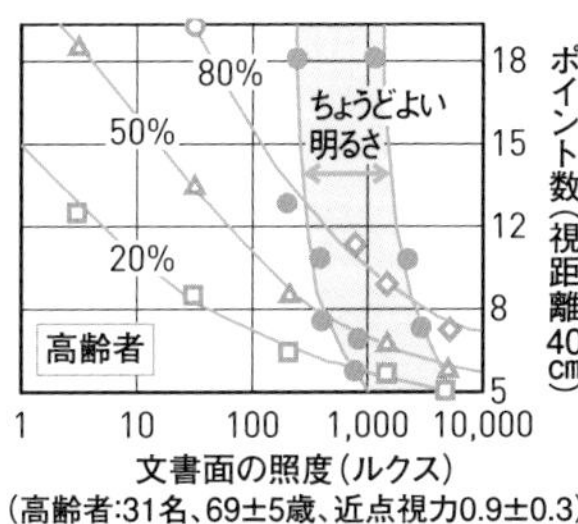
80%
50%
20%
ちょうどよい明るさ
高齢者
ポイント数（視距離40cm）
18
15
12
8
5
1
10
100
1,000
10,000

文書面の照度（ルクス）
（若齢者：15名、23±3歳、近点視力1.7±0.2）

文書面の照度（ルクス）
（高齢者：31名、69±5歳、近点視力0.9±0.3）

読みやすさ曲線（%は明朝体の文書が普通に読める割合、輝度対比＝0.93）

出典：Inoueほか（1998）「The Optional Illuminance for Reading,Effects of Age and Visual Acuity on Legibility and Brightness」Journal of Ligting & Visual Environment, Vol.22. No.1, pp23-33

タスク照明と、アンビエント照明を組み合わせて使用すると、目の順応特性に配慮した照明計画となり、空間の印象改善や省エネルギーも期待できる。調光・調色の速度を状況に合わせて調節すれば快適性はさらに向上する

【図3】タスク&アンビエント照明

タスク&アンビエント照明
アンビエント照明
従来照明
全般照明
タスク照明

り、目の順応特性に配慮した照明になるのです。目的に合わせて照明をコントロールすれば、生理的効果だけでなく、作業効率の向上や、安心感を確保できるなどのメリットも得られます。

監修：放送大学奈良学習センター所長
奈良女子大学名誉教授
井上容子

※1 対象の形や細部の認識のしやすさ
※2 読書などの視作業を行う場合は、均斉度（机などのある面の平均照度に対する最少照度の比）0.7以上が求められる（JIS照明基準総則JISZ9110-2010）
※3 空間全体に光を均等に供給する照明方式

※4 図1の実験では、明るさの変化（照度変化）に対する不快感を5段階（不快、やや不快、どちらでもない、やや快適、快適）で評価させ、「不快」と「やや不快」と申告された割合を「不快率」と定義した

実例

目に優しく、落ち着きを感じさせる大空間の照明デザイン

タスク照明とアンビエント照明を組み合わせたリビング・ダイニング。この住宅のように天井が高い大きな空間は、天井から床に向けて一方的に照明を当てるのではなく、天井面を照らすことで広がりのある心地よい空間になる。ただし、天井面を照らすアンビエント照明だけでは読書や家事に必要な明るさを確保できないので、テーブルやキッチンを局所的に照らすタスク照明が必要となる。場所ごとに必要な明るさを確保すれば、空間演出と視認性を両立できる。

リビング・ダイニングを見る。窓面に2種類のライン照明を設置し、天井とバーチカルブラインドに光を当てている。窓側から自然な光のグラデーションが天井に広がる

2階から見たリビング・ダイニング。テレビ下の壁際（写真左側）にライン照明を仕込むことで美しい光の帯をつくり出した。夜は光の帯がガラス窓に映り込み、空間に広がりを与える。光の効果で庭の緑に自然と視線が誘導される

「軽井沢の大屋根」 照明計画：シリウスライティングオフィス、写真：日暮雄一

＼長寿ポイント／

バーチカルブラインドの下にH形鋼を設置し、そこに天井を照らす広角配光のライン照明と、狭角配光のライン照明を納めた。2種のライン照明を使い分け、天井面を効果的に照射している（アンビエント照明）

＼長寿ポイント／

キッチンのシンクと作業台は壁付けのスポットライトから光を当てて手元の明るさを確保した（タスク照明）

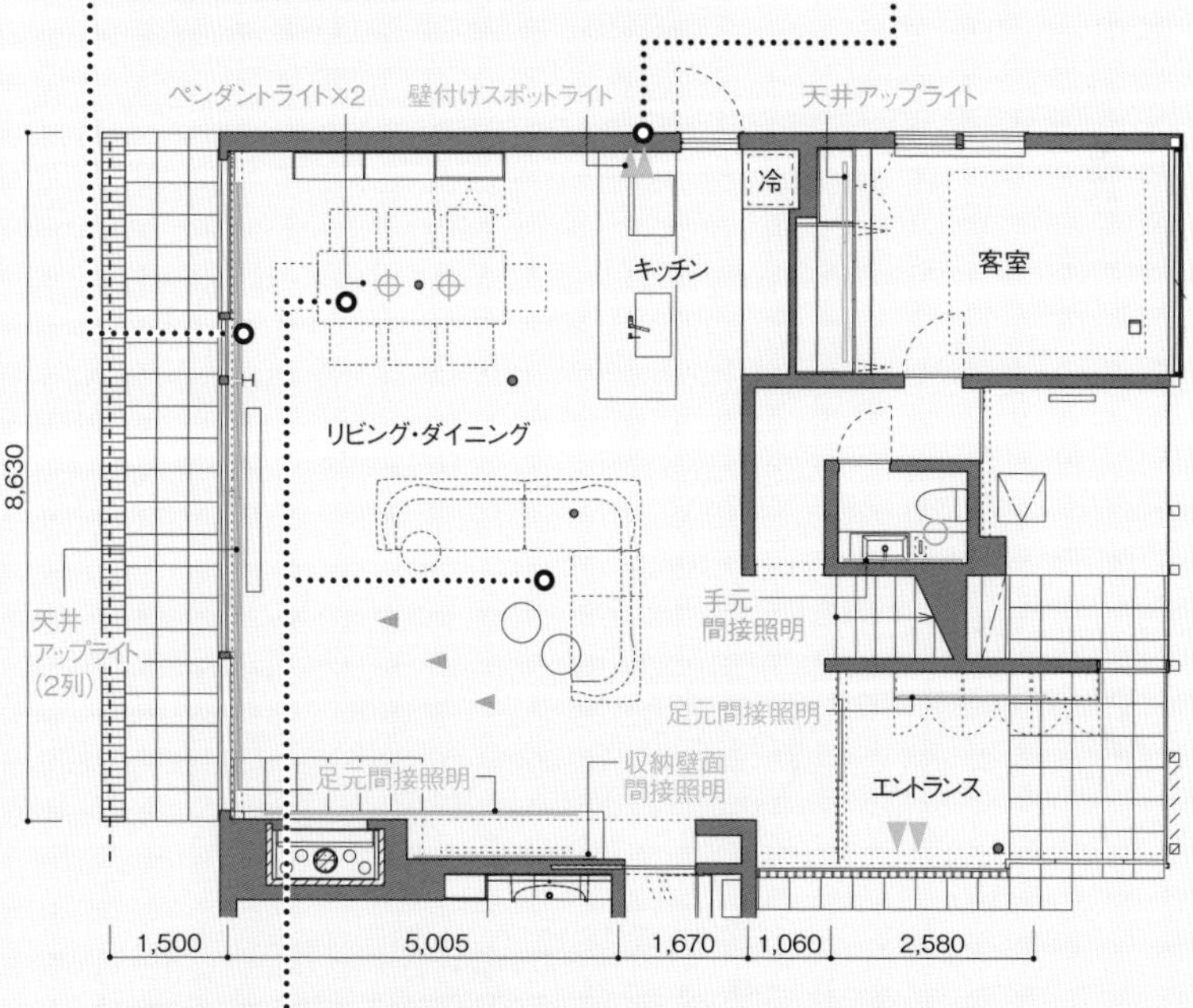
ペンダントライト×2
壁付けスポットライト
天井アップライト
冷
キッチン
客室
リビング・ダイニング
8,630
天井
アップライト
(2列)
手元
間接照明
足元間接照明
足元間接照明
収納壁面
間接照明
エントランス
1,500
5,005
1,670
1,060
2,580

リビングのソファ周辺は住まい手がここで読書することを想定して、天井のアジャスタブルダウンライト（ユニバーサルダウンライト）から光をあてた。ダイニングテーブルの上には2灯のペンダントライトを吊って食卓の親密感を演出（タスク照明）

配灯図　凡例
天井付け照明器具（赤）
床・壁付け照明器具（青）

1階配灯図[S＝1:150]

執筆・監修者プロフィール（五十音順）

岩前篤〔いわまえ・あつし〕
近畿大学建築学部長・教授。近畿大学アンチエイジングセンター所員。1961年和歌山県生まれ。'86年神戸大学大学院修了。'95年神戸大学にて博士号を取得。2009年近畿大学理工学部教授。住宅の省エネと健康性をテーマに、省エネ性能の評価手法や健康改善効果を研究する

鍵直樹〔かぎ・なおき〕
東京工業大学環境・社会理工学院建築学系准教授。1971年東京都生まれ。'94年東京工業大学工学部卒業。'99東京工業大学大学院情報理工学研究科修了。室内空気中に浮遊している汚染物質をターゲットに、快適な室内空気環境づくりのための基礎的な研究を行っている

梶本修身〔かじもと・おさみ〕
東京疲労睡眠クリニック院長。元・大阪市立大学大学院医学研究科疲労医学講座特任教授。1962年生まれ。大阪大学大学院医学研究科修了。2003年産官学連携「疲労定量化及び 抗疲労食薬開発プロジェクト」統括責任者。『すべて の疲労は脳が原因』（集英社）など著書多数

勝浦哲夫〔かつうら・てつお〕
千葉大学名誉教授。1950年愛知県生まれ。'72年九州芸術工科大学芸術工学部工業設計学科卒業。'86年京都大学理学博士。千葉大学工学部講師、助教授を経て、'96年同学教授。快適な生活環境を構築するための人間工学および生理人類学に関する研究を行っている

坂部貢〔さかべ・こう〕
東海大学医学部長・生体構造機能学領域教授・医学博士。1956年京都府生まれ。'82年東海大学医学部医学科卒業。微量環境化学物質の健康影響に関する研究が専門。厚生労働省や環境省における上記テーマの研究班長・研究代表者。日本臨床環境医学会前理事長などを務める

渋谷昌三〔しぶや・しょうぞう〕
目白大学名誉教授。1946年神奈川県生まれ。東京都立大学大学院心理学研究科博士課程修了。文学博士。山梨医科大学医学教授、目白大学社会学部、同大学院心理学研究科教授などを歴任。『「なぜかうまくいっている人」のちょっとした心理学』（新講社）など一般向け著書は300冊以上

青柳幸利〔あおやぎ・ゆきとし〕
東京都健康長寿医療センター研究所運動科学研究室長。医学博士。1962年群馬県生まれ。'96年トロント大学大学院修了。カナダ国立環境医学研究所研究員などを経て、'99年より現職 。高齢者の運動処方ガイドラインに関する研究に従事し、先進諸国の自治体における老人保健事業などを支援している

足立己幸〔あだち・みゆき〕
女子栄養大学名誉教授。名古屋学芸大学名誉教授。NPO法人食生態学実践フォーラム理事長。保健学博士。1936年福島県生まれ。'58年東北大学農学部卒業。東京都衛生局技師などを経て、'68年に女子栄養大学。食生態学を創設し、「食」と生活や地域形成との関係を研究している

伊香賀俊治〔いかが・としはる〕
慶應義塾大学教授。工学博士。1959年東京都生まれ。'81年早稲田大学理工学部建築学科卒業、'83年同大学院修了。日建設計、東京大学助教授を経て2006年より現職。日本学術会議連携会員、日本LCA学会副会長。内閣官房、国土交通省などの建築関連政策に関する委員を務める

石井直方〔いしい・なおかた〕
東京大学名誉教授。1955年東京都生まれ。東京大学理学部生物学科卒業、同大学大学院理学系研究科修了。理学博士。少ない運動量で大きな効果を得る「スロトレ」の第一人者。'81年ボディビルミスター日本優勝・世界選手権第3位など、競技者としても輝かしい実績を残している

井上容子〔いのうえ・ようこ〕
放送大学奈良学習センター所長。奈良女子大学名誉教授。工学博士。1954年岡山県生まれ。'77年岡山大学理学部数学科卒業、'84年大阪大学工学研究科博士課程単位取得退学。奈良女子大学理事・副学長、照明学会会長を経て、2020年現職。光・視環境計画に関する研究を行っている

岩崎寛〔いわさき・ゆたか〕
千葉大学大学院園芸学研究科環境健康学領域長。同大学院准教授。京都府生まれ。1993年京都府立大学農学部卒業後、'98年岡山大学大学院自然科学研究科修了〔農学博士〕。兵庫県立淡路景観園芸学校などを経て現職。園芸療法や森林セラピーなど「緑の療法的効果」について研究している

星旦二〔ほし・たんじ〕

東京都立大学名誉教授。1950年福島県生まれ。福島県立医科大学を卒業後、医学博士（東京大学）。英国ロンドン大学大学院留学。東京都衛生局などを経て現職。全国の地方自治体などと協働し、「健康長寿」に関する研究と主張を続ける

森上伸也〔もりかみ・しんや〕

豊田工業高等専門学校建築学科准教授。1986年神奈川県生まれ。2009年東京工芸大学卒業。'14年に東京工芸大学で博士号（工学）を取得。温熱環境を主要テーマに、「自然通風の心地よさ」に関する研究を行っている

山田秀和〔やまだ・ひでかず〕

近畿大学アンチエージングセンター副センター長。同大学医学部奈良病院皮膚科教授。1956年大阪府生まれ。'81年近畿大学医学部卒業。'89年同大学院修了。'85年オーストリア政府給費生、などを経て、2005年現職。皮膚科をはじめ、医療全分野を研究、予防医学の観点から診療にある

山内宏太朗〔やまのうち・こうたろう〕

清泉女学院大学・清泉女学院短期大学学長。1950年東京都生まれ。'74年上智大学文学部卒業。白百合女子大学教授などを経て現職。専門は環境心理学。都市生活環境における近隣騒音、道路騒音、建築・住宅環境の心理的ストレスについて研究を行う

山本佳嗣〔やまもと・よしひで〕

東京工芸大学工学部建築コース准教授。1979年愛知県生まれ。2006年早稲田大学大学院理工学研究科修士課程修了。日本設計に入社後'17年早稲田大学で博士号取得。自然換気システムなどの先端的な空調・衛生システムの研究・設計に取り組む

横井健〔よこい・たけし〕

東海大学准教授。1977年生まれ。2005年に東京工業大学で博士号〔工学〕を取得。床材に関する研究や、仕上げ材の下地としてのコンクリートの品質に関する研究を行っている。『子育てをする親にとって安全・安心な住宅』の研究にも取り組んでいる

大和ハウス工業株式会社〔だいわはうすこうぎょうかぶしきがいしゃ〕

1955年創業。戸建住宅・賃貸住宅・分譲マンションをはじめ、商業施設・事業施設（物流施設、医療・介護施設等）などの企画・設計・施工を中心に事業を展開している。'94年に設立された総合技術研究所においては、「環境共生」をテーマに住宅性能にかかわるさまざまな研究・開発を行っている

高千穂シラス株式会社〔たかちほしらすかぶしきがいしゃ〕

一切の化学物質を排除した100%自然素材。天然資源であるシラスの特性を最大限に引きだし、これほど高機能な壁材にできたのも、100%自然素材へのこだわりがあってこそ。住む人のことを第一に考えて製品を提供することを理念とする

TOTO株式会社〔とーとーかぶしきがいしゃ〕

1917年創立。新たな水廻り文化を提案し続ける、水廻り商品のリーディングカンパニー。創立者・大倉和親の「健康で文化的な生活を提供したい」という強い想いから始まり、温水洗浄便座「ウォシュレット®」やユニットバスルームなどを創造してきた

永澤美保〔ながさわ・みほ〕

麻布大学獣医学部動物応用科学科介在動物学研究室講師。1969年福岡県生まれ。'92年早稲田大学第一文学部史学科卒業。2008年麻布大学大学院獣医学研究科博士後期課程修了。'09年同大学特任助教、'17年より麻布大学勤務。犬の社会性や犬と人の絆形成メカニズムに関する研究を行う

橋本美芽〔はしもと・みめ〕

東京都立大学大学院人間健康科学研究科准教授。1963年東京都生まれ。2000年日本大学大学院理工学研究科博士後期課程修了（工学博士）。高齢者・障がい者・認知症高齢者の住環境の整備について研究を行なっている

福田一彦〔ふくだ・かずひこ〕

江戸川大学睡眠研究所所長。社会学部人間心理学科教授。1958年千葉県生まれ。'88年早稲田大学博士後期課程単位取得満期退学。同年医学博士（東邦大学）。福島大学教育学部教授などを経て、2010年より現職。子どもの発達と睡眠や、睡眠環境について研究を行っている

設計者プロフィール（五十音順）

新井聡［あらい・さとし］
アトリエ・ヌック建築事務所。1964年埼玉県生まれ。'87年芝浦工業大学建築学科卒業。'87年連合設計社市谷建築事務所勤務。'99年アトリエ・ヌック建築事務所設立

石井正博［いしい・まさひろ］
設計事務所アーキプレイス。1962年広島県生まれ。'86年広島大学工学部第四種建築学課卒業後、CORE建築都市設計事務所（森義純建築設計室）、石堂一級建築士事務所などを経て、'97年設計事務所アーキプレイス（ARCHIPLACE）設立

出原賢一［いずはら・けんいち］
レベルアーキテクツ。1974年神奈川県生まれ。2000年芝浦工業大学大学院工学研究科建設工学専攻修了。納谷建築設計事務所などを経て、'04年レベルアーキテクツ設立

伊礼智［いれい・さとし］
伊礼智設計室。1959年沖縄県生まれ。'82年琉球大学理工学部建築工学科計画研究室卒業。'85年東京藝術大学美術学部建築家大学院修了。丸谷博男＋エーアンドエーを経て、'96年伊礼智設計室を開設

植木幹也［うえき・みきや］
スタジオシナプス一級建築士事務所。1966年群馬県生まれ。'90年東京理科大学理工学部経営工学科卒業。'94年前橋市立工業短期大学建設工業科卒業。'93～2000年松井淳＋ジオデザイン所属。同年スタジオシナプス一級建築士事務所設立

勝見紀子［かつみ・のりこ］
アトリエ・ヌック建築事務所。1963年石川県生まれ。'84年女子美術短期大学造形科卒業。'88桑沢デザイン研究所スペースデザイン科卒業。'88年連合設計社市谷建築事務所勤務。'99年アトリエ・ヌック建築事務所設立

近藤民子［こんどう・たみこ］
設計事務所アーキプレイス。1969年大阪府生まれ。'92年明治大学工学部建築学科卒業。'92～2003年一級建築士事務所・ダンス勤務。'04年から設計事務所アーキプレイスのパートナーとなる

進士茶織［しんし・さおり］
スタジオシナプス一級建築士事務所。1976年群馬県生まれ。'96年前橋市立工業短期大学建築学科卒業。2004年前橋工科大学工学部建築学科卒業。'07年スタジオシナプス共同主宰

杉浦 充［すぎうら・みつる］
充総合計画一級建築士事務所。1971年千葉県生まれ。'94年多摩美術大学美術学部建築科卒業。同年ナカノコーポレーション（現：ナカノフドー建設）入社。'99年多摩美術大学大学院修士課程修了。同年復職。2002年充総合計画一級建築士事務所設立。（社）建築家住宅の会監事。NPO法人家づくりの会理事

関尾英隆［せきお・ひでたか］
あすなろ建築工房。1969年兵庫県生まれ。'95年東京工業大学大学院理工学研究科建築学専攻修了。'95～2005年日建設計に勤務。'05～'08年沖工務店に勤務。同年関尾英隆建築設計工房一級建築士事務所開設。'09年あすなろ建築工房設立

高野保光［たかの・やすみつ］
遊空間設計室。1956年栃木県生まれ。'79年日本大学生産工学部建築工学科卒業。'84年同大学助手生産工学部勤務。'91年遊空間設計室設立。NPO法人家づくりの会理事

棟晶株式会社
［とうしょうかぶしきがいしゃ］
2008年創業。北海道を中心に、注文住宅やマンションなどの新築、リノベーションを手がける設計施工会社。省エネ性能に優れた快適な住宅を提案している。'12年にはエナフィット認定を取得した

彦根明［ひこね・あきら］

彦根建築設計事務所。1962年埼玉県生まれ。'87年東京藝術大学建築学科修士課程修了後、磯崎新アトリエ入所。'90年彦根建築設計事務所を設立。2016年より㈳建築家住宅の会理事長

本間至［ほんま・いたる］

ブライシュティフト。1956年東京都生まれ。'79年日本大学理工学部建築学科卒業、同年林寛治設計事務所入所。'86年本間至建築設計事務所開設。'94年本間至／ブライシュティフトに改称。NPO法人家づくりの会理事

松尾宙［まつお・ひろし］

アンブレ・アーキテクツ。1972年東京都生まれ。'95年獨協大学法学部卒業。'99年早稲田大学芸術学校卒業。石田敏明建築設計事務所を経て、2009年アンブレ・アーキテクツ設立

松尾由希［まつお・ゆき］

アンブレ・アーキテクツ。1973年東京都生まれ。'97年成蹊大学文学部卒業。'99年早稲田大学芸術学校卒業。大塚聡アトリエ勤務を経て、2009年アンブレ・アーキテクツ設立

松澤静男［まつざわ・しずお］

一級建築士事務所マツザワ設計。1953年埼玉県生まれ。'76年日本大学工学部建築学科卒業。建設会社、設計事務所勤務を経て、'82年一級建築士事務所マツザワ設計を設立。NPO法人家づくりの会理事

松原正明［まつばら・まさあき］

木々設計室。1956年福島県生まれ。東京電機大学工学部建築学科卒業。今井建築設計事務所・上川まつだ建築事務所を経て、'86年松原正明建築設計室設立。2018年に木々設計室に改称。NPO法人家づくりの会理事

村田淳［むらた・じゅん］

村田淳建築研究室。1971年東京都生まれ。'95年東京工業大学工学部建築学科卒業。'97年東京工業大学大学院建築学専攻修士課程修了後、建築研究所アーキヴィジョン入社。2007年村田靖夫建築研究室代表。'09年村田淳建築研究室に改称。NPO法人家づくりの会理事

戸恒浩人［とつね・ひろひと］

シリウスライティングオフィス。1975年東京都出身。'97〜2004年にライティングプランナーズアソシエーツに所属し、'05年シリウスライティングオフィスを設立。東京スカイツリー®の照明計画を手がけ、'11年IALD AwardofMeritを受賞

中村和基［なかむら・かずき］

レベルアーキテクツ。1973年埼玉県生まれ。'98年日本大学理工学部建築学科卒業。納谷建築設計事務所を経て、2004年レベルアーキテクツ設立

並木秀浩［なみき・ひでひろ］

ア・シード建築設計。1960年東京都生まれ。1983年日本大学卒業。萩原俊都市建築研究所を経て1993年ア・シード建築設計設立。長年、風のパッシブデザインを活かした設計に携わる

西方里見［にしかた・さとみ］

西方設計。1951年秋田県生まれ。'75年室蘭工業大学建築工学科卒業。'75年青野環境設計研究所を経て、'81年西方設計工房開所。'93年西方設計に組織変更し、現在に至る。2004年地域の設計組合「設計チーム木」を結成（代表理事）。著書に『最高の断熱・エコ住宅 をつくる方法』（エクスナレッジ刊）などがある

服部信康［はっとり・のぶやす］

服部信康建築設計事務所。1964年愛知県生まれ。'84年東海工業専門学校卒業。同年名巧工芸入社。'87年総合デザイン入社。'89年スペース入社。'92年R&S設計工房入社。'95年服部信康建築設計事務所設立

半田雅俊［はんだ・まさとし］

半田雅俊設計事務所。1950年群馬県生まれ。'73年工学院大学工学部建築学科卒業、同年遠藤楽建築創作所勤務、'81年フランク・ロイド・ライトの設計組織タリアセン留学、'83年半田雅俊設計事務所設立。2013年株式会社半田雅俊設計事務所に改組。NPO法人家づくりの会理事

PPK
I ♡ PPK
I ♡ PPK
地域

人生100年の家づくり

2020年11月13日　初版第1刷発行

発行者　澤井聖一
発行所　株式会社エクスナレッジ
〒106-0032
東京都港区六本木7-2-26
https://www.xknowledge.co.jp/
問い合わせ先　編集　Tel:03-3403-1381
Fax:03-3403-1345
info@xknowledge.co.jp
販売　Tel:03-3403-1321
Fax:03-3403-1829